DROIT CONSTITUTIONNEL ET INSTITUTIONS POLITIQUES

TRAVAUX DIRIGÉS DALLOZ
série droit public

sous la direction de Étienne Picard
Professeur à l'Université Paris I (Panthéon-Sorbonne)

DROIT CONSTITUTIONNEL ET INSTITUTIONS POLITIQUES

1994

Jean-Claude Masclet
Professeur à l'Université Paris I (Panthéon-Sorbonne)

Jean-Paul Valette
Maître de conférences à l'Université Paris XI (Paris Sud)

DALLOZ

DALLOZ

11, rue Soufflot 75240 Paris cedex 05

AVANT-PROPOS

Cet ouvrage est issu de l'expérience acquise par de nombreuses années d'enseignement en première année de DEUG de droit. Il a pour but d'aider les étudiants à acquérir de bonnes méthodes de travail et de faciliter leur réussite. Il ne contient ni dogme ni recette infaillible, mais des conseils, des suggestions, des remarques auxquels chacun pourra réfléchir pour les adapter à sa personnalité.

Il ne doit pas être lu d'un seul trait, mais consulté à l'occasion des difficultés rencontrées.

Il comporte dans une première partie des conseils : d'abord des conseils généraux pour acquérir les connaissances indispensables et se constituer une culture juridique (comment réussir ses études) puis des conseils se rapportant à chacune des catégories d'épreuves qui peuvent être soumises à l'examen : dissertation, commentaire de texte, exercice pratique (comment réussir l'examen).

Dans une seconde partie, il fournit vingt-deux exemples de sujets avec leurs corrigés intégralement rédigés et des indications spécifiques sur la manière de les aborder.

Il eut été possible pour certains sujets de dissertation ou commentaire de fournir des corrigés plus sophistiqués. Nous avons pensé que cet ouvrage remplirait mieux son objectif si les corrigés tenaient compte des connaissances que peut réellement acquérir un étudiant de première année de DEUG-droit et du niveau qu'il peut raisonnablement atteindre. C'est à lui que nous avons voulu être utile.

PRÉSENTATION DE L'OUVRAGE

La discipline désignée sous l'expression « droit constitutionnel et institutions politiques » – certains auteurs préfèrent inverser les deux termes ce qui traduit de leur part une approche plus orientée vers la science politique – est obligatoire en première année de DEUG-mention droit : elle fait l'objet d'un enseignement annuel complété par des travaux dirigés. Elle est également enseignée en DEUG de sciences économiques et en DEUG-administration économique et sociale. Elle figure au programme de nombreux concours administratifs.

Le présent ouvrage a été rédigé dans une intention pédagogique.

Il se propose d'aider les étudiants dans l'étude de cette discipline et pour la préparation des concours. Cette aide prend la forme du conseil et de l'exemple :

– conseils sur la meilleure manière d'acquérir des connaissances et de les exploiter,

– exemples fournis par quelque vingt-deux sujets d'examen faisant l'objet d'un corrigé intégral assorti d'indications de méthode.

Ce n'est pas un manuel ni un traité, mais un guide méthodologique. Sa seule ambition est de faciliter l'apprentissage du programme et la réussite aux examens et concours[1].

Un plan très simple a été retenu.

La première partie de l'ouvrage est consacrée à des conseils généraux destinés à accompagner l'étudiant dans son parcours universitaire. Les

---

1. Il n'est pas le seul dans cette catégorie. On consultera aussi avec profit les ouvrages de méthodologie et de préparation à l'examen suivants :

Annales du Droit (collection dirigée par Yves Jégouzo)
Droit constitutionnel et institutions politiques
DEUG de droit-1re année
qui paraissent à raison d'un volume par an depuis 1992

Ardant (Ph.)
Droit constitutionnel et institutions politiques
Conseils – Exercices
6e édition, 1993, L.G.D.J., 172 pages

Clessis (C.), Maus (D.), Wajsman (P.), Robert (J.)
Exercices pratiques – Droit constitutionnel
1992, Editions Montchrestien, 386 pages

Leclercq (Cl.), Chalvidan (P.)
Travaux dirigés de droit constitutionnel
7e édition, 1992, Litec, 363 pages

Pactet (P.)
Exercices de droit constitutionnel
2e édition, 1991, Masson, 277 pages

uns se rapportent à l'acquisition des connaissances et de la culture juridique, les autres aux principales épreuves qui sont proposées lors des examens et concours.

La seconde partie suit le programme du cours présenté à travers quinze thèmes (ou séances de travaux dirigés). Pour chaque thème un bref exposé général précède un ou deux sujets : dissertation, exercice pratique ou commentaire. Chaque sujet est accompagné d'indications de méthode et d'un corrigé entièrement rédigé.

Comment l'utiliser ?

Il peut être utile de lire les conseils qui forment la première partie de l'ouvrage dans leur ensemble, en début d'année universitaire, pour se faire une idée des difficultés de la matière. Mais il sera plus important de l'utiliser comme ouvrage de référence et de s'y reporter aussi souvent que possible en cours d'année, à l'occasion des exercices qui seront proposés dans le cadre de la faculté.

Pour les corrigés, qui forment la seconde partie de l'ouvrage, on se gardera de les apprendre par cœur. Ils ont été établis pour illustrer une méthode. C'est cette méthode qu'il convient d'acquérir afin de pouvoir ensuite en faire application aux sujets nécessairement différents – même si leur intitulé est proche – qui seront donnés à l'examen ou en cours d'année.

PREMIÈRE PARTIE

CONSEILS GÉNÉRAUX

Les conseils généraux qui suivent répondent à deux préoccupations :

– réussir ses études,
– réussir l'examen.

RÉUSSIR SES ÉTUDES

Avant de traiter un sujet quel qu'il soit il faut acquérir les connaissances indispensables et se constituer une culture juridique.

L'étudiant doit utiliser les moyens qui sont à sa disposition ou à sa portée : cours magistral et travaux dirigés, manuels et recueils de textes, recherche personnelle et documentation.

Enfin il doit savoir rédiger et s'exprimer.

I. TIRER PROFIT DU COURS MAGISTRAL ET DES TRAVAUX DIRIGÉS

Pour beaucoup d'étudiants la première rencontre avec le droit constitutionnel a lieu à l'occasion du cours magistral. Puis, dans l'université dont ils relèvent, ils suivront les travaux dirigés. Ces deux moyens sont complémentaires pour permettre l'acquisition du savoir et du savoir-faire.

Le cours magistral

Le cours magistral consiste en un exposé de la matière. Si l'assistance au cours n'est pas obligatoire, elle est vivement recommandée. Pourquoi ? Que trouve-t-on de spécifique dans le cours qui ne se trouverait pas dans le manuel que tout un chacun peut acquérir ? (nous verrons qu'il en existe de nombreux et excellents).

Le cours agit en premier lieu par la vertu de l'exemple : en suivant le cours, l'étudiant s'habitue à la mécanique d'un discours logique, ordonné, complet, motivé et prend ensuite spontanément l'habitude de procéder de même. Il se familiarise en même temps, sans effort, presque naturellement avec le langage juridique, les notions précises qu'il comporte et leur maniement. Le cours représente un moyen commode de se constituer une culture juridique de base.

Il possède en second lieu les avantages du relief et de la couleur. Dans le texte imprimé, tous les éléments sont sur le même plan : l'exposé d'une question facile et celui d'une question délicate. Dans le cours magistral, en revanche, le professeur insiste par la voix, par le rythme, par la répétition, sur les questions complexes afin de s'assurer que l'auditoire les a bien comprises. Sous l'apparence d'un discours unilatéral, il y a un dialogue sous-jacent qui amène l'enseignant à adapter son message à l'auditoire, dans le contenu comme dans la forme qu'il lui donne.

C'est cela qui fait l'intérêt pédagogique du cours magistral : s'il ne permet pas de dispenser toutes les connaissances, il permet à celui qui l'écoute d'accéder plus aisément au savoir et de mieux appréhender les difficultés de la matière. Il fournit donc un moyen essentiel d'approche et de compréhension.

Comment se servir des notes de cours

Il y a bien des façons de prendre des notes de cours, mais il n'y en a qu'une pour les utiliser efficacement. Quelques conseils à ce sujet :

* il n'est pas nécessaire de tout noter, mais il faut noter tout ce qui sert à la compréhension : articulation du raisonnement, points importants ou délicats. La prise de notes ne doit pas absorber toute l'attention. Il faut conserver une certaine distance pour suivre intellectuellement l'exposé et pour sélectionner, en fonction de ses besoins personnels, ce qui doit être consigné par écrit.

* il est nécessaire de relire ses notes aussitôt (le soir même) pour déceler immédiatement les imperfections, qui peuvent être corrigées en consultant un manuel. Le cas échéant, il convient de les compléter ou même de les « mettre au propre », de les réécrire ou de réécrire certains passages pour mieux s'approprier leur contenu. Des notes non revues, mises longtemps de côté, reprises en catastrophe au dernier moment, dans l'angoisse de l'examen, sont d'une utilité médiocre.

* l'usage des notes est personnel. C'est pourquoi il faut travailler sur ses propres notes de cours. La manière de noter et le contenu dépendent en effet éminemment des besoins et de la façon de travailler de chacun. Les notes que l'on n'a pas prises soi-même sont inutilisables. Des carences ou approximations peuvent y figurer. Elles ne peuvent servir qu'à déterminer d'une manière générale la partie du programme qui a été traitée en cours. Pour le reste, mieux vaut travailler directement ces questions à l'aide d'un manuel.

Les travaux dirigés

Les travaux dirigés constituent une mise en application des connaissances du cours. Organisés chaque semaine pendant l'année universitaire, par groupes de 30 à 40 étudiants, ils sont destinés à vérifier que les connaissances nécessaires ont été acquises et que l'étudiant sait les mettre en œuvre pour les dissertations, commentaires et autres exercices qui lui sont proposés à titre de test. Ils sont aussi destinés à acquérir par la pratique – ce qui ne peut se faire en cours – la méthodologie requise pour ces différentes formes d'épreuves.

Les travaux dirigés ne sont pleinement utiles et ne peuvent remplir leur rôle spécifique que si le cours correspondant a été appris au préalable. A cette seule condition ils peuvent constituer une étape supplémentaire dans la formation de l'étudiant.

Les fiches de travaux dirigés remises à chaque séance hebdomadaire contiennent en général deux catégories d'éléments :

– les uns, toujours présents, concernent les conseils de travail, les indications bibliographiques et les exercices à préparer pour la séance,

– les autres, en plus ou moins grand nombre suivant la conception que se fait l'enseignant, sont des documents servant à illustrer le cours (extraits de textes constitutionnels ou législatifs, de déclarations politiques, d'articles de doctrine, de statistiques ...). Ces fiches sont réalisées sous la direction du professeur responsable du cours, de sorte que la liaison soit assurée avec ce dernier, et exploitées par les membres de son équipe qui assurent l'encadrement des étudiants dans les travaux dirigés.

Contrôle continu et notation

Les travaux dirigés font l'objet d'une notation qui correspond tantôt à des exercices de pur contrôle des connaissances (interrogations écrites et orales) tantôt à des exercices de mise en application de celles-ci. Cette notation fait partie de la note finale selon une proportion qui peut varier avec le règlement d'examen de chaque établissement. Celle-ci combine donc la note de travaux dirigés, dite de contrôle continu des aptitudes et des connaissances, et les notes d'examen ; il y a toujours une épreuve en juin ; quelquefois l'examen se décompose en deux séquences, l'une en février, l'autre en juin.

Lors des épreuves écrites, l'étudiant dispose de 3 h. pour composer sur un sujet (quelquefois deux sujets sont proposés à son choix). Les conditions rigoureuses de cette épreuve, l'aléa tenant au sujet, exposent l'étudiant au risque d'une contre-performance. Combien ont été sauvés par la note de contrôle continu.

On n'insistera jamais assez sur l'importance du travail en cours d'année : un travail régulier et assidu facilite les étapes suivantes, car il y a une cohérence et une globalité du savoir dans chaque discipline où les éléments s'imbriquent et s'appuient mutuellement. Un travail régulier et assidu multiplie le savoir, car sur chaque élément appris – assez tôt – l'étudiant greffera par lui-même les observations qu'il a pu faire au vu de ses lectures ou de l'actualité. Le cours et les travaux dirigés peuvent ainsi devenir – doivent devenir – des pôles autour desquels vont s'agréger des réflexions et des faits qui viennent les enrichir. Ils jouent alors pleinement leur rôle d'éléments organisateurs d'une culture juridique.

L'année universitaire est très courte. L'étudiant qui ne commence à travailler qu'en décembre ou janvier a déjà compromis sa réussite. A l'université, chacun est libre, y compris de ne pas (ou pas assez) travailler. Mais il en paiera le prix. Attention aux charmes de la vie universitaire !

On n'insistera jamais assez non plus sur la passion qu'il faut mettre dans cet apprentissage qui est en même temps une découverte. Des études faites sans intérêt et sans motivation ne peuvent être que de mauvaises études. Mieux vaut s'orienter vers un autre champ de connaissances qui corresponde mieux à ses goûts ou à ses aptitudes. La vraie condition de la réussite est de faire ce pour quoi on est capable de se distinguer. Un bilan personnel peut s'avérer nécessaire, si l'on s'est engagé dans les études de droit sans réflexion suffisante, par hasard, en raison d'une vague attirance pour la discipline ou de recommandations trop pressantes.[1].

II. UTILISER MANUELS ET RECUEILS DE TEXTES

En complément du cours magistral et des travaux dirigés, l'utilisation d'un manuel est vivement conseillée. Elle permettra de contrôler certains points, de rechercher des éclaircissements sur une question mal comprise, de prendre connaissance d'une conception différente sur un sujet controversé. La confrontation entre le cours magistral et le manuel sollicite l'intelligence et aide à une mémorisation raisonnée.

Il est recommandé de n'acquérir un manuel que dans son édition la plus récente, les autres éditions pouvant être consultées en bibliothèque.

Les principaux manuels existant dans la discipline sont les suivants :

Manuels de base couvrant l'ensemble du programme

Philippe Ardant :

Institutions politiques et droit constitutionnel
5e édition, 1993, L.G.D.J., 600 pages

1. On rappelera que toutes les universités disposent d'un service universitaire d'information et d'orientation (S.U.I.O.) qui peut aider à faire ce bilan et procurer beaucoup d'informations utiles.

Georges Burdeau, Francis Hamon, Michel Troper :
Droit constitutionnel
23e édition, 1993, L.G.D.J., 736 pages.

Charles Cadoux :
Droit constitutionnel et institutions politiques
Tome 1 : 3e édition, 1988, Cujas, 342 pages
Tome 2 : 1e édition, 1982, Cujas, 450 pages

Bernard Chantebout :
Droit constitutionnel et science politique
11e édition, 1994,
Armand Colin, 622 pages

Charles Debbasch, Jean-Marie Pontier, Jacques Bourdon, Jean-Claude Ricci :
Droit constitutionnel et institutions politiques
3e édition, 1990, Economica, 977 pages

Maurice Duverger :
Institutions politiques et droit constitutionnel
Tome 1 : Les grands systèmes politiques
18e édition, 1990, P.U.F., 603 pages
Tome 2 : Le système politique français
20e édition, 1990, P.U.F., 638 pages

Jean Gicquel :
Droit constitutionnel et institutions politiques,
12e édition, 1993, Montchrestien, 810 p.

Benoît Jeanneau :
Droit constitutionnel et institutions politiques
8e édition, 1991, mémento Dalloz, 402 pages

Claude Leclercq :
Droit constitutionnel et institutions politiques
8e édition, 1992, Litec, 692 pages

Pierre Pactet :
Institutions politiques et droit constitutionnel
12e édition, 1993, Masson, 568 pages

Marcel Prélot, Jean Boulouis :
Institutions politiques et droit constitutionnel
11e édition, 1990, précis Dalloz, 925 pages

Dominique Turpin :
Droit constitutionnel,
1992, P.U.F., coll. 2e cycle, 791 pages

Manuels de base sur la Ve République

Charles Debbasch, Jean-Marie Pontier, Jacques Bourdon, Jean-Claude Ricci :

La Ve République
2e édition, 1988, Economica, 527 pages

Olivier Duhamel :

Le pouvoir politique en France
1991, P.U.F., coll. 1er cycle, 429 pages

Yves Guchet :

La Ve République
3e édition, 1994, Economica, 416 pages

François Luchaire, Gérard Conac (sous la direction de) :

La Constitution de la Ve République, analyses et commentaires
2e édition, 1987, Economica, 1402 pages

Jean-Louis Quermonne, Dominique Chagnollaud :

Le Gouvernement de la France sous la Ve République
4e édition, 1991, Dalloz, 719 pages

Il est indispensable aussi d'acquérir un recueil des constitutions. L'étude du droit commence toujours par la recherche des textes. La consultation du texte constitue une étape indispensable. C'est vrai pour l'étudiant auquel on propose un sujet de dissertation comme pour le praticien auquel on demande de régler un problème juridique. L'étudiant trouvera aujourd'hui bien des facilités.

La constitution française de 1958 a fait l'objet d'une brochure n° 1119, publiée par les Journaux officiels, qui contient également les lois organiques qui complètent le texte constitutionnel.

Il existe plusieurs recueils qui parfois contiennent aussi des textes politiques ou des statistiques électorales.

Recueils de textes

Stéphane Rials :

Textes constitutionnels français
2e édition, 1987, P.U.F., coll. Que sais-je ?
n° 2171, 127 pages

Stéphane Rials :

Textes constitutionnels étrangers
4e édition, 1991, P.U.F., coll. Que sais-je ?
n° 2060, 127 pages

Maurice Duverger :

Constitutions et documents politiques
13e édition, 1992, P.U.F., coll. Thémis
991 pages

Pierre Pactet :

Textes de droit constitutionnel
2e édition, 1992, L.G.D.J., 406 pages

Yves Mény :

Textes constitutionnels et documents politiques
1989, Monchrestien, 570 pages

Didier Maus :

Les grands textes de la pratique institutionnelle de la Ve République
1993, Documentation française, (collection retour aux textes), 337 pages

Il peut être également utile de se référer au

Dictionnaire de droit constitutionnel
1992, P.U.F., 1120 pages
ouvrage collectif sous la direction d'Olivier Duhamel et Yves Mény

III. ACQUÉRIR UNE CULTURE JURIDIQUE

Si l'étude du cours et la préparation des séances de travaux dirigés sont essentiels, ils ne suffisent pas pour autant.

La discipline exige une bonne connaissance de la vie politique, singulièrement de la Ve République. C'est pourquoi il est vivement recommandé de se procurer un ouvrage traitant de ces questions. Sa lecture peut utilement occuper les moments de détente ou les « petites vacances » que comporte l'année universitaire. L'intérêt qu'elle présente dépasse aisément celle des romans policiers ou des feuilletons télévisés !

De même la curiosité doit porter sur les régimes politiques étrangers des principaux pays.

Un bon moyen d'entretenir et de satisfaire cette curiosité est de lire quotidiennement un journal d'information politique générale. On tirera profit de cette lecture pour constituer des dossiers. La matière s'y prête particulièrement bien. Ainsi, en 1992-1993, l'étudiant pouvait constituer des dossiers, pour la France, sur la révision constitutionnelle qui a abouti à la loi du 19 juillet 1993 réformant le Conseil supérieur de la magistrature et créant une Cour de Justice de la République compétente pour juger les membres du gouvernement pour des actes accomplis dans l'exercice de leur fonction et qualifiés crimes ou délits, ou encore sur celle du 19 novembre 1993 concernant le droit d'asile. D'une manière plus large ce dossier pouvait porter sur les autres questions qui ont été discutées en vue d'une éventuelle réforme et sur les conclusions du rapport du comité consultatif constitutionnel présidé par le Doyen Vedel. Toujours en ce qui concerne la France, les élections législatives de mars 1993 qui ont conduit à une nouvelle période de cohabitation pouvaient être retenues, de même que le débat constitutionnel autour de la ratification du traité de Maastricht. Pour les régimes politiques étrangers, il était possible de s'intéresser à la crise italienne et au référendum des 18 et 19 avril 1993 qui marquait la désaffection du peuple italien pour le système politique en vigueur et a ouvert la voie à une modification de la loi électorale, aussi bien qu'à l'élection présidentielle américaine de novembre 1992, ou au processus de transition vers la démocratie en Afrique et à ses difficultés.

C'est une façon d'accumuler de manière agréable des éléments utiles, qui enrichissent une culture juridique, dans laquelle on pourra puiser réflexions et exemples au moment de l'examen ou à l'occasion d'un concours.

Ces lectures, si utiles dans notre discipline, exigent toutefois une méthode. Disons-le brutalement : il faut apprendre à lire.

Lire est un exercice actif. Il faut lire un crayon à la main. Pour souligner ou annoter les passages significatifs. Pour ajouter le cas échéant des observations personnelles.

Il faut lire en s'interrogeant : il ne suffit pas de prendre connaissance du contenu d'un texte, il faut aussi l'évaluer. L'information est-elle exacte, est-elle subjective, est-elle inédite, quelle est son importance ? L'événement s'inscrit-il dans une continuité ? Etait-il attendu, prévisible ou bien marque-t-il un changement ? Quelles en sont les causes ? Quelles suites faut-il en attendre ? Est-il justifié qu'on lui réserve une telle place ?

La lecture active doit devenir un réflexe.

IV. APPRENDRE À SE DOCUMENTER

Face à un sujet particulier proposé comme devoir ou exposé, l'étudiant doit savoir utiliser les ressources de la documentation juridique. L'appel aux manuels ou traités, la référence aux textes sont la première étape de son travail. Il faut souvent aller au-delà et rechercher comment les dispositions en cause ont été appliquées, comment elles ont été appréciées par la doctrine juridique. On appelle doctrine juridique l'ensemble des commentaires, articles, notes écrits par des universitaires ou praticiens du droit sur les textes et décisions judiciaires qui en font application. Elle occupe une place essentielle dans la science juridique qu'elle contribue à éclairer et orienter.

Où trouver ces éléments explicatifs ? Leur recherche passe par la fréquentation des bibliothèques et des salles de travail dont il faut connaître les richesses.

On citera les principales revues existant dans notre discipline.

La Revue française de droit constitutionnel paraît à raison de quatre numéros par an, depuis 1990. A côté d'articles de doctrine, elle comporte d'utiles chroniques de droit constitutionnel français et étranger (Presses Universitaires de France).

La Revue du droit public et de la science politique en France et à l'étranger compte six numéros par an. Articles, commentaires et notes concernent les différents aspects du droit constitutionnel et du droit administratif. Elle comporte un index bibliographique très utile (depuis 1894, Librairie générale de droit et de jurisprudence).

La revue « Pouvoirs » se définit comme une revue-livre en ce sens que chacun des quatre numéros annuels porte sur un thème, éclairé par plusieurs contributions. A titre d'exemple parmi les numéros récents : la souveraineté (n° 67-1993), l'Allemagne (n° 66-1993), morale et politique (n° 65-1993), le Parlement (n° 64-1993). Elle comporte aussi diverses chroniques dont une chronique constitutionnelle française régulière (depuis 1977 aux Presses universitaires de France et depuis 1993 aux éditions du Seuil).

La Revue française de science politique traite aussi de sujets constitutionnels, bien que ce ne soit pas son objet principal (Presses de la Fondation nationale des sciences politiques).

Méritent également d'être consultés :

L'A.J.D.A. – Actualité juridique droit administratif (mensuel, Publications du moniteur).

La Revue française de droit administratif (bimestriel, Sirey, depuis 1984).

Le recueil Dalloz, hebdomadaire, fusionné avec la Revue Sirey depuis 1965 (éditions Dalloz).

La Semaine juridique – J.C.P. (hebdomadaire).

La Revue Droits – revue française de théorie juridique – dont chaque numéro porte sur un thème déterminé. Par exemple pour le n° 15-1992, l'État (semestrielle, depuis 1985, Presses universitaires de France).

L'utilisation de ces revues commence par l'exploitation des tables et des sommaires (en commençant par l'année la plus récente). Ceci permet de recenser rapidement ce qui a été écrit sur le sujet ou autour du sujet proposé.

Il est également utile, en complément, d'utiliser le fichier d'articles et le fichier d'ouvrages de la bibliothèque, en recourant au classement par matières – ce qui suppose que l'on définisse précisément les termes à partir desquels opérer la recherche. Le fichier auteurs peut également être mis à profit. On ne saurait négliger les Mélanges. Ils correspondent à une belle tradition de l'Université : ils rassemblent des articles écrits en l'honneur d'un grand professeur auquel ses collègues ou disciples entendent rendre hommage. On y trouve souvent des contributions doctrinales de premier plan.

Principaux « mélanges » touchant au droit constitutionnel

Le Pouvoir
Mélanges offerts à Georges Burdeau
L.G.D.J., 1977, 1190 pages

Itinéraires
Etudes en l'honneur de Léo Hamon
Economica, 1982, 685 pages

Droit, institutions et systèmes politiques
Mélanges en hommage à Maurice Duverger
P.U.F., 1987, 799 pages

Il faut aussi conduire la recherche du côté de la jurisprudence. Dans notre discipline, c'est essentiellement la jurisprudence du Conseil constitutionnel, plus rarement la jurisprudence administrative. Les décisions du Conseil constitutionnel sont publiées en un recueil, lequel est assorti de tables.

Les principales décisions sont publiées et commentées par les professeurs Louis Favoreu et Loïc Philip dans « les grandes décisions du Conseil constitutionnel », Dalloz, Paris, 7e édition, 1993, 929 pages. Les décisions du Conseil d'État et des tribunaux administratifs sont publiées au Recueil Lebon, recueil des arrêts du Conseil d'État, du Tribunal des conflits et des tribunaux administratifs.

Il existe aujourd'hui plusieurs bases de données qui peuvent être exploitées. Elles rendent de grands services et leur utilisation permet un gain de temps appréciable. Mais on conseillera à l'étudiant de 1re année de procéder suivant les méthodes classiques, sur fichiers, tables et sommaires. Cette démarche est indispensable pour connaître les difficultés et subtilités de l'exercice et pour pouvoir utiliser ensuite à bon escient la documentation informatisée. On serait tenté de dire qu'une base de données juridiques ne peut être bien exploitée que par ceux qui pourraient s'en passer. (Sur ces questions on lira avec profit les ouvrages suivants : A. Dunes, la documentation juridique, 1977, Dalloz, collection méthodes du droit et Y. Tanguy, la recherche documentaire en droit, 1991, P.U.F., collection droit fondamental).

V. SAVOIR RÉDIGER

La rédaction d'un devoir juridique présente une difficulté spécifique qui tient à la terminologie employée. Elle s'ajoute aux difficultés que comporte en toutes matières le bon usage du français.

Maîtriser la terminologie juridique

Le langage juridique est spécifique. Lorsqu'il utilise les termes du langage courant, il leur donne souvent un sens particulier. C'est un langage précis.

L'un des premiers efforts de l'étudiant en droit doit être de porter attention à la terminologie juridique. Il est conseillé de tenir un carnet de définitions, pour les termes rencontrés dans le cours ou les manuels. La recherche personnelle de ces définitions est le meilleur gage d'un bon apprentissage. L'étudiant peut consulter, en cas de difficulté, l'un des guides existants :

Vocabulaire juridique, par Gérard Cornu (P.U.F.).

Lexique de termes juridiques de droit constitutionnel, par Pierre Avril et Jean Gicquel (P.U.F., 5e édition, 1994, 139 p.).

ou le Dictionnaire de droit constitutionnel déjà cité (p. 12).

L'usage inapproprié des termes et catégories juridiques est un des pricipaux défauts de l'étudiant de première année, qui n'a pas su porter une attention suffisante à cette exigence commune à toutes les disciplines juridiques. Il croit parfois avoir fait une bonne copie, sans se rendre compte que le flou du langage, l'inexactitude des termes employés ont signalé cruellement le manque d'approfondissement de la matière et le manque de précision dans les connaissances.

Concepts et catégories juridiques sont les instruments de travail du praticien du droit comme l'équerre et le compas sont ceux de l'architecte. Il faut en bien connaître l'utilisation.

Ecrire dans un français correct

On n'attend pas de l'étudiant qu'il fasse œuvre littéraire. Mais la rédaction des devoirs et des copies d'examen doit révéler des qualités élémentaires.

Elle doit être respectueuse de l'orthographe et de la syntaxe. Dans la vie professionnelle, pour les emplois auxquels vous aspirez légitimement, un mauvais français vous disqualifiera. Avec une écriture qui prend l'eau, votre embarcation ne franchira pas la barre des concours ou des examens d'accès. Il n'est pas trop tard pour vous corriger. Ayez toujours à proximité de votre table de travail un dictionnaire de français, que vous puissiez consulter aisément lorsque le sens ou l'orthographe d'un mot vous échappe. Un ouvrage de syntaxe et de grammaire vous rendra aussi des services. Une encyclopédie n'est pas inutile.

N'écrivez pas coabitation mais cohabitation, bien que coexistence ne prenne pas de h.

Rationalisation (du parlementarisme) s'écrit avec un seul n mais constitutionnalité (contrôle de) en comporte deux.

Soyez simple et clair dans l'expression des idées. L'élégance du langage commence par ces deux qualités. Evitez les formules ampoulées, les métaphores prétentieuses et la rhétorique de bas étage qui encombrent inutilement le discours sans impressionner le moins du monde le lecteur ... qui en a vu d'autres. Evitez aussi les banalités et les clichés du langage courant ou journalistique. Des mots bien choisis, des qualificatifs appropriés, une phrase courte et limpide, un discours maîtrisé, pas plus d'un adverbe par phrase, si possible. Attention aux cascades de subordonnées qui semblent échapper à leur auteur et affaiblissent le message principal. Bannissez autant que faire se peut : les de par, au niveau de, sur le plan de, vu que, on va voir que, expressions faciles qui envahissent aujourd'hui le langage.

Et si vous pouvez aimer la langue que vous parlez, et qui va être votre instrument privilégié de communication professionnelle, vous la maîtriserez avec encore plus de facilité et de plaisir.

Enfin, écrivez lisiblement. Songez au confort de votre lecteur, qui est aussi le correcteur. Il vous sera reconnaissant de lui faciliter la tâche, sinon de la lui rendre agréable. Evitez les sigles et les abréviations hermétiques. La vigueur de l'âge vous permet sans nul doute d'éviter ces facilités. Va pour les notes de cours. Mais pas pour les copies d'examen. Séparez nettement les divers développements du devoir. Allez à la ligne à chaque nouveau paragraphe. Les titres donnés aux parties et sous-parties peuvent aussi contribuer à une meilleure présentation formelle de la copie. Proscrivez le style télégraphique. Tout doit être rédigé.

Finalement, votre copie est une image que vous donnez de vous-même. Qu'elle soit particulièrement soignée.

VI. SAVOIR S'EXPRIMER

Dans la plupart des professions juridiques – comme dans bien d'autres au demeurant – la réussite dépend souvent de l'art de s'exprimer. L'examen oral est un moyen de développer ses capacités. Il doit être considéré comme un test, préparant déjà, à sa manière, aux entretiens de recrutement ou aux concours auxquels la plupart des étudiants devront bientôt se soumettre. C'est pourquoi, il doit être pris beaucoup plus au sérieux qu'on ne le fait habituellement. La trop grande indulgence des enseignants est sans doute responsable du laxisme avec lequel les étudiants abordent les épreuves orales.

En droit constitutionnel, c'est surtout dans le cadre des travaux dirigés que vous rencontrerez celles-ci. Mais certains concours de recrutement comportent cette discipline à l'oral.

La difficulté à s'exprimer tient souvent à l'émotivité. Pour la combattre, multipliez les occasions, même extra-universitaires, de parler en public.

La présentation est importante. Le costume deux pièces n'est pas indispensable. La tenue genre Woodstock non plus. Il vous est sûrement possible de trouver un juste milieu. Simple et correct.

L'attitude l'est aussi. Evitez l'avachissement aussi bien que les gesticulations. Il n'est pas interdit de saluer l'examinateur.

On regrette d'avoir à le dire, mais l'arrogance, la forfanterie, la désinvolture (le genre : « je suis tellement supérieur à tout ça ! ») ne joueront pas en votre faveur. Elles sont généralement le fait des ignorants. N'ayez pas non plus l'air de celui qu'on persécute injustement. Il est recommandé de ne pas s'enfoncer dans ses notes, le regard rivé sur la table. Dans le dialogue qui commence, vous devez regarder l'examinateur.

Le discours doit être ordonné suivant un plan sommaire. Il doit être clair, direct et convaincant. Evitez les silences et les balbutiements. Essayez aussi de vous exprimer élégamment. Ne commencez pas par : « voilà ce qu'on peut dire » ou « on va voir ça en deux parties », alors qu'il y a tant d'autres manières d'introduire la question. Si vous connaissez bien le sujet, prenez les choses en main et exposez ce que vous savez jusqu'à ce que l'interrogateur vous arrête. Les questions complémentaires qu'il peut vous poser ne sont pas forcément un moyen de vous faire souffrir davantage. Elles lui permettront au contraire de mieux vous évaluer.

QUI SONT VOS ENSEIGNANTS ?

Beaucoup de professeurs de lettres ou de sciences qui enseignent à l'Université sont issus de l'enseignement secondaire, où ils ont fait leurs premiers pas. Dans les disciplines juridiques, il en va différemment car le droit n'est pas pratiqué dans le secondaire, caractéristiques qu'elles partagent avec la médecine et la pharmacie. L'accès au corps enseignant et les carrières sont organisés de manière spécifique.

Le corps enseignant des Facultés de Droit comporte plusieurs catégories : professeurs, maîtres de conférences, attachés et allocataires d'enseignement et de recherche. Il peut aussi être fait appel à des personnalités extérieures en raison de leur compétence.

Les professeurs sont recrutés par concours : l'agrégation des Facultés de droit. Ce concours très sélectif n'est ouvert qu'aux titulaires d'un doctorat en droit qui ont été au surplus habilités à diriger des recherches. Les concours ont lieu tous les deux ans dans chacune des disciplines : droit privé, droit public, histoire du droit et science politique, pour un nombre limité de postes. Les épreuves sont étalées sur une durée approximative de six mois (épreuves sur travaux, leçons en loges, leçons en 24 heures). Ces concours sont considérés à juste titre comme étant parmi les plus difficiles de la fonction publique.

L'accès au corps des professeurs est également ouvert aux maîtres de conférences qui se sont distingués par leurs travaux scientifiques, après une certaine durée d'exercice professionnel.

Les professeurs assurent les cours magistraux dans les différents cycles d'enseignement (DEUG, licence, maîtrise, diplômes d'études approfondies, diplômes d'études supérieures spécialisées) et président les jurys d'examen. Ils contribuent d'une manière essentielle, par leurs écrits, au développement de la doctrine juridique.

Certains professeurs exercent parallèlement la profession d'avocat, leur inscription au barreau de leur choix étant de droit. D'autres ont une activité de consultation ou participent à des arbitrages.

Ces activités – à condition qu'elles ne les privent pas de la disponibilité nécessaire à leur fonction principale – sont utiles en ce sens que l'enseignement du droit doit se nourrir de la pratique. Les études de droit sont par nature « professionnalisantes », pour employer un terme aujourd'hui en usage. Le lien avec les métiers du droit est donc essentiel.

Les maîtres de conférences sont docteurs en droit. Ils se voient également confier des cours magistraux lorsque les besoins de l'établissement l'exigent ou en raison de leur spécialité. Certains d'entre eux, comme il a été dit, peuvent rejoindre le corps des professeurs. Ils contribuent aussi par leurs travaux à la doctrine juridique.

Aux premiers échelons de la carrière on trouve les attachés temporaires d'enseignement et de recherche (ATER) et les allocataires d'enseignement et de recherche (ALER)[1]. Les premiers sont recrutés parmi des étudiants titulaires d'un troisième cycle en droit, généralement un diplôme d'études approfondies, qui ont commencé une thèse de doctorat et se destinent à la carrière enseignante. Ils assurent l'encadrement de groupes de travaux dirigés. Tel est aussi le rôle des seconds qui ont toutefois une charge d'enseignement moins lourde, leur rémunération étant assimilable à une bourse de recherche.

ATER et ALER peuvent, une fois leur thèse de doctorat soutenue, et à condition qu'elle soit excellente, postuler pour un emploi de maître de conférences. Ils devront obtenir d'être retenus sur une liste de qualification établie sur le plan national suivant des critères scientifiques, par grandes disciplines (droit privé, droit public, histoire du droit, science politique). Mais tous n'accèderont pas à ce corps. Il est dans la nature de l'Université d'être sélective pour maintenir un haut niveau de compétence. Ceux ou celles qui n'y parviendront pas auront, avec le grade de docteur en droit, la possibilité de rejoindre dans de bonnes conditions les autres professions juridiques.

Les Facultés de droit font également appel, traditionnellement, à des professionnels qualifiés pour certains cours et surtout pour les travaux dirigés. Magistrats, avocats, administrateurs, assistants parlementaires peuvent ainsi faire bénéficier les étudiants de leur expérience.

---

1. Le terme « assistant » correspond à une catégorie qui a été remplacée par celle des ATER et des ALER. De nombreux assistants sont encore en fonction, avant intégration, une fois leur thèse soutenue, dans le corps des maîtres de conférences.

RÉUSSIR L'EXAMEN

L'épreuve écrite de droit constitutionnel peut relever de différents genres : dissertation, commentaire de texte, exercice pratique. Dans tous les cas un solide capital de connaissances est nécessaire. C'est la mise en forme de ces connaissances qui est affectée par la nature de l'épreuve.

Il est beaucoup plus rare que le sujet soit constitué par une note de synthèse dans le cadre des études de droit, en raison de la brève durée de l'examen (3 heures). Mais tel peut être le cas pour les épreuves proposées dans les concours administratifs.

La démarche pour chaque type d'épreuve comporte des éléments spécifiques. Il importe que l'étudiant se soit familiarisé avec chacun d'entre eux. Les exercices effectués dans le cadre des travaux dirigés lui serviront à acquérir une méthode. Un entraînement sérieux lui permettra de corriger ses défauts et de mieux comprendre ce qu'on attend de lui. Un travail assidu peut conduire, en peu de temps, à des progrès réels. Encore faut-il réagir d'une manière positive. Une note médiocre ne doit pas être l'occasion d'incriminer la sévérité du correcteur, mais de se remettre soi-même en cause, de prendre conscience de ses insuffisances et de ses défauts et de réfléchir à la façon de les corriger, de la même manière qu'un athlète avant d'atteindre son meilleur niveau a dû se perfectionner par un travail constant. La note ne doit donc pas être prise seulement comme une sanction (ce qu'elle est aussi malheureusement dans le cadre du contrôle continu), mais surtout comme une indication qui peut être profitable. Peu d'étudiants arrivent d'emblée à faire une bonne dissertation ou un bon commentaire juridique. A supposer même que les connaissances soient là, il faut aussi acquérir une méthode. Les pages qui suivent ont pour but d'y aider.

Quelques conseils de bon sens pour aborder l'épreuve serviront de préliminaires.

<u>Dans les jours qui précèdent :</u>

Il est naturellement indispensable d'avoir travaillé régulièrement pendant l'année. La révision dans les jours qui précèdent l'examen pourra être conduite plus sereinement. Un « bachotage » forcené, pour rattraper le temps perdu, ne peut qu'obscurcir l'esprit. On ne fait pas en un mois le travail d'une année universitaire. Or il faut arriver au jour de l'examen avec l'esprit calme et lucide. Chacun doit donc, en fonction de sa personnalité, se préparer mentalement à l'épreuve, pour être en possession de tous ses moyens. Il n'est pas absolument nécessaire de passer la journée qui précède au cinéma. Mais un peu d'exercice physique et de détente peuvent y aider. Rien n'est plus néfaste que les nuits sans sommeil.

En présence du sujet :

Il ne faut pas, dès la lecture du sujet, chercher la solution dans sa mémoire. Ce serait se tromper d'exercice : la première démarche doit être de réflexion. Ensuite viendra l'appel aux connaissances.

Pendant l'épreuve :

L'épreuve est d'une durée brève (3 heures en général). Il faut donc apprendre à maîtriser le temps. Le temps nécessaire à chaque étape du devoir (approche du sujet, recherche du plan, mise en forme) peut varier suivant sa nature et sa difficulté. Mais il est utile d'avoir en tête, à titre indicatif un calendrier optimal (voir p. 35 et s. pour la dissertation et p. 41 et s. pour le commentaire).

La recherche du plan est souvent délicate. Malgré tout, on conseillera de ne pas s'y attarder d'une manière déraisonnable. Le plan idéal n'existe pas. Il ne vous sera pas miraculeusement révélé. Alors, à un certain moment, sachez conclure et retenir celui qui, à défaut d'être exceptionnel, vous permettra tout de même de rendre compte convenablement du sujet.

Pour la rédaction, on conseillera de ne faire de « brouillon » que pour l'introduction, en raison de son importance. Pour le reste du devoir on rédigera directement au propre à partir du plan qui a été dressé.

Signalons encore, toujours à titre préliminaire, le défaut le plus fréquemment rencontré dans les copies de droit constitutionnel : l'évasion dans le discours ou le commentaire politique. La proximité qui existe d'un certain point de vue entre la règle constitutionnelle et sa mise en œuvre dans un contexte donné expliquent, sans la justifier en aucune manière, une dérive qui disqualifie immédiatement bien des devoirs.

La vie politique, avec ses péripéties, est une inépuisable source de considérations douteuses où l'ignorance trouve un refuge. Ainsi, le sujet : « Le Premier Ministre et le chef de l'État sous la Ve République » n'est plus ce qu'il devrait être : l'étude de leurs statuts, attributions et rôles respectifs débouchant sur la réflexion qu'appelle l'agencement de l'exécutif sous la Ve République, mais la relation circonstanciée des conflits politiques et des relations personnelles entre les titulaires des deux fonctions, agrémentée d'une bonne dose de ces supputations hasardeuses qui émaillent les colonnes des magazines et d'une prospective de café du commerce. Entendons bien. L'utilisation des faits de la vie politique peut être bienvenue à l'appui d'un exposé juridique. Elle ne saurait en tenir lieu.

LA DISSERTATION

La dissertation est un exercice très fréquemment proposé. Elle consiste à présenter un sujet d'une manière logique en regroupant ses divers éléments en deux (ou trois) parties. Elle fait appel à de nombreuses qualités : capacité d'analyser le sujet, esprit de synthèse, habileté dans l'organisation des connaissances, talent d'exposition et d'écriture.

Les sujets possibles sont très variés. Mais les connaissances nécessaires sont toujours à la dimension du programme traité en cours.

Il est important de comprendre que la dissertation fait appel à l'intelligence autant qu'à la mémoire, ou encore qu'elle n'est pas un simple exercice de récitation des connaissances, mais avant tout un exercice de réflexion. Ainsi bien des malentendus seront évités, notamment de la part d'étudiants qui, ayant accumulé dans leurs copies des éléments du sujet (et parfois aussi des éléments hors sujet), sortent de la salle d'examen persuadés qu'ils ont convenablement traité celui-ci alors qu'en fait ils n'ont pas répondu précisément à la question posée. Le premier effort doit donc être de bien cerner le sujet. Bien entendu – et cela devrait aller sans dire – des connaissances incomplètes ou mal assimilées conduisent à un échec certain. Mais il arrive qu'un étudiant qui connaît bien son programme échoue faute d'avoir compris ce qu'on attendait de lui. C'est en pensant à cet étudiant que les conseils qui suivent ont été rédigés.

Tout sujet de dissertation exige du candidat qu'il apporte une double démonstration :

– qu'il a <u>compris</u> le sujet,
– qu'il est capable de <u>présenter</u> d'une manière organisée les connaissances essentielles qui s'y rapportent.

I. Comprendre le sujet

La lecture du sujet demande beaucoup d'attention et il faut y consacrer un temps suffisant. Chacun des termes du sujet doit être considéré et pesé, en lui-même et dans sa relation avec les autres. Ainsi, on évitera de s'engager sur de fausses pistes. En particulier, il faut prendre garde à ne pas « réécrire » le sujet en fonction des connaissances que l'on a ... ou que l'on n'a pas. Il ne faut pas non plus rechercher derrière le sujet la question de cours qui ne s'y trouve généralement pas. Il est rare – encore que cela arrive quelquefois – que le sujet corresponde à une tranche de cours bien identifiable et, en quelque sorte, précalibrée. Le plus souvent il fait appel à des connaissances dispersées dans plusieurs chapitres du cours, ou alors il correspond à une approche particulière en fonction de laquelle les éléments du cours devront être reconsidérés et réévalués.

Il y a donc lieu de rechercher la spécificité du sujet, et, une fois qu'elle a été décelée, de s'en tenir à elle. Cette étape du travail est fondamentale. Elle doit être menée avec sérénité. Elle oriente et commande la suite.

Lorsque deux sujets sont proposés, il importe de ne pas se précipiter sur celui que l'on croit le mieux connaître en raison du thème général qu'il évoque. Il recèle peut-être des difficultés particulières que ne révèlera qu'une seconde ou troisième lecture calme et réfléchie. Pour bien choisir, il faut choisir en connaissance de cause.

L'intitulé d'un sujet peut être proche de celui d'un chapitre ou d'une section du cours sans que pour autant on doive procéder à une récitation de mémoire. En effet la dissertation et le cours obéissent à des logiques différentes. Le professeur a pu s'étendre sur certains points en raison de leur difficulté ou de leur intérêt pour la formation des étudiants. Inversement il a pu passer rapidement sur des points qu'il considère comme acquis. Un calibrage nouveau s'impose donc souvent. La vigilance est donc de rigueur devant un sujet qui rappelle par trop une subdivision du cours.

Certains sujets sont formulés sous une forme interrogative. Il s'agit quelquefois d'un pur artifice et la forme interrogative n'a pas d'incidence sur la manière de traiter le sujet. Le sujet : « qu'est-ce que le régime parlementaire ? » peut être considéré comme identique au sujet : « le régime parlementaire ». Mais, le plus souvent, une telle formulation appelle non seulement un exposé mais aussi une réponse : l'étudiant doit prendre parti, donner son opinion personnelle. C'est autour de cette opinion qu'il construira le devoir. Elle doit apparaître clairement. On en trouvera ci-après deux exemples :

« à quoi sert la séparation des pouvoirs ? » (p. 83)

« l'article 49 de la Constitution a-t-il permis au parlement sous la Ve République de manifester sa confiance au gouvernement »(p. 209).

On ne peut se contenter, dans le premier cas, d'un exposé sur la séparation des pouvoirs, et dans le second, d'une étude des mécanismes de la responsabilité politique sous la Ve République.

D'autres sujets invitent à une comparaison. Il est évident qu'il n'y a pas de comparaison – et par conséquent que le sujet n'est pas traité quelle que soit l'étendue des connaissances du candidat – si l'on se borne à une présentation séparée, en parallèle, de chacun des termes du sujet. Une juxtaposition de développements même savants ne répond pas aux exigences de la question. La spécificité du sujet réside ici dans la comparaison et elle doit être présente tout au long du devoir. On trouvera ci-après plusieurs exemples de sujets comparatifs :

« la dissolution en France, Grande-Bretagne, Italie et Allemagne » (p. 134),

« commentaire de la loi Rivet et de la loi de Broglie » (p. 155),

« la responsabilité politique des gouvernements sous les IIIe, IVe et Ve Républiques » (p. 175).

Là encore c'est l'intelligence du sujet qui est en cause.

Il arrive que l'utilisation de documents soit autorisée (recueils de constitutions et de documents politiques). L'étudiant y trouve un réconfort, se disant que, si ses connaissances sont lacunaires, voire inexistantes, il lui restera toujours la ressource de puiser dans les textes à sa disposition.

Cette facilité dissimule un terrible danger qui ne guette pas seulement l'étudiant ignorant mais aussi celui qui, ayant travaillé, aurait pu faire un meilleur devoir. Première et fatale tentation : plutôt que de réfléchir au sens du sujet, on se précipite dans les recueils pour y rechercher avidement les éléments de réponse à une question dont on n'a pas pris soin de préciser les contours. Quand on sort enfin de cette consultation, bien du temps s'est écoulé qui aurait pu être mieux utilisé. Seconde tentation : le plagiat pur et simple des textes que l'on a trouvé et auxquels on prête un certain rapport avec le sujet. Les qualités intellectuelles sur lesquelles on entend juger le candidat se sont effacées derrière un plat commentaire voire un simple exercice de calligraphie.

Attention ! La possibilité d'utiliser des textes exige de l'étudiant une maîtrise plus grande encore. En réalité, pour en faire bon usage, il faut bien les connaître par avance. Enfin le correcteur sera naturellement conduit à être plus exigeant sur la qualité du devoir dès lors que son auteur a disposé d'un moyen supplémentaire. Les meilleurs amis ne sont pas toujours ceux qu'on croit !

Comprendre le sujet c'est aussi en interpréter les termes. Lorsque le sujet se prête à plusieurs interprétations, il convient de le signaler et d'indiquer dès l'introduction celle qui sera retenue en justifiant ce choix. Ainsi le lecteur est averti de ce que l'on n'a ignoré aucune des dimensions possibles du sujet et que l'on connaissait celles-là même qui ont été écartées.

Comprendre le sujet, c'est enfin le délimiter concrètement. Cette opération doit impérativement être effectuée dès le début de la réflexion. Elle est parfois aisée. Ainsi le sujet « le rôle du Conseil constitutionnel » conduit à écarter les connaissances qui se rapportent à la composition et à l'organisation du Conseil ou encore au statut de ses membres. Mais elle est quelquefois délicate. Ainsi le sujet : « la loi » soulève, dans sa brièveté, bien des interrogations. Faut-il se limiter à la loi sous la Ve République ou retracer l'évolution qui a affecté le domaine de la loi depuis la IIIe République ? Faut-il traiter seulement du statut de la loi et écarter la procédure d'élaboration de la loi ? (voir p. 229).

Cette première étape de réflexion sur le sujet est extrêmement importante ; elle commande celle qui va suivre. C'est seulement si l'on a bien compris la question que l'on peut espérer y répondre convenablement.

Elle est fréquemment négligée. L'étudiant passe trop souvent à côté de l'essentiel et méconnaît la spécificité, le sens exact ou les limites du sujet. Les conditions particulières de l'examen, l'émotion qu'elles engendrent, le temps limité pour composer en sont sans doute la cause. Mais c'est en surmontant ces conditions que l'étudiant fait la preuve de sa maîtrise de la matière.

II. Présenter de manière organisée les connaissances essentielles

Une fois le sujet bien compris, il importe de procéder à un bilan des connaissances et de les hiérarchiser. Vient ensuite la recherche du plan qui permettra de les organiser et enfin la rédaction du devoir.

Bilan des connaissances

Le bilan des connaissances en rapport avec le sujet doit être effectué de la manière la plus systématique et la plus exhaustive possible, même si certains éléments doivent être écartés par la suite. Cette phase est éminemment tributaire du travail effectué en cours d'année : la lecture du sujet ne fera pas surgir les connaissances que l'on n'a pas. L'étude incomplète ou insuffisamment approfondie du cours amènera à ignorer des points essentiels, alors qu'au contraire, on insistera sur des questions que l'on connaît mais qui sont secondaires ou marginales, sinon même hors sujet.

Il peut arriver que l'on ait un doute sur certains points et que l'on ne sache pas d'une manière sûre s'ils doivent être retenus ou non. Les retenir ou non suppose une certaine conception du sujet. Ces incertitudes montrent que l'effort de réflexion sur le sujet n'a pas été poussé assez loin. Il n'est pas trop tard pour le reprendre et pour remettre éventuellement en cause les conclusions auxquelles on a pu arriver dans un premier temps, ou pour les compléter et les infléchir.

Les connaissances devront être hiérarchisées en fonction de l'interprétation et de la délimitation du sujet. Elles seront utilisées pour la démonstration que l'on se propose de faire. Par conséquent, toutes les connaissances que l'on a sur un point précis n'ont pas forcément à être données. Répétons-le, la dissertation n'est pas une question de cours pure et simple. Il est fréquent que l'étudiant s'étende longuement sur un aspect du sujet parce qu'il le connaît bien et néglige les autres. Cette façon de procéder conduit à des devoirs déséquilibrés. Il convient de se servir de ses connaissances, il ne faut pas en être l'esclave et se laisser guider par elles. Par conséquent, sur un point qui entre dans le sujet, il y a lieu de déterminer le niveau de précision jusqu'auquel on descendra, en fonction de la démonstration que l'on veut apporter.

Ce n'est qu'ensuite que vient la recherche du plan, puisque ce dernier est tributaire du contenu que l'on entend donner au devoir.

Recherche du plan

Le plan doit présenter trois qualités :

– il doit permettre un exposé complet et ordonné qui fasse ressortir l'essentiel,
– il doit être équilibré,
– il doit être adapté au sujet.

Ce sont là les objectifs qu'il faut se proposer dans la recherche du plan.

Le plan en deux parties est conseillé. Un plan en trois parties peut être accepté. Les plans en quatre ou cinq parties sont à exclure, car ils ne sont que l'énumération d'éléments du sujet sans que le rapport entre ceux-ci ait été recherché et dégagé. Ils démontreraient que l'effort de synthèse n'a pas été suffisant.

Un bon plan rend le sujet immédiatement intelligible et donne de la force à la démonstration. C'est pourquoi le plan en deux parties est généralement préférable.

Il convient de répartir les connaissances auxquelles il sera fait appel et que l'on vient de recenser en deux ensembles distincts et homogènes, afin que les parties se différencient d'une manière logique l'une de l'autre. On ne parvient pas toujours aisément à une solution acceptable. Il faut user successivement de plusieurs critères. Finalement chacune des parties trouvera son unité dans une idée qu'elle illustre, un thème qu'elle défend ou une catégorie à laquelle tous ses éléments appartiennent.

Mais il convient que l'ensemble formé par les deux parties rende compte de tout le sujet.

Il faut aussi que les deux parties soient reliées entre elles par un rapport qui peut être de complémentarité ou d'opposition.

Il convient dès ce moment, celui où l'on répartit les grandes masses du sujet, de songer à l'organisation interne des parties. En effet chaque partie doit être elle-même agencée de manière rationnelle en deux ou trois sous-parties de sorte que les éléments s'enchaînent logiquement. L'idéal serait que chaque partie ait le même nombre de sous-parties, mais cet objectif ne peut pas être toujours atteint. En tout cas il ne doit pas être recherché au détriment de la clarté de l'exposé.

La recherche du plan est un travail difficile, auquel il faut s'entraîner en cours d'année.

Il est utile de connaître un certain nombre de plans-types, parce qu'ils peuvent fournir une solution à défaut de mieux, mais aussi parce qu'en les appliquant successivement au sujet on peut faire progresser la réflexion vers une solution plus appropriée.

L'usage, à titre en quelque sorte expérimental, de ces plans-types doit devenir un réflexe.

Certaines complémentarités ou oppositions simples peuvent être exploitées dans un premier temps. En voici quelques exemples :

le plan	organisation fonctionnement
le plan	statut pouvoirs
le plan	notion fonction
le plan	nature juridique régime juridique
le plan	conditions effets
le plan	domaine effets (ou portée)
le plan	la règle les exceptions
le plan	le cas général les cas particuliers

le plan	le principe	
	ses limites	
le plan	les textes	
	leur application	
le plan	exposé du droit en vigueur	
	critique du droit en vigueur	
le plan	avantages	
	inconvénients	
le plan	ressemblances	
	différences	

Ces distinctions simples peuvent aussi être utilisées pour des plans en trois parties, à condition de conserver leur cohérence.

Sont acceptables :

le plan	nature
	domaine
	régime
le plan	nature
	conditions
	effets
le plan	désignation
	statut
	pouvoirs
le plan	organisation
	fonctionnement
	pouvoirs

Ne seraient pas acceptables :

le plan	statut
	avantages
	inconvénients
ou le plan	organisation
	fonctionnement
	critique du droit en vigueur

Ces distinctions peuvent aussi être utilisées pour la construction interne du devoir.

La recherche doit ensuite être conduite vers des solutions plus élaborées dont on trouvera ci-dessous quelques illustrations.

* Le plan qui conduit à distinguer deux modalités, scénarios ou hypothèses possibles.

Par exemple, pour le sujet : la révision constitutionnelle sous la Ve République, on peut distinguer entre :

– la révision consensuelle et
– la révision conflictuelle (voir p. 274 et s.).

Pour le sujet : le premier ministre sous la Ve République on peut opposer :

– le premier ministre en période de présidentialisme majoritaire et
– le premier ministre en période de cohabitation.

* Le plan de situation ou de rôle
Pour le sujet précédent : le premier ministre sous la Ve République on peut placer le titulaire de la fonction en face de ses interlocuteurs institutionnels :

– le premier ministre et le président de la République,
– le premier ministre et le parlement

* Le plan par recours à des qualifications complémentaires ou successives.
Pour le sujet : le fédéralisme, on peut ainsi faire appel à deux aspects complémentaires du phénomène :

– le fédéralisme, comme principe d'organisation,
– le fédéralisme, comme processus (voir p. 63 et s.).

Pour le sujet : le rôle du Conseil constitutionnel on peut organiser le devoir autour des deux aspects classiques de ce rôle :

– le Conseil constitutionnel, régulateur du système politique,
– le Conseil constitutionnel, protecteur des libertés (voir p. 248 et s.)

* Le plan qui conduit à distinguer les terrains ou domaines sur lesquels une institution produit ses effets.
Par exemple, le sujet : les effets des modes de scrutin sur les régimes politiques pouvait conduire à examiner successivement :

– les effets sur la représentation parlementaire,
– les effets sur le mode de gouvernement.

* Le plan fondé sur des principes ou valeurs que révèle le sujet ou qu'il met en œuvre.
Pour le sujet : l'État fédéral, on peut mettre successivement en évidence les deux principes auxquels il obéit simultanément :

– le principe d'autonomie,
– le principe de participation (voir p. 56 et s.)

* Le plan chronologique conduit à insister sur les phases successives que connaît une institution : création, effets, extinction. L'une des phases peut ne pas mériter un développement séparé : on peut ainsi distinguer

les phases qui mettent en cause l'existence (création, extinction) de la phase où l'institution est agissante.

* Le plan historique (à ne pas confondre avec le précédent) consiste à traiter le sujet à deux moments différents (sous la IVe République, puis sous la Ve République – avant 1981, puis après 1981). Il doit être manié avec beaucoup de précaution et s'imposer avec la force de l'évidence compte tenu de la nature du sujet. En d'autres termes, cette catégorie de plan ne doit être retenue qu'après un examen très attentif, tout au moins en droit constitutionnel.

Ces plans permettent de mieux mettre en évidence la spécificité des sujets proposés.

Si l'on doit se contenter de l'une des solutions simples énoncées en commençant, en raison de la nature du sujet ou faute d'imagination, on veillera cependant à habiller les intitulés. La technique la plus simple est de qualifier d'un adjectif le statut, l'organisation, les pouvoirs, les conditions, les effets ...

Exemples :

– un statut conforme au modèle parlementaire,
– des pouvoirs exceptionnellement développés.
– des conditions restrictives,
– des effets étendus.
– une organisation soigneusement conçue,
– un fonctionnement défectueux.

A défaut de trouver le plan idéal – exercice difficile lorsque le temps est compté – il faut au moins parvenir à une classification logique et cohérente, qui permette de rendre compte de l'ensemble de la matière sans qu'il y ait de répétition et sans accorder à un élément une importance démesurée. L'absence de construction révèlerait une réflexion insuffisante. Pour le reste, l'étudiant de première année de DEUG doit savoir que l'ignorance du sujet ou de certains aspects du sujet sera beaucoup plus sévèrement sanctionnée que le manque d'originalité du plan.

Rédaction du devoir

Inutile de rappeler ici que le devoir doit être rédigé dans un français correct (voir p. 17). Il paraît plus utile d'insister sur quelques points particuliers : les intitulés, les transitions, l'introduction.

Une fois le plan établi, il convient de songer aux intitulés qui rendront compte d'une manière synthétique de chaque partie. Ils constituent pour le lecteur des points de ralliement et facilitent la lecture. Ils permettent de vérifier d'un regard la cohérence de l'exposé et d'apprécier l'habileté de l'étudiant et ses facultés de synthèse. C'est pourquoi il est vivement conseillé de donner un titre à chaque partie et, même, à chaque sous-partie. Ces intitulés doivent se prolonger par le jeu des complémentarités ou se répondre par l'effet des contrastes. Ils doivent être symétriques, ou, si l'on préfère, leur configuration doit être identique (si l'un d'entre eux tient dans un mot, l'autre ne peut être constitué d'une phrase entière avec sujet, verbe et complément ...).

Les titres doivent être simples et clairs. On évitera les phrases longues et alambiquées, alourdies d'adjectifs ou d'adverbes qui trahissent le trouble de la pensée. « Ce qui se conçoit bien, s'énonce clairement » ! La formule de Boileau (Art poétique, chant 1er) n'a rien perdu de sa pertinence à la fin du XXe siècle.

Naturellement les titres doivent correspondre au contenu.

La recherche du titre n'est pas un pur artifice de présentation. Elle fait partie intrinsèque de l'effort de construction et de clarification dont tout le devoir est tributaire et constitue en elle-même un élément d'évaluation ou de vérification du résultat atteint. La difficulté à trouver un intitulé approprié signale l'insuffisance de la réflexion.

Les transitions entre les diverses parties du devoir doivent être soignées. En tête de chaque partie un chapeau indiquera ce qui va suivre et l'ordre d'exposition retenu. Un bref récapitulatif en fin de partie sera le bienvenu. Chaque sous-partie comportera quelques mots d'entrée en matière.

Les développements seront agencés en paragraphes et l'on veillera à changer de paragraphe à chaque fois que l'on aborde un aspect nouveau.

L'introduction constitue un élément fondamental du devoir. Elle est le premier contact avec le correcteur qui doit en retirer une opinion positive. C'est pourquoi il est conseillé de ne la rédiger qu'à la fin.

La principale erreur à éviter est la technique de l'entonnoir, qui consiste à partir de généralités pour en venir après des détours parfois longs et des développements fastidieux au sujet lui-même. L'introduction n'est pas l'occasion de faire étalage de toutes sortes de connaissances annexes pour impressionner le correcteur. Il faut tout au contraire commencer franchement par le sujet, quitte à indiquer ensuite dans quel cadre il s'insère ou à signaler qu'il constitue une illustration d'une question plus générale. Il n'est pas déconseillé de rappeler les termes du sujet dès les premières phrases de l'introduction.

L'introduction doit répondre aux exigences suivantes :

– elle doit permettre de situer le sujet (rappeler son contexte, son caractère actuel ou non, le cadre général dans lequel le problème se pose ou dans lequel l'institution évolue, avec le cas échéant, des rappels historiques),

– elle doit mettre en évidence l'intérêt et la portée du sujet (tant d'un point de vue pratique et concret que d'un point de vue strictement juridique),

– elle doit permettre de définir le sujet (ce qui peut aller jusqu'à la définition de chacune des notions qu'il comporte),

– elle doit permettre de délimiter le sujet,

– elle doit enfin, impérativement, annoncer et justifier le plan retenu, de sorte que le lecteur suive avec facilité.

Peuvent aussi trouver place dans l'introduction les éléments du sujet que l'on a choisi de ne pas développer dans les parties, en raison de la conception que l'on a retenue (par exemple l'aspect historique ou de droit comparé).

Mais elle ne doit pas entrer dans l'exposé du droit qui est la matière même des parties. On évitera d'autant mieux cet écueil si l'on veut bien ne rédiger l'introduction qu'à la fin.

L'introduction ainsi définie peut représenter le 1/4 de la copie, et même un peu plus dans des cas exceptionnels.

Une conclusion n'est pas absolument nécessaire. Si l'on juge utile d'en faire une, elle ne doit être ni un résumé de ce qui a déjà été dit dans le devoir, ni l'occasion de développer un point oublié, qui aurait dû trouver place dans l'une des parties, surtout s'il est important. La conclusion deviendrait alors un regrettable aveu de faiblesse. Elle peut être, en revanche, le moyen de signaler, en quelques mots, une autre approche ou une autre dimension du sujet, relevant de la philosophie, de la morale, de la politique ou d'une autre discipline juridique. Une réflexion personnelle peut être la bienvenue. Mais attention aux banalités et aux platitudes. Quel dommage si le dernier mouvement n'était pas à la hauteur du reste de la partition !

GESTION DU TEMPS

Pour une épreuve en temps limité, il est bon de se donner des repères. Le découpage horaire optimal est le suivant :

- Lecture attentive du sujet 10'
- Bilan des connaissances et recherche du plan 40'
- Rédaction de l'introduction (au brouillon et au propre) 20'
- Rédaction des parties (directement au propre) 100'
- Relecture de la copie 10'

III. Exemples

Compte tenu de la place importante qu'occupe la dissertation parmi les sujets de droit constitutionnel, de nombreux exemples sont proposés dans la suite de l'ouvrage avec chaque fois des conseils spécifiques et un corrigé entièrement rédigé :

LE COMMENTAIRE DE TEXTE

Le commentaire de texte est un exercice difficile. Il exige une parfaite compréhension du texte proposé, à laquelle on ne peut accéder sans de solides connaissances acquises en cours d'année.

Les textes qui peuvent être proposés en droit constitutionnel sont de nature diverse : opinion doctrinale, extrait d'une constitution ou d'une loi, d'un débat parlementaire ou d'un discours politique, décision du Conseil constitutionnel ou arrêt du Conseil d'État, ou encore un ensemble de statistiques (par exemple des statistiques électorales).

Le commentaire contribue à mettre en évidence les connaissances du candidat. Il interpelle sa culture juridique dont il constitue un des meilleurs révélateurs. C'est en puisant dans ce fond que le candidat trouvera les concepts et les références qui lui permettront de situer correctement le sujet et de bien le comprendre, de l'illustrer et d'en apercevoir les éventuelles insuffisances. Contrairement aux apparences, il faut autant de connaissances pour faire un bon commentaire que pour faire une bonne dissertation. C'est la manière de les utiliser qui diffère : elles sont au premier plan dans la dissertation et constituent la substance du devoir ; dans le commentaire elles servent d'éléments de référence et d'illustration.

Le commentaire permet de juger des qualités d'analyse et de raisonnement du candidat. L'exercice demande à la fois soumission et liberté. L'espace dans lequel le commentateur évolue est circonscrit par le texte, et il convient de ne pas s'en écarter. Mais il doit aussi faire preuve de sens critique à l'égard des idées développées ou des solutions retenues, déceler, le cas échéant, les failles du raisonnement, ou signaler les lacunes et les silences du texte. Il faut donc à la fois être très proche du texte et prendre ses distances avec lui. Le mélange exact à opérer entre ces deux attitudes dépend de la nature et du contenu du sujet.

Deux dangers guettent le commentateur : l'exposé théorique et la paraphrase.

Le défaut le plus fréquent est de transformer le commentaire en dissertation, de retenir simplement l'idée générale et de la développer pour elle-même, en oubliant la manière dont l'auteur la présente. Le commentaire repose sur l'utilisation des connaissances théoriques mais il n'est pas un pur exposé de connaissances théoriques. Ce n'est pas l'occasion de réciter in extenso le (ou les) chapitre(s) du cours que le texte évoque. C'est à partir du texte qu'il faut conduire l'exercice. Il arrive qu'un candidat pourvu d'un grand savoir sur les points abordés passe complètement à côté faute d'avoir bien compris ce qu'on lui demandait. Une bonne manière de se prémunir – ou de tenter de se prémunir – contre cette dérive est de revenir au texte assez fréquemment et d'en citer à l'occasion de brefs passages.

Un autre défaut fréquent est la paraphrase qui consiste à suivre le texte d'une manière servile en reprenant sous une autre forme – le plus souvent verbeuse et diffuse – les idées qu'il contient, sans y ajouter de dimension analytique et critique. L'étudiant aura peut être le sentiment rassurant d'avoir rempli sa copie, mais il n'aura en aucune manière répondu aux exigences de l'exercice. Cette façon de procéder souligne assez crûment l'absence de connaissances et de réflexion. Mais la paraphrase peut aussi – et c'est plus fâcheux – résulter d'une préparation insuffisante ou trop rapide du commentaire et d'un manque de distance par rapport au texte et à l'auteur.

Les recommandations qui suivent doivent permettre d'éviter ces erreurs.

L'exercice doit être mené en deux temps : la préparation du commentaire, l'organisation et la rédaction du devoir.

I. La préparation du commentaire

La préparation du commentaire est extrêmement importante et conditionne la suite. Elle comporte deux opérations distinctes qui devront être menées successivement : l'analyse et l'évaluation.

L'analyse

L'analyse fidèle et scrupuleuse du texte tend à mettre en évidence, avec la plus grande exactitude possible, ce que l'auteur a voulu dire. Cette phase d'interrogation insistante permettra de recueillir les matériaux présents. Il faut analyser chaque mot en lui-même, chaque mot dans la phrase où il figure, chaque phrase dans le paragraphe où elle prend place pour traquer le sens que l'auteur a entendu leur donner. Rien ne doit être laissé de côté à ce stade du travail. On doit être attentif à tous les éléments, y compris le choix des adjectifs, des adverbes qui parfois nuancent le sens, les changements de temps, la manière dont le texte est découpé et dont les idées s'enchaînent.

Cette lecture méticuleuse amènera généralement à constater qu'il y a des notions ou des arguments qui occupent le premier plan, tandis que d'autres font figuration. C'est évidemment autour des premiers que le commentaire devra être organisé.

L'évaluation

Une fois achevée cette analyse fidèle, on en viendra à l'évaluation du texte. Celle-ci sera faite à la lumière des connaissances acquises en cours d'année, dont on battra le rappel.

Cette évaluation dépend beaucoup de la nature du texte proposé, mais elle comporte toujours une dimension critique (approbatrice ou désapprobatrice) où s'exprime la personnalité du lecteur. Un commentaire n'est jamais une simple glose. Il comporte un jugement argumenté sur le texte : la solution donnée par une décision de justice était-elle attendue ? est-elle satisfaisante ? représente-t-elle un changement de jurisprudence ou confirme-t-elle des décisions antérieures ? L'opinion défendue par l'auteur est-elle originale ? est-elle actuelle ? appelle-t-elle des compléments ou des nuances ? Le discours soumis à l'examen est-il de pure circonstance ? revêt-il au contraire un intérêt durable en raison de la hauteur des vues exprimées ?

Ces questions – et bien d'autres – doivent être évoquées, même si finalement l'on doit adhérer pour l'essentiel au point de vue de l'auteur ou à la solution présentée, et si l'on se borne à développer le sens du texte, à l'expliquer et à l'illustrer, à en indiquer la valeur et la portée. L'étudiant de première année n'est pas encore bien armé pour proposer une solution alternative à celle retenue par le Conseil constitutionnel ou mettre en pièces l'opinion d'un éminent auteur !

L'évaluation doit porter non seulement sur ce que dit le texte mais aussi sur ce qu'est le texte. Elle doit prendre en considération le fond du texte, mais aussi sa nature et la manière dont il se présente. Il convient donc de qualifier le texte sous cet angle (décision de justice, texte de loi, article de doctrine ...). Pour une décision de justice on n'omettra pas de mentionner la juridiction de jugement et le litige (voir ci-après p. 44 et s.). Pour un texte politique on se demandera qui en est l'auteur, à qui il entendait s'adresser, dans quelles circonstances, pourquoi il a tenu de tels propos et quel résultat il en attendait (pour convaincre, pour se justifier ou simplement pour exposer son point de vue). Pour un texte de doctrine, il est nécessaire d'évoquer l'auteur et son œuvre, la place que le texte occupe dans celle-ci, la date et les circonstances si on les connaît. Dans les deux cas l'écho que le texte a rencontré et son influence peuvent être rappelés. On doit enfin être sensible au style et aux qualités formelles.

Ces différents points concernant la nature du texte commenté et son environnement trouveront place dans l'introduction. Ils peuvent quelquefois livrer une clé pour la compréhension et suggérer une idée de plan.

Cette phase d'analyse et d'évaluation critique doit retenir suffisamment longtemps : on ne peut faire l'économie d'une étude très attentive car le commentaire va se nourrir des observations et réflexions nées de cette recherche et sa qualité dépendra de leur richesse. C'est en quoi réside le caractère propre de ce type d'exercice.

II. L'organisation et la rédaction du commentaire

Du point de vue de l'organisation du devoir, le commentaire appelle un plan comme la dissertation.

Dans la dissertation le plan est lié à la démonstration que l'on entend effectuer. Dans le commentaire il est directement commandé par le contenu du texte et y trouve son origine et sa justification.

C'est pourquoi une plus grande liberté peut être acceptée. Si le texte comporte trois idées, le plan en trois parties peut être naturellement accepté. Si ces idées sont d'une importance inégale, on peut admettre un certain déséqullibre des parties.

Il n'est pas absolument nécessaire que le plan suive celui du texte et en épouse les subdivisions. Mais la liberté que le commentateur s'autorise doit avoir une raison et ne saurait constituer une simple fantaisie ou facilité

Dans tous les cas, le plan doit être annoncé et expliqué en fin d'introduction. Ici l'introduction ne manquera pas d'indiquer la nature du texte et, le cas échéant, d'évoquer l'auteur.

On conseillera de donner un titre à chaque partie (éventuellement à chaque sous-partie). La contrainte qui en résulte n'est pas inutile : la cohérence de l'ensemble est plus apparente et plus grand ... le confort du lecteur – qui est aussi le correcteur –.

Les autres conseils donnés à propos de la dissertation sont transposables.

GESTION DU TEMPS

Sous réserve du sujet et du tempérament du candidat, le découpage suivant peut être proposé :

– Analyse et évaluation du texte	50'
– Elaboration du plan	15'
– Rédaction (brouillon et propre) de l'introduction	15'
– Rédaction des parties (directement au propre)	90'
– Relecture de la copie et corrections	10'

III. Cas particulier du commentaire d'arrêt

En droit constitutionnel peuvent être proposées au commentaire des décisions du Conseil constitutionnel, plus rarement des arrêts du Conseil d'État. Les conseils qui précèdent sont tout à fait valables pour de tels sujets. Leur nature de décision de justice leur confère cependant une originalité qui justifie des indications complémentaires[1].

Le commentaire d'arrêt vise à éclairer et apprécier la solution qui a été donnée par la juridiction saisie à une difficulté qui lui était soumise. Il faut donc rendre parfaitement compréhensible pour le lecteur la solution retenue et son fondement (sens de la décision) et ensuite développer les réflexions que cette solution fait naître dans l'esprit d'un juriste (valeur de la décision). L'exercice fait appel aux facultés d'analyse et de raisonnement juridique du candidat qui ne peuvent prendre leur essor qu'en s'appuyant sur les connaissances accumulées en cours d'année. On ne saurait trop recommander au candidat de se familiariser avec le style particulier des décisions de justice, caractérisé par l'usage de la phrase unique (les« considérants » du juge administratif, les « attendus » du juge judiciaire) et par une grande concision dans l'évocation des faits et l'expression des idées. La structure des décisions, avec leurs visas,

1. Le commentaire d'arrêt étant un exercice plus fréquent en droit civil, on se reportera aux judicieux conseils de Mme M. A. Frison-Roche, introduction générale au droit – T.D. Dalloz, Paris, 1992, p. 27 et s. et de M. G. Goubeaux et Ph. Bihr, les épreuves écrites de droit civil, 6e édition, 1991, Paris LGDJ, p. 143 et s.

suivis des motifs et du dispositif, doit être également bien connue. Les travaux dirigés fournissent de multiples occasions de s'exercer.

Par définition, la décision de justice marque le point d'aboutissement d'un litige. En matière de contrôle de constitutionnalité, où il n'y a pas de litige à proprement parler l'affrontement de deux conceptions en tient lieu. Il importe donc de montrer comment il est né : quels sont les faits, la procédure suivie, les prétentions opposées, les arguments échangés, avant d'en arriver au raisonnement développé par le juge et à la décision elle-même. Le raisonnement du juge constitue le point essentiel de la réflexion. Il possède une valeur générale, en ce qu'il est susceptible de trouver application dans d'autres cas d'espèce. Il faut donc en montrer l'inspiration et en dégager la logique. Ensuite il convient de porter une appréciation sur la qualité de la décision. Fait-elle une application correcte des textes ? le cas échéant, quelle interprétation en retient-elle ? est-elle le résultat d'une démarche logique ? un autre raisonnement était-il possible ? marque-t-elle une inflexion, une évolution, un renversement de la jurisprudence ? quelle en est la portée pratique ? satisfait-elle à l'exigence d'équité ?

Les phases d'analyse et d'évaluation seront donc conduites avec une extrême attention.

Comme tout devoir juridique, le commentaire d'arrêt doit être construit suivant un plan qui permette une présentation rationnelle de tous les aspects de la question ou des questions abordées.

Le plan est dicté par le contenu de la décision. Généralement il n'exige pas une réflexion aussi approfondie que celui d'une dissertation, car il dérive de la structure de l'arrêt. Souvent les décisions proposées au commentaire comportent deux questions principales et chacune d'entre elles fournira matière à une partie. Si la décision comporte trois points bien distincts, le plan en trois parties pourra convenir. Si la décision n'aborde qu'un seul problème juridique, on peut songer à un plan qui amène à préciser d'abord le sens de la solution retenue et ensuite à l'apprécier :

exemples :

1re partie : analyse de la décision
2e partie : appréciation critique

ou encore

1re partie : sens de la décision
2e partie : portée de la décision

Il faut aussi se demander si les questions de compétence, de procédure et de technique juridictionnelle ne méritent pas une mention particulière : il arrive qu'en raison de leur importance on doive leur consacrer une partie du devoir. Il se peut que le commentaire puisse être articulé autour de deux ensembles :

question(s) de compétence et (ou) de procédure,

questions de fond.

L'introduction obéit à un schéma simple organisé autour de quelques rubriques obligées : elle indiquera d'abord rapidement le secteur dans lequel l'arrêt se situe par référence aux chapitres du cours, éventuellement l'actualité ou l'intérêt des questions soulevées. Puis elle retracera les faits qui sont à la base de la décision ainsi que la procédure suivie. Les visas de la décision peuvent apporter d'utiles renseignements sur ce point, de même que sur les textes dont le juge estime tenir sa compétence et sur ceux dont il entend faire application. La formation de jugement qui a rendu la décision doit être éventuellement mentionnée : ainsi, pour le Conseil d'État, un arrêt rendu en Assemblée du contentieux signale le plus souvent une décision importante.

L'introduction dégagera également les points principaux de la décision. Elle situera celle-ci par rapport à des décisions antérieures ou postérieures (la date de l'arrêt peut être importante). Elle signalera l'apport et l'importance de l'arrêt. Elle écartera enfin les questions secondaires que le candidat a choisi de laisser dans l'ombre.

L'introduction qui devra aussi, bien sûr, annoncer le plan, peut connaître une certaine extension si les faits et la procédure sont complexes et l'analyse des questions délicate (1/4 de la copie ou plus) ou dans l'hypothèse inverse, être assez brève et laisser rapidement la place au commentaire lui-même.

Comme pour la dissertation, une conclusion n'est pas indispensable.

CONSEIL PRATIQUE

Dès la seconde lecture de la décision, ouvrir sur une feuille de brouillon quatre rubriques qui serviront ensuite, au moins, pour nourrir l'introduction :

- les faits et la procédure,
- le litige et les questions controversées,
- les arguments échangés,
- la décision.

Pour les faits et la procédure, noter soigneusement les dates dans l'ordre chronologique.

COMMENT IDENTIFIER UNE DÉCISION DE JUSTICE

Pour procéder au commentaire d'une décision de justice, il est indispensable de l'identifier et d'en indiquer l'auteur.

Leur désignation obéit à des conventions qu'il faut connaître. Nous rappelerons celles qui concernent le Conseil constitutionnel et les juridictions de l'ordre administratif (Conseil d'État, cour administrative d'appel, tribunal administratif).

Le Conseil constitutionnel

Pour les décisions du Conseil constitutionnel, la désignation dépend du chef de compétence au titre duquel elles ont été rendues.

Les décisions concernant la conformité à la Constitution des lois (article 61 de la Constitution) et des traités (article 54 de la Constitution) portent la désignation DC, soit déclaration de conformité. La référence complète des décisions est la suivante : **C.C., 91-290 DC du 9 mai 1991, Rec. 50,** soit : Conseil constitutionnel, décision rendue en 1991, 290e décision en matière de contrôle de conformité à la Constitution, le 9 mai est la date du délibéré de la décision. Suit la référence de publication au Recueil des décisions du Conseil constitutionnel. Pour rendre cette désignation plus explicite, les commentateurs ajoutent souvent l'objet de la décision, ici : statut de la Corse.

Pour le contrôle des traités on trouve le même type d'indications :
Par exemple :

C.C. 92-308 DC du 9 avril 1992, Maastricht I.

Lorsque la référence ne comporte pas mention du recueil, c'est que la décision n'a pas encore été publiée. Le I après Maastricht signale que d'autres décisions ont été rendues sur le même sujet (Maastricht II du 2 septembre 1992 et Maastricht III du 23 septembre 1992).

Les décisions rendues sur examen de textes de forme législative, en application de l'article 37.2 de la Constitution se signalent par la présence de la lettre L pour **examen de forme législative**. La référence complète des décisions est la suivante :

CC. 69-55 L. du 26 juin 1969, Rec. 27,

à quoi les commentateurs ajouteront l'objet : protection des sites.

Les décisions rendues en matière de répartition des domaines entre la loi et le règlement, sur la base de l'article 41 de la Constitution (saisine en cours de procédure législative) se signalent par la présence des lettres **FNR**, pour **examen de fin de non recevoir.** La référence complète des décisions est la suivante :

CC. 59-1 FNR du 27 novembre 1959, Rec. 71,

à quoi les commentateurs ajouteront l'objet : prix des baux à ferme.

Les décisions rendues en matière de contentieux électoral pour la désignation des parlementaires sont répertoriées avec la mention de l'assemblée concernée et de la circonscription visée. Exemples :

– CC. 88-1082/1117, AN. Val d'Oise, 5e

Les premiers chiffres indiquent l'année et l'ordre de dépôt de la requête : ici la 1082e et la 1117e requêtes enregistrées en matière électorale, qui, se rapportant à la même élection, font l'objet d'une décision unique. La désignation AN veut dire Assemblée nationale et la suite indique qu'il s'agit des opérations électorales qui ont eu lieu dans la 5e circonscription du département du Val d'Oise.

– CC 59-213, S, Dordogne

soit la décision rendue en 1959, sur la 213e requête en matière électorale, à propos des élections sénatoriales ayant eu lieu dans le département de la Dordogne.

on ajoute souvent le nom du parlementaire dont l'élection est attaquée (et quelquefois celui du requérant) ainsi que la date à laquelle la décision a été rendue (date du délibéré), enfin la référence au Recueil des décisions du Conseil constitutionnel.

Ce qui donne dans les exemples choisis :

CC. 21 octobre 1988, 88-1082/1117, A.N., Val d'oise, 5e circ.,
CC. 9 juillet 1989, 59-213, Rec. 246, S. Dordogne, Laforest c./Sinsaut.

Les décisions, proclamations et déclarations relatives à l'élection présidentielle sont simplement identifiées par leur date et leur référence de publication. Par exemple :

CC. 17 mai 1969, Rec. 78.

La doctrine ajoutera le nom des parties (ici, Ducatel c/ Krivine) dans le cas des décisions qui font suite à une requête.

Les décisions rendues en matière d'incompatibilité de certaines fonctions avec le mandat parlementaire portent la lettre **I**, pour **incompatibilité**.

Par exemple :

CC. 77-5 I du 18 octobre 1977, Rec. 81.

La doctrine ajoutera souvent le nom du parlementaire concerné.

Les décisions rendues en matière de déchéance d'un parlementaire dont l'inéligibilité se révèle postérieurement à son élection portent la lettre D, pour **déchéance**.

Par exemple :

CC. D du 12 mai 1960

La doctrine ajoutera souvent le nom du parlementaire concerné.

Les juridictions administratives : Conseil d'État, cour administrative d'appel, tribunal administratif.

Aux juridictions administratives s'applique la convention au terme de laquelle portent le nom d'arrêts les décisions qui émanent du Conseil d'État et des cours administratives d'appel,[1] tandis que celles des tribunaux administratifs sont des jugements. On rappelera que le Conseil constitutionnel rend des décisions.

Arrêts et jugements comportent au minimum l'indication de la juridiction et le cas échéant de la formation de jugement, puis la date à laquelle ils ont été rendus, la désignation des parties ou de l'une d'entre elles (ou en matière électorale de l'élection contestée). Ils comportent aussi parfois le numéro d'enregistrement de la requête au rôle de la juridiction et les noms du président de la formation de jugement, du juge rapporteur ou du commissaire du gouvernement. Le rôle du juge rapporteur est de mener l'instruction et préparer la décision, celui du commissaire du gouvernement – qui malgré son nom est un membre de la juridiction tout à fait indépendant – est de proposer une solution dans des conclusions motivées. Suivent enfin, le cas échéant, la référence de la publication au Recueil « Lebon », recueil des arrêts du Conseil d'État, du Tribunal des conflits et des tribunaux administratifs (par exemple : Rec. p. 378).

Les abréviations suivantes sont de rigueur :

C.E.	pour Conseil d'État
C.A.A. Lyon	pour cour administrative d'appel de Lyon. Il en existe cinq (Bordeaux, Lyon, Nancy, Nantes et Paris)
TA Montpellier	pour tribunal administratif de Montpellier. Il existe 33 tribunaux administratifs, désignés par le nom de la ville dans laquelle ils siègent.

Exemples tirés de revues juridiques :

C.E. Ass., 20 octobre 1989, aff. : M. Nicolo, req. n° 108243 M. de Montgolfier, rapp., M. Frydman, c. du g.

1. Depuis le 1er janvier 1989, date d'entrée en vigueur de la loi du 31 décembre 1987 qui les institue.

La mention Ass. signale que l'arrêt a été rendu par la plus haute et la plus solennelle des formations de jugement du Conseil d'État : l'Assemblée du contentieux. On y verra un indice de l'importance des questions soulevées et de la réponse qui leur est donnée. L'arrêt peut donc être un arrêt de principe ou marquer un revirement de jurisprudence. La date est celle de la lecture de l'arrêt, qui suit de quelques jours la séance au cours de laquelle il a été rendu.

Pour la mention du requérant, l'usage varie. Ici seule la mention du nom du requérant figure.

CE. Sect., 8 octobre 1993, aff. : M. Ch. Hudin, req. n° 110 829. MM. de Lesqueu, rapp., Fratacci, c du g.

La mention Sect. indique que l'arrêt a été rendu par la section du contentieux, elle-même divisée en dix sous-sections pour l'instruction et le jugement des affaires. La section du contentieux intervient généralement lorsque l'affaire présente des difficultés juridiques particulières.

C.E. 1e et 4e ss. sect. réunies, 22 novembre 1991 , él. mun. d'Ouvéa.

Les arrêts sont généralement rendus par une sous-section ou par deux ou trois sous-sections réunies.

C.A.A. Paris (2e ch.), 8 octobre 1993, aff. : Sté Rush Portuguesa Ltd, req. n° 92 PA 00546 et 92 PA 00545.

La mention 2e ch. signale la formation de jugement étant donné que chaque cour administrative d'appel comporte au moins deux chambres.

T.A. Versailles, 22 février 1993, aff. : commission nationale des comptes de campagne et des financements politiques c. M. Mélenchon.

Le jugement a été rendu dans une affaire opposant la commission nationale des comptes de campagne et des financements politiques à un candidat : M. Mélenchon.

IV. Exemples

Plusieurs commentaires assortis de leurs corrigés sont présentés ci-après :

L'EXERCICE PRATIQUE

L'exercice pratique se présente généralement sous la forme de questions auxquelles il convient de répondre dans l'ordre et successivement.

Ces questions appartiennent à deux catégories :

- celles qui tendent à vérifier les connaissances du candidat,
- celles qui l'amènent à développer un point de vue personnel.

Les réponses doivent toujours être précises et motivées, comporter les références pertinentes aux textes ou à la jurisprudence.

Ces questions se rapportent à une situation de fait, brièvement exposée, qu'il s'agit de bien comprendre pour pouvoir faire application des connaissances théoriques acquises en cours d'année. Le plus souvent la difficulté qui est soumise connaît une solution en droit : il convient donc d'indiquer cette solution en l'appuyant sur les textes, la jurisprudence, les précédents. Il peut arriver que la question soit nouvelle et amène le candidat à proposer une solution qu'il appuiera sur un raisonnement pertinent.

L'exercice pratique sous forme de questions n'appelle pas d'effort de plan, mais une grande rigueur dans les réponses et une grande précision dans les connaissances.

Exercices pratiques proposés avec leurs corrigés :

- deux exercices de calcul électoral .... p. 91
- un exercice sur la procédure législative et l'emploi des ordonnances .... p. 238

J. C. M.

DEUXIÈME PARTIE

DEVOIRS CORRIGÉS

Cette seconde partie est organisée en quinze séances thématiques qui couvrent le programme habituel des travaux dirigés.

Chaque séance est introduite par un bref exposé destiné à indiquer les questions qui doivent être connues et les principales notions. Vient ensuite l'énoncé d'un ou plusieurs devoirs avec leurs corrigés. Ces corrigés sont toujours accompagnés de conseils de méthode spécifiques.

THÈMES DES SÉANCES

L'indication des thèmes est suivie de l'intitulé des devoirs corrigés.

I – L'ÉTAT
1. L'État fédéral
2. Le fédéralisme

II – LA CONSTITUTION
3. La coutume constitutionnelle

III – L'AMÉNAGEMENT DU POUVOIR
4. A quoi sert la séparation des pouvoirs ?

IV – LES MODES DE SCRUTIN
5. Cas pratique 1
6. Cas pratique 2

V – LES RÉGIMES POLITIQUES
7. Qu'est-ce que le régime parlementaire ?
8. Commentaire sur la rationalisation du parlementarisme

VI – LES RÉGIMES PARLEMENTAIRES EUROPÉENS
9. La dissolution en France, Grande-Bretagne, Italie et Allemagne

VII – LE RÉGIME DES ÉTATS-UNIS D'AMÉRIQUE
10. Les moyens de pression réciproques entre le Président et le Congrès aux États-Unis

VIII – LA TROISIÈME RÉPUBLIQUE
11. Commentaire de la loi Rivet et de la loi de Broglie
12. Le pouvoir exécutif français de 1870 à 1940

IX – LA QUATRIÈME RÉPUBLIQUE
13. La responsabilité politique des gouvernements sous les IIIe, IVe et Ve Républiques

X – LE PRÉSIDENT SOUS LA Ve RÉPUBLIQUE
14. La responsabilité politique du chef de l'État sous la Ve République

XI – LE GOUVERNEMENT SOUS LA Ve RÉPUBLIQUE

15. Nomination et démission du premier ministre sous la Ve République

XII – LE PARLEMENT SOUS LA Ve RÉPUBLIQUE

16. L'article 49 de la constitution a-t-il permis au parlement sous la Ve République de manifester sa confiance au gouvernement ?
17. Les conflits entre le législatif et l'exécutif sous la Ve République

XIII – LES NORMES JURIDIQUES

18. La loi
19. Sujet pratique sur les ordonnances et la procédure législative

XIV – LE CONSEIL CONSTITUTIONNEL

20. Le rôle du Conseil constitutionnel
21. Commentaire de décisions du Conseil constitutionnel

XV – LA RÉVISION DE LA CONSTITUTION

22. La révision de la constitution sous la Ve République

PREMIÈRE SÉANCE

L'ÉTAT

Dans la théorie générale du droit constitutionnel l'État occupe une place centrale. Il correspond au modèle organisationnel dominant sinon exclusif.

Les conceptions relatives à la nature et à l'origine de l'État sont diverses. Les principales constituent des références culturelles indispensables et d'utiles instruments de réflexion : thèses de l'origine providentielle ou divine du pouvoir, thèses de l'origine contractuelle, thèse de Hegel, théorie marxiste, conception sociologique, théorie de l'État-Nation.

Les éléments d'identification de l'État sont bien connus : territoire, population et pouvoir souverain. La souveraineté se manifeste dans l'ordre interne (pouvoir d'auto-organisation et pouvoir de commandement) comme dans l'ordre externe (indépendance et égalité de l'État par rapport aux autres États).

Le problème de la souveraineté se pose aujourd'hui dans des termes nouveaux avec le développement des organisations internationales. Les Communautés européennes constituent l'exemple le plus avancé des évolutions en cours : Les transferts de compétence opérés au bénéfice des Communautés européennes mettent en cause la conception traditionnelle d'une souveraineté unitaire et indivisible. Elles obligent à une adaptation du droit constitutionnel. Ainsi plusieurs États européens dont la France ont-ils dû modifier leur Constitution pour pouvoir souscrire aux engagements que comporte le traité de Maastricht instituant une Union européenne (révision constitutionnelle opérée par la loi du 25 juin 1992).

Du point de vue de l'organisation interne de l'État on distingue deux modèles : celui de l'État unitaire et celui de l'État fédéral.

Bien qu'unitaire, l'État peut connaître des subdivisions internes qui correspondent à une répartition territoriale du pouvoir. Cette répartition peut obéir au schéma de la déconcentration (des agents de l'État agissent sur place au sein de circonscriptions administratives) ou de la décentralisation (l'administration des affaires locales est assurée par des agents élus par la collectivité territoriale concernée). Ces deux schémas peuvent cohabiter dans un même État suivant les questions à régler.

Certains États, notamment en Europe, connaissent une forte poussée décentralisatrice (par exemple l'État « régional » italien, l'État « autonomiste » espagnol, la Belgique avant qu'elle ne devienne un État fédéral, ou même la France).

L'État fédéral – qu'il ne faut pas confondre avec la confédération – comporte une superposition d'entités étatiques : l'État fédéral seul présent dans les relations internationales et les États fédérés subsistant en son sein qui ont leur propre constitution, leur parlement, leur gouvernement, leur système judiciaire et des compétences que leur garantit la Constitution fédérale.

Le problème des rapports de l'État et du Droit est complexe : l'État peut-il être lié par la règle de droit, alors qu'il en est lui-même l'auteur ? Sur le plan théorique la réponse dépend de la position que l'on adopte sur la nature et l'origine de l'État.

L'expression moderne d'État de Droit désigne le système dans lequel les libertés individuelles et collectives sont reconnues et effectives non seulement par l'existence de garanties juridictionnelles (contrôle de constitutionnalité, principe de légalité) mais aussi par une certaine organisation de l'État, fondée sur la séparation des pouvoirs et le principe de limitation de l'État par le Droit.

Deux dissertations sont proposées :

– l'État fédéral,
– le fédéralisme.

INDICATIONS DE CORRECTION COMMUNES AUX DEUX SUJETS

Les deux sujets proposés sont voisins. C'est la raison pour laquelle ils ont été proposés parallèlement. Ils permettront en effet d'insister sur un point de méthode qui pour être tout à fait élémentaire n'en est pas moins fréquemment méconnu : il faut lire soigneusement le sujet et en dégager la spécificité.

Quel étudiant n'a pas, en début d'année universitaire, été amené à considérer sinon à traiter l'un ou l'autre de ces thèmes, au cours des travaux dirigés, ou sous la forme d'un devoir ou d'un plan à préparer. Imaginons qu'il ait traité de l'État fédéral. Voilà que lors de l'examen on lui propose le fédéralisme.

Combien ne tourneront pas alors vers le ciel des yeux reconnaissants avant de plonger sans attendre sur leur copie et de traiter de l'État fédéral, sujet dont ils ont soigneusement mémorisé le plan ? Quelle déception le jour des résultats !

Si bref que soit l'intitulé du sujet de dissertation, il exige un effort de réflexion : que signifie-t-il exactement, quel domaine recouvre-t-il ?

Les deux sujets ici considérés sont différents.

L'État fédéral évoque une forme de l'État. Il appelle à décrire une organisation juridique et à montrer comment cette organisation fonctionne en insistant sur ses particularités.

Le fédéralisme, en revanche, désigne un phénomène. Il convient donc non seulement de considérer la manière dont ce phénomène est représenté par la forme de l'État fédéral, mais aussi de réfléchir à sa raison d'être, à son évolution, aux changements qui l'affectent, aux crises à l'intérieur des États fédéraux, à leur disparition illustrée aujourd'hui par le cas de l'Union soviétique, de la Tchécoslovaquie, de la Yougoslavie. Une conception plus large s'impose, qui dépasse la description juridique et intègre des données de science politique. La problématique des deux sujets est différente.

Une bonne précaution pour éviter toute erreur : prendre soin dans l'introduction de définir le sujet.

1er sujet de dissertation

L'État fédéral

INDICATIONS DE CORRECTION

L'introduction devait rendre compte de la diversité des États fédéraux existant actuellement. Elle devait définir ce modèle d'État et le situer par rapport à l'État unitaire, aussi bien que par rapport à la confédération de droit international. Elle devait enfin montrer l'actualité du sujet à travers des faits : la création de l'État fédéral belge, la finalité fédérale présente dans la Communauté européenne, mais aussi l'éclatement de certains États fédéraux : Union des Républiques socialistes soviétiques, Tchécoslovaquie, Yougoslavie.

Pour la description de l'État fédéral on pouvait faire appel aux deux principes qu'il met en œuvre : l'autonomie et la participation.

CORRIGÉ

Les États fédéraux sont très divers. Certains sont de grande étendue (États-Unis, Canada, Fédération de Russie, Inde, Brésil, Mexique, Australie), d'autres de taille plus modeste (République fédérale d'Allemagne, Confédération helvétique, Belgique depuis 1993). Tantôt ils naissent de l'association entre des communautés politiques préexistantes qui souhaitent mettre en commun certains de leurs intérêts. Tantôt ils se forment à partir d'un État unitaire (République fédérale d'Allemagne en 1949, Belgique en 1993). Certains pratiquent la démocratie libérale et le pluralisme politique, d'autres adhéraient à l'idéologie socialiste (Union des Républiques socialistes soviétiques).

Si des États fédéraux datent du 18e ou du 19e siècle (1787 pour les États-Unis, 1848 pour la Suisse, 1867 pour le Canada), d'autres sont récents et la forme fédérale revêt une nouvelle actualité à l'époque contemporaine dans la mesure où, aux yeux de certains, elle pourrait convenir pour l'organisation de l'Europe. La Communauté européenne peut être analysée, à certains égards, comme un État fédéral en voie de formation.

Malgré la diversité des expériences et des pratiques, il existe un modèle de l'État fédéral. Ce modèle se caractérise par la dualité de l'organisation politique et juridique : il y a un gouvernement central auquel est remise la gestion d'intérêts communs, mais chaque collectivité composante conserve son identité politique et un système de gouvernement qui lui permet de régler de manière autonome les questions qui continuent de relever de sa compétence. Cette superposition distingue l'État fédéral de l'État unitaire. Le citoyen possède une double allégeance. Il est soumis, suivant les domaines, à la législation de l'État fédéral et à la législation de l'État fédéré dont il relève (Land en République fédérale d'Allemagne, canton en Suisse, province au Canada).

Un État fédéral est fondé sur une constitution qui définit les institutions communes et opère la répartition des compétences.

La situation est nettement différente de celle d'une confédération, en ce sens que la confédération n'est pas un État ; c'est une union internationale qui repose sur un traité et dans laquelle les États participants conservent la totalité de leur souveraineté et décident à l'unanimité.

Le degré d'autonomie des collectivités composantes n'est pas identique d'une fédération à l'autre. Fixé à l'origine par la constitution fédérale, il est susceptible d'évoluer sous la pression de forces internes et externes qui peuvent pousser à l'unité ou à la dissociation : structuration de l'opinion et des partis politiques au niveau fédéral ou local, système économique et social de référence (libéralisme ou économie planifiée), interventionnisme économique et financier, facteurs ethniques, culturels ou linguistiques, contexte international. L'équilibre est toujours provisoire entre les exigences de l'indépendance et celles de l'association. Si les États-Unis et la République fédérale d'Allemagne connaissent une centralisation croissante, le Canada doit faire face à la revendication du Québec à plus d'autonomie, tandis que les fédérations tchécoslovaque et yougoslave ont éclaté.

Le modèle fédéral n'en reste pas moins bien distinct de celui de l'État unitaire, même si beaucoup d'États unitaires sont amenés à réformer leur organisation interne dans le sens de la décentralisation (Italie, Espagne, France depuis les lois de 1982).

Le grand juriste français G. Scelle a dégagé deux éléments caractéristiques de l'État fédéral : l'autonomie des collectivités composantes (I) et leur participation au pouvoir fédéral (II). Ils serviront de fil conducteur aux développements.

I. L'AUTONOMIE

L'autonomie suppose que chacune des collectivités composantes conserve son statut étatique et le pouvoir de s'organiser elle-même. Elle postule une répartition des compétences entre l'échelon de l'État fédéral et celui des États fédérés.

A. Le pouvoir de s'organiser

Chaque collectivité composante a sa constitution et ses institutions : parlement, gouvernement, administration, justice. Elle les définit en toute indépendance, sous réserve de quelques principes communs fixés par le Pacte fédéral et que par conséquent elle s'est engagée à respecter (par exemple aux États-Unis : la forme républicaine du gouvernement et les droits individuels garantis par la constitution fédérale, en Suisse : le principe électif, la démocratie, l'approbation populaire des constitutions des cantons, en Allemagne : les principes de l'État de Droit contenus dans la loi fondamentale).

Cette situation est très différente de celle des entités décentralisées d'un État unitaire : celles-ci n'ont pas la maîtrise de leur organisation ou de leurs compétences qui sont déterminées par l'État central et peuvent être modifiées par lui. Dans le cas de l'État fédéral au contraire, l'autonomie organisationnelle comme les compétences des États fédérés sont protégées par la constitution et ne peuvent être changées sans leur accord. Les États fédérés n'ont d'ailleurs accepté la constitution fédérale qu'en raison des garanties qu'elle leur offre à ce sujet.

L'entrée dans l'État fédéral est normalement irrévocable. Toutefois certaines fédérations ont prévu un droit de sécession. C'était le cas de l'Union des Républiques socialistes soviétiques. Il a eu longtemps un caractère factice en raison du poids de l'idéologie communiste et de la planification économique ainsi que du rôle centralisateur du parti unique.

En fait la tendance à l'autonomie peut prendre le dessus à la faveur de tensions internes ou de pressions internationales. Alors, il faut en convenir, les dispositions constitutionnelles sont impuissantes (dissociation de la Tchécoslovaquie ou de la Yougoslavie).

B. La répartition des compétences

La répartition des compétences est opérée par la constitution fédérale. Celle-ci réserve à la Fédération les questions d'intérêt commun, généralement la politique étrangère, la défense, la monnaie, les postes et télécommunications, les transports, le commerce interétatique. Les autres questions : droit civil, droit social, éducation, culture, ressources naturelles, urbanisme, relations de la vie quotidienne sont du ressort des États fédérés. Il est de règle que la Fédération ait le monopole des relations internationales (traités internationaux, participation aux organisations internationales, représentation diplomatique, paix et guerre), tandis que les compétences internes sont partagées. Cependant il existe au Canada une revendication du Québec à entretenir des relations diplomatiques dans les domaines de sa compétence et, en République fédérale d'Allemagne, une pression des Länder pour être associés aux décisions prises dans le cadre des Communautés européennes qui touchent aux questions dont ils ont la charge. Mais normalement les États fédérés ne sont pas reconnus comme sujets du droit international (à la différence des États membres d'une confédération).

Les techniques de cette répartition des compétences sont simples dans leur principe : certaines constitutions énumèrent les matières qui appartiennent à la Fédération (États-Unis, Suisse, Allemagne), d'autres les matières qui appartiennent aux États fédérés (Canada). Il arrive aussi qu'on trouve une double énumération et même que certaines questions soient objet de compétences concurrentes (République fédérale d'Allemagne et Suisse). On peut aussi distinguer entre les fédérations où prévaut une répartition rigide des compétences et celles où existe une répartition souple. Aussi importante que les dispositions constitutionnelles apparaît la dynamique qui anime l'exercice de ces compétences.

L'évolution du fédéralisme conduit dans certains États à une coopération entre les deux échelons de pouvoir. Celle-ci suppose négociation et entente préalable. Elle aboutit à des décisions concertées ou à des financements conjoints.

Si bien rédigée que soit la Constitution, les conflits de compétence sont inévitables. En outre certaines constitutions fédérales sont anciennes et n'avaient pu prévoir les évolutions qui se sont produites dans l'ordre économique, social, politique ou culturel (1787 pour les États-Unis, 1848 pour la Suisse, 1867 pour le Canada). Aussi les constitutions fédérales mettent-elles généralement en place des instances de régulation : Cour Suprême aux États-Unis, Tribunal constitutionnel fédéral en Allemagne, Cour d'arbitrage en Belgique. A l'origine celles-ci étaient surtout conçues pour garantir les compétences des États fédérés. Par la suite, elles ont adopté une conception plus dynamique de la répartition des domaines d'intervention (la théorie des pouvoirs implicites développée par la Cour Suprême aux États-Unis en fournit un bon exemple). En Suisse, ce sont les procédures de démocratie directe (référendum) qui remplissent cette fonction, car le contrôle de constitutionnalité ne porte que sur les actes des cantons et non sur les lois et arrêtés fédéraux.

Mais la meilleure garantie de l'autonomie des collectivités composantes réside sans doute dans leur présence au sein des institutions de l'État fédéral.

II. LA PARTICIPATION

Toutes les constitutions fédérales prévoient la manière dont les collectivités composantes seront représentées au sein des institutions de l'État fédéral. C'est un élément essentiel du Pacte fédéral qui permet à celles-ci de se faire entendre et de défendre leurs prérogatives.

Cette participation peut être appréciée du point de vue de l'organisation de l'État et des pouvoirs conférés.

A. L'organisation de l'État fédéral

Les collectivités composantes sont toujours représentées au sein du parlement, qui revêt la forme bicamérale. L'une des chambres remplit cette fonction spécifique. La représentation est généralement assurée sur une base égalitaire. Aux États-Unis, le principe d'égalité est parfaitement respecté : le Sénat est composé de deux sénateurs par État fédéré, quelle que soit l'importance démographique ou économique de celui-ci. Il en va de même en Suisse : le Conseil des États compte deux membres par canton. Il l'est moins bien en Allemagne : les Länder sont représentés au Bundesrat par trois à six membres, selon leur dimension. Ceux-ci ne sont pas élus, mais délégués par les gouvernements des Länder. Les délégués d'un Land déterminé votent en bloc suivant les instructions de leur gouvernement. Le Canada fait exception dans la mesure où la chambre fédérale a un caractère élitiste (ses membres sont nommés sur proposition du chef du gouvernement fédéral), ce qui lui retire toute légitimité et autorité.

On notera que, en marge de la constitution, d'autres modalités de participation ont pu être rendues nécessaires en relation avec le fédéralisme coopératif.

Au Canada, la seconde chambre n'assurant pas une représentation valable des provinces, une convention constitutionnelle veut que celles-ci soient représentées en fonction de leur population au sein même du gouvernement fédéral. D'autres part des « conférences fédérales-provinciales » associent les premiers ministres du gouvernement fédéral et des gouvernements provinciaux.

En Suisse, la coutume veut que l'exécutif fédéral, comptant 7 membres, soit représentatif des diversités géographiques et linguistiques en même temps que politiques. D'autre part les cantons possédent un droit d'initiative en matière de législation fédérale et sont associés aux travaux parlementaires, notamment pour les textes qui affectent leurs droits et obligations.

En Allemagne, la pratique de réunions des chefs de gouvernements des Länder avec le chancelier fédéral est fréquente.

B. Les pouvoirs conférés

La représentation parlementaire n'a de portée véritable que si elle correspond à des pouvoirs réels. Dans les États fédéraux, l'égalité entre les deux chambres a été maintenue, alors que dans les États unitaires le déclin des secondes chambres est à peu près général.

La chambre fédérale dispose de pouvoirs égaux en matière de législation et de finances. L'exemple type est celui du Sénat américain. Tel est aussi le cas du Conseil des États en Suisse. Pour le Bundesrat il n'en va ainsi que pour les lois qui concernent les relations financières et administratives entre le Bund (la Fédération) et les Länder. Dans les autres cas, son opposition peut être surmontée par le Bundestag.

Il arrive même que la chambre fédérale dispose de prérogatives particulières qui l'associent à l'exercice du pouvoir exécutif. Ainsi le Sénat américain doit-il approuver à la majorité des 2/3 les engagements internationaux négociés par le président et donner son aval à la nomination des juges à la Cour Suprême, des ambassadeurs, des secrétaires d'État et des hauts fonctionnaires fédéraux. Ces dispositions montrent la volonté des constituants de ménager un droit de regard des États fédérés sur la manière dont le président conduit les relations internationales et administre le pays. En Allemagne, le Bundesrat joue un rôle déterminant dans la mise en œuvre de l'état de nécessité législative.

Dans un État fédéral la constitution revêt une signification particulière : elle est le Pacte au vu duquel les États fédérés ont accepté de s'associer. C'est pourquoi la révision comporte toujours une double approbation : celle du pouvoir fédéral et celle des États fédérés dont la constitution garantit le statut, le territoire et les compétences (constitution des États-Unis, article 4, constitution de la Suisse, article 5, à titre d'exemple). En outre, au niveau fédéral, la chambre représentant les collectivités composantes participe toujours à la décision.

La révision ne peut avoir lieu que si elle est approuvée par une majorité des États fédérés (Suisse) ou même par une majorité des trois quarts d'entre eux (États-Unis). Au Canada il faut l'accord des 2/3 des provinces représentant au moins 50 % de la population de la fédération. En revanche, en Allemagne, il n'y a pas de « phase fédérale » dans la révision. Il suffit d'un vote à la majorité des 2/3 des membres de chaque assemblée, Bundestag et Bundesrat. Il est vrai que l'article 79 de la loi fondamentale interdit toute révision qui porterait atteinte à l'organisation de la fédération en Länder.

Tels sont les éléments qui permettent de caractériser l'État fédéral et le distinguent de l'État unitaire. Cependant leur seule présence ne garantit pas la pérennité d'une fédération. Celle-ci tient à des facteurs multiples dont beaucoup échappent à l'analyse institutionnelle. On peut avancer qu'il n'est pas de fédération durable en l'absence d'un sentiment de solidarité réel entre les citoyens des collectivités associées.

J. C. M.

2e sujet de dissertation

Le fédéralisme

INDICATIONS DE CORRECTION

Sujet plus vaste que le précédent, le fédéralisme conduit à étudier un phénomène complexe qui désigne à la fois un principe d'organisation de l'État et un processus dynamique en rapport avec la création, l'évolution et la disparition de l'État fédéral.

Dès l'introduction il convenait d'approfondir la définition du sujet.

On pouvait également situer l'importance des États fédéraux et l'actualité du sujet : l'éclatement de l'Union soviétique, de la Yougoslavie, de la Tchécoslovaquie mettent en cause la vertu du fédéralisme au moment même où la Belgique choisit la forme fédérale et où la construction de l'Europe communautaire emprunte à ce modèle.

Un plan pouvait se déduire de l'analyse initiale :

– le fédéralisme, comme principe d'organisation (le fédéralisme et l'organisation de l'État) (I).

– le fédéralisme comme processus (le fédéralisme et la dynamique de l'État) (II).

CORRIGÉ

Le droit constitutionnel contemporain nous met en présence de deux sortes d'État, l'État unitaire et l'État fédéral. L'État fédéral est sans doute une forme d'organisation retenue pour des entités de grande dimension (États-Unis, Canada, Inde, Brésil, Mexique, Australie, hier l'Union soviétique), mais il correspond aussi à des pays de taille plus modeste (République fédérale d'Allemagne, Confédération helvétique,

Belgique depuis 1993). On recense aujourd'hui quelque vingt États fédéraux représentant près de 40% de la population mondiale.

L'actualité montre que cette forme d'État est affectée d'une certaine instabilité. Sont là pour en témoigner l'éclatement de l'Union soviétique, la division de la Tchécoslovaquie en une république tchèque et une république slovaque, l'explosion de la Yougoslavie, la recherche par le Québec d'une « souveraineté-association » susceptible de modifier les équilibres internes de la Confédération canadienne. Mais la Belgique abandonne la forme de l'État unitaire pour retenir celle de l'État fédéral. Certaines fédérations se défont, d'autres se constituent. A des fédérations bien portantes s'opposent des fédérations malades.

D'autre part, la forme fédérale offre une solution que certains voudraient voir adopter pour l'organisation de l'Europe communautaire : la fédération serait l'objectif à atteindre. Des éléments fédéraux seraient déjà présents dans l'organisation institutionnelle et dans la structure du droit communautaire et ses rapports avec les ordres juridiques nationaux.

Tout ceci attire l'attention sur la complexité du fédéralisme. Il est à la fois structure et processus.

Il est un principe d'organisation de l'État conduisant à la superposition de deux ordres politiques et juridiques, avec une répartition des compétences entre l'échelon de l'État fédéral et celui des États fédérés.

Mais cette distribution des pouvoirs est prise dans un processus dynamique, sous l'effet de facteurs internes et externes. L'État fédéral peut être animé d'une tendance unitaire ou au contraire d'une tendance à la diversification et à l'éclatement, ce qui amène à s'interroger sur les fonctions qu'il remplit dans un contexte politique et social donné.

Nous examinerons successivement le fédéralisme dans ses rapports avec l'organisation de l'État (I) et avec la dynamique de l'État (II).

I. LE FÉDÉRALISME ET L'ORGANISATION DE L'ÉTAT

Le fédéralisme est un principe d'organisation de l'État qui permet de concilier la volonté d'unité et le particularisme des collectivités composantes.

Avant d'exposer les modalités qui permettent de concilier ces exigences contradictoires on le caractérisera par rapport à la confédération et à l'état unitaire.

A. État fédéral, confédération et État unitaire

La confédération relève de l'organisation internationale : elle est une association d'États qui conservent leur pleine souveraineté, mais qui ont décidé d'instituer des organes communs pour gérer certaines affaires. Représentés au sein de ces organes, les États délibèrent à l'unanimité. La confédération est un lien de nature internationale. Elle est fondée sur un traité.

La fédération en revanche relève du droit interne. Elle est fondée sur une constitution, celle de l'État fédéral. Seul l'État fédéral apparaît dans les relations internationales. Il est seul compétent pour conclure des traités et avoir une représentation diplomatique. Cette règle peut connaître des atténuations limitées : ainsi le Québec, État membre du Canada, revendique des compétences internationales dans les domaines culturel, éducatif et économique. L'Ukraine et la Biélorussie, États membres de l'Union soviétique, étaient représentés aux Nations Unies. Mais elle est généralement respectée.

Au lien international peut être substitué un lien de droit interne : la confédération peut être une étape vers la création d'un État fédéral. C'est ce qui s'est produit pour les États-Unis en 1787, pour la Suisse en 1848, pour l'Allemagne en 1871. Du reste un État fédéral comme la Suisse a conservé la dénomination de confédération, vestige de ses origines.

L'État unitaire comporte un seul ordre juridique, alors que dans la fédération coexistent l'ordre juridique de l'État fédéral et les ordres juridiques des États fédérés, qui, bien qu'absents des relations internationales, demeurent des États. Chaque État fédéré (Land en Allemagne, canton en Suisse, province au Canada) a sa constitution, son parlement, son gouvernement, sa législation, son système judiciaire. Il conserve une autonomie bien plus grande que celle des collectivités décentralisées d'un État unitaire dont l'organisation et les compétences sont déterminées et modifiées par l'État central.

B. Modalités d'organisation caractéristiques de l'État fédéral

Les modalités particulières d'organisation de l'État fédéral peuvent être rassemblées autour des deux notions d'autonomie et de participation.

L'autonomie des États fédérés se manifeste d'abord sur le plan de leur organisation interne, même si celle-ci doit respecter certains principes fixés par la constitution fédérale. Elle se manifeste ensuite dans l'existence de compétences réservées. Si l'État fédéral gère les matières d'intérêt commun (politique étrangère, défense, monnaie, postes, transports, commerce interétatique), les États fédérés gèrent les autres matières, généralement les questions qui relèvent du droit civil, du droit social, de l'éducation et de la culture, de l'exploitation des ressources naturelles, de l'urbanisme,. Cette répartition est fixée par la constitution de l'État fédéral. La nature et l'importance des compétences remises à la fédération ou aux États fédérés peut varier beaucoup, ce qui conduit à une réelle diversité des États fédéraux. Il arrive que certaines compétences soient concurrentes, ce qui permet une collaboration des deux échelons (République fédérale d'Allemagne, Suisse). La technique de répartition des compétences peut aussi varier, soit que l'on énumère les seules compétences de l'État fédéral, les autres étant réputées appartenir aux États fédérés (États-Unis), soit que l'on procède à l'inverse, soit encore que l'on ait plusieurs énumérations parallèles (compétences de la Fédération, compétences des États fédérés, compétences concurrentes).

La constitution d'un État fédéral revêt une importance particulière puisqu'elle est aussi le Pacte fédéral, un pacte qui garantit aux États fédérés leur statut d'État, leur territoire et leurs compétences.

C'est la volonté de voir ce contrat respecté qui explique bien des aspects originaux de l'État fédéral, en particulier l'existence d'un organe régulateur (Cour Suprême aux États-Unis, Tribunal constitutionnel fédéral en Allemagne, Cour supérieure d'arbitrage en Belgique) pour trancher les conflits de compétence qui peuvent survenir.

Elle explique aussi que soit aménagée une participation des États fédérés aux décisions de l'État fédéral.

Cette participation s'exprime dans la structure bicamérale du parlement. L'une des chambres représente les États fédérés, souvent sur une base égalitaire (Sénat aux États-Unis, Bundesrat en Allemagne, Conseil des États en Suisse). Les deux chambres du parlement ont en général des pouvoirs égaux sur le terrain législatif et financier. Il arrive même que la chambre fédérale dispose de prérogatives particulières : aux États-Unis le Sénat doit approuver à la majorité des 2/3 les traités signés par le président, donner son aval à la nomination des juges à la Cour Suprême, des ambassadeurs, des secrétaires d'État, des hauts fonctionnaires ; en Allemagne, le Bundesrat joue un rôle déterminant dans la mise en application de l'état de nécessité législative.

Dans certains États des procédures conventionnelles de participation ont été parallèlement mises en place : au Canada, les conférences fédérales-provinciales réunissent les premiers ministres de la fédération et des États fédérés.

En matière de révision constitutionnelle, les procédures retenues ménagent une influence essentielle aux collectivités composantes qui doivent approuver la révision, le plus souvent à une majorité renforcée.

II. LE FÉDÉRALISME ET LA DYNAMIQUE DE L'ÉTAT

Les fonctions diverses que remplit le fédéralisme expliquent à la fois les variations que connaissent les équilibres internes de l'État fédéral et l'instabilité de cette forme d'organisation.

A. Les fonctions du fédéralisme

Le fédéralisme peut être un facteur de rapprochement entre l'administration et le citoyen et concourir ainsi à la démocratisation de l'action publique, à son efficacité, et à sa meilleure adaptation aux besoins sociaux. Il peut être aussi un élément d'équilibre politique puisqu'il conduit à un partage vertical du pouvoir. Ce sont là des avantages qu'il a en commun avec la décentralisation que connaît l'État unitaire. Mais la fonction principale du fédéralisme est ailleurs. Elle est de concilier l'unité avec la diversité.

L'unité permet d'accéder à l'influence dans les relations internationales et sert les collectivités qui composent l'État fédéral en leur donnant des moyens d'action supplémentaires dans l'ordre politique ou économique. C'est la raison pour laquelle des collectivités qui ont en commun certaines traditions ou qui ont été artificiellement divisées par l'histoire peuvent chercher à se regrouper : les républiques américaines partageaient la même langue et les mêmes traditions ; à défaut de langue et de religion communes, les cantons suisses connaissaient une certaine identité de situation et de mode de vie ; les principautés allemandes avaient une culture, des intérêts économiques et des ambitions communs.

Elles y seront poussées par la menace extérieure, l'insécurité aux frontières, la nécessité de se défendre. Les États fédéraux se sont souvent créés par assemblage ou agrégation. Les déterminants extérieurs peuvent être facteurs d'unité. Mais ils peuvent aussi n'être plus assez forts pour contrebalancer la force des particularismes.

Le fédéralisme est aussi un moyen de préserver l'autonomie de collectivités politiques conscientes de leur identité ou avides de reconnaissance. Le statut qui leur est donné à l'intérieur de l'État fédéral est la condition de leur adhésion. Lorsque ces collectivités prennent conscience de leur identité à l'intérieur d'un État unitaire, la forme fédérale peut permettre de maintenir entre elles un lien suffisant : en Belgique, plusieurs aménagements ont été expérimentés avant que l'on ne se résolve à franchir le pas et à retenir la solution de l'État fédéral.

La conscience de cette identité peut s'exprimer avec une force variable. Elle peut s'atténuer ou au contraire s'exacerber. Jusqu'à mettre en péril les équilibres internes de l'État fédéral ou même sa pérennité.

B. Une formule évolutive et parfois menacée

Les tendances antagonistes font du fédéralisme une formule évolutive et parfois menacée. Les équilibres internes de l'État fédéral sont en constante évolution. La pérennité de l'État fédéral est parfois mise en cause.

La constitution fédérale enregistre un équilibre valable à un moment donné : elle distribue les compétences et les pouvoirs en fonction de ce qui paraît acceptable. Mais les données politiques, économiques, sociales et culturelles sont appelées à changer. Ainsi les États fédéraux modernes connaissent-ils une certaine évolution des pratiques de pouvoir. A une répartition rigide des compétences succède un fédéralisme coopératif. Celui-ci repose sur la négociation et l'entente préalable. Il conduit à des décisions concertées et à des financements communs. Mais il correspond à une immixtion de l'État fédéral dans les matières réservées. Il est facteur de centralisation.

Cette tendance à la centralisation est à l'œuvre dans plusieurs États fédéraux modernes sous l'influence de divers facteurs : la structuration de l'opinion publique et la constitution des partis qui s'opère généralement au niveau fédéral, l'impératif de dimension qui s'impose à l'économie moderne et rend nécessaire la constitution de grands ensembles, l'interventionnisme économique, les nécessités de la protection sociale qui ne peuvent s'accommoder de trop grandes différences d'un État fédéré à l'autre, l'harmonisation culturelle apportée par les moyens modernes de communication, le poids des relations extérieures qui met en valeur les institutions fédérales seules aptes à en connaître.

Inversement, la revendication à plus d'autonomie peut être nourrie par l'irrédentisme culturel, les différences ethniques, ou le sentiment d'une inégalité de traitement et d'influence au sein de l'État fédéral. Elle peut soumettre ce dernier à de vives tensions, conduisant à modifier le pacte initial : tel est le cas pour le Québec au sein de la Fédération canadienne. Les « indépendantistes » revendiquent une souveraineté-association qui s'analyse en un relâchement du lien fédéral. Elle peut aussi briser l'État fédéral comme en Union soviétique, en Tchécoslovaquie et en Yougoslavie. La formule fédérale ne se maintient pas là où elle résulte d'un phénomène de domination : poids d'un parti unique, idéologie impérialiste ou pratiques dictatoriales.

Malgré les crises et les échecs on observe toutefois une persistance du modèle constitutionnel. Comment alors ne pas s'interroger sur les conditions de son succès. Il est permis de se demander si la réussite de l'Etat fédéral n'est pas liée à l'existence ou non d'un sentiment national. Le lien fédéral est-il vécu comme citoyenneté commune, ses chances de persister, à travers d'inévitables transformations, sont grandes. Est-il vécu comme une contrainte imposée par les hasards de l'histoire ou la force des armes, elles sont faibles. La question est bien de savoir s'il existe dans l'opinion une véritable adhésion à la communauté politique nouvelle qui a été constituée.

J. C. M.

DEUXIÈME SÉANCE

LA CONSTITUTION

La constitution d'un État fixe les règles relatives à l'exercice du pouvoir. Mais ce n'est qu'avec le siècle des Lumières que le recours aux constitutions écrites s'est imposé. Les constitutions coutumières, non écrites ou avec seulement quelques dispositions écrites, sont rares. La Grande-Bretagne reste l'exemple topique.

Le terme constitution peut cependant revêtir deux sens : selon l'acception matérielle, relative au contenu, il recouvre les règles de dévolution et d'exercice du pouvoir ; au sens formel, ou organique, il fait référence aux règles d'édiction et de révision du texte constitutionnel initial. Aussi un État peut avoir une constitution matérielle, mais pas une constitution qui réponde à la fois aux définitions matérielle et formelle. Il faut également différencier la constitution souple de la constitution rigide. La première se révise facilement par une loi adoptée selon la même procédure que les lois ordinaires, la seconde ne peut être révisée que selon des formes et une majorité plus contraignantes que celles nécessaires à l'adoption des lois ordinaires.

L'établissement d'une constitution nécessite le recours au pouvoir constituant originaire ; la démocratie postule que le peuple en est le détenteur. Il sera utilisé à la suite d'une révolution, de la résurrection d'un État disparu ou de l'accession d'un territoire à l'indépendance. Mais les modes d'établissement des constitutions sont plus ou moins démocratiques : la constitution peut être octroyée par un souverain, élaborée par l'exécutif ou une assemblée constituante, faire ou ne pas faire l'objet d'un référendum. Le recours au pouvoir constituant originaire renvoie toujours aux question de légalité et de légitimité. La légalité impose le respect de l'ordre constitutionnel positif, alors que la légitimité repose d'abord sur l'adhésion effective des dirigés à l'autorité en place. Cette dernière notion, plus idéologique que juridique, permet de distinguer les régimes issus de révolutions soutenues par un large appui populaire de ceux mis en place par un coup d'État exécuté par de petits groupes, généralement militaires. Une nouvelle constitution met en place un nouvel ordre constitutionnel positif, mais il doit être légitime pour respecter les principes de la démocratie.

La révision d'une constitution dépend du pouvoir constituant institué (ou dérivé). Elle doit être mise en oeuvre selon les procédures fixées par la constitution. En principe, la révision ne peut qu'être partielle, ou, du moins, ne pas remettre en cause tous les traits essentiels du régime en place, sinon il faudrait parler de *« fraude à la constitution »*. Cette pratique consiste à annoncer qu'il va être pratiqué une révision de la constitution, puis à détourner inconstitutionnellement et illégitimement les procédures pour aboutir finalement à un nouveau texte constitutionnel.

Progressivement les constitutions et leurs préambules ont pris une importance grandissante comme garantie des citoyens contre l'arbitraire du pouvoir. Le Conseil constitutionnel de la Ve République veille au respect par les pouvoirs publics d'un bloc de constitutionnalité qui comporte les droits et libertés reconnus aux Français par le préambule de la Constitution de 1958. Ces contrôles de constitutionnalité des lois se sont développés dans les régimes politiques et imposent au législateur de respecter la volonté des constituants.

Mais l'hégémonie des constitutions écrites et les contrôles de constitutionnalité n'ont pas supprimé toutes les tentatives des gouvernements d'interpréter, compléter, ne pas appliquer des dispositions écrites ; voire de mettre en oeuvre des pratiques contraires à la constitution. Ces situations peuvent être appréhendées dans le cadre d'une réflexion sur la coutume constitutionnelle dans les États contemporains.

Une dissertation est proposée :

– La coutume constitutionnelle.

Dissertation

La coutume constitutionnelle

INDICATIONS DE CORRECTION

La coutume constitutionnelle s'inscrit dans une réflexion sur la notion de constitution et sur les sources du droit. Pour aborder le sujet il faut être en mesure de distinguer la constitution écrite de la constitution coutumière, la constitution rigide de la constitution souple, le pouvoir constituant originaire du pouvoir constituant dérivé. Dès lors, il est possible de s'interroger sur l'influence de règles non écrites sur le fonctionnement des institutions politiques.

L'intitulé du sujet ne comporte pas de références spatio-temporelles, il oblige à fixer une définition de la coutume constitutionnelle et à puiser dans les régimes politiques passés et présents les exemples indispensables à l'argumentation. Cette dernière devra faire ressortir le rôle de la coutume dans les États contemporains, mais aussi fixer sa valeur juridique. La coutume fait partie intégrante de tous les régimes politiques. Aucun État ne peut empêcher son apparition. Elle est largement acceptée par les constitutionnalistes tant qu'elle se limite à interpréter les dispositions d'une constitution ou à en combler les lacunes, mais si les gouvernants tentent d'imposer des pratiques contraires au texte constitutionnel, si la coutume contredit le texte constitutionnel, quelle est sa force juridique ? La dissertation doit faire référence à ces derniers débats sans en faire le seul objet du travail.

CORRIGÉ

La plupart des États contemporains se sont dotés de textes constitutionnels écrits. Rares sont ceux qui s'en remettent à la tradition orale qu'a connu l'Ancien Régime français. De nos jours, la Constitution coutumière de la Grande-Bretagne est l'exception remarquable à la suprématie des constitutions écrites. Ainsi, les États contemporains fixent par écrit, dans leur constitution, les règles d'organisation des pouvoirs publics et de dévolution du pouvoir.

Mais le droit est toujours soumis à une exigence concurrente de stabilité des normes juridiques et de nécessité de les adapter à l'évolution de la société. Une constitution écrite ne peut avoir prévu tous les mécanismes du droit constitutionnel, il peut apparaître souhaitable de l'interpréter, d'y ajouter des dispositions, sans engager systématiquement une révision du texte fondamental. C'est à ce moment-là que la coutume constitutionnelle peut intervenir. Certes, les États n'ont jamais adopté un texte général la reconnaissant comme source du droit, mais la plupart des constitutionnalistes voient en elle un instrument de formation de règles juridiques.

En ce sens, la coutume constitutionnelle serait une règle de droit non écrite, résultant d'actes concordants, relative au statut du pouvoir ou à toute question réglementée par la constitution, à laquelle les pouvoirs publics se soumettent. Face à une constitution écrite elle peut interpréter certaines dispositions écrites, suppléer à des silences de la constitution voire, enfin, imposer des pratiques contraires au texte même de la constitution.

Dès lors, on comprend facilement que la coutume a toujours été l'objet de débats animés quant à sa capacité à être assimilée à une source de droit. Aussi, il convient de fixer la notion de coutume constitutionnelle (I) avant d'en cerner le rôle et la portée (II).

I. LA NOTION DE COUTUME CONSTITUTIONNELLE

Il faut d'abord se garder de confondre la coutume constitutionnelle avec des règles de bienséance ou de courtoisie qui sont fréquentes dans la vie politique. Assister debout ou non à l'audition d'un message présidentiel ne relève pas de la coutume constitutionnelle. La coutume ne peut porter que sur les règles d'organisation et de dévolution du pouvoir qui structurent le régime politique d'un État.

Les constitutionnalistes ont progressivement mis à jour une définition classique de la coutume qui n'a pas été sans contestation.

A. La définition classique

La coutume naît de la succession des précédents. Deux éléments sont nécessaires : l'élément psychologique, qui est la conscience pour les dirigeants qu'existe une règle obligatoire créée par la coutume, et un élément d'usage. La coutume implique donc la répétition qui atteste de la soumission et la durée qui confirme la généralisation.

La répétition d'actes identiques constitue l'élément objectif de la coutume constitutionnelle. Une série d'actes et de faits doit confirmer l'apparition d'une nouvelle pratique constante et générale. Ce qui exclut tout acte en sens contraire pendant une période suffisamment longue. Ainsi un message du président Grévy aux chambres en 1879 a annoncé le passage du régime parlementaire dualiste à sa forme moniste. Cette *« constitution Grévy »* a impliqué l'abrogation tacite du droit de dissolution. Dès lors, aucune dissolution de l'Assemblée n'est intervenue jusqu'à la fin de la IIIe République. De même, en janvier 1947 a été mis en place à l'initiative du président du Conseil Paul Ramadier le mécanisme de la *« double investiture »* nullement prévu par la constitution. A la première investiture personnelle du chef du gouvernement prévue par l'article 45 de la constitution s'est ajoutée une seconde investiture collective du gouvernement. La seconde supplantera définitivement la première avec le texte de révision constitutionnelle adopté en 1954.

A cet élément objectif s'ajoute un élément subjectif qui tient à la nécessité du consentement des organes constitutionnels et de l'opinion publique. Doit s'imposer le sentiment que la pratique est impérative, que l'on se conforme à une règle constitutionnelle obligatoire. C'est ce sentiment d'obligation juridique qui donne sa légitimité à la pratique constitutionnelle. Aussi, la contestation d'une pratique par une partie notable des organes publics ou de l'opinion peut mettre en échec l'enracinement de ce consentement, qui doit s'analyser en un consensus politique. Il faut cependant reconnaître que la coutume ne peut guère qu'être la création des gouvernants ; le peuple cautionne tacitement sa mise en place dès lors qu'il ne développe pas une contestation massive de sa légitimité.

Cette définition classique, par éléments, de la coutume constitutionnelle a néanmoins des limites.

B. Ses limites

Il faut se demander si la règle de la répétition des précédents est intangible. On a pu considérer en 1962 que la révision de la Constitution de la Ve République par un référendum de l'article 11 (alors que l'article 89 concerne la révision constitutionnelle) avait créé une coutume constitutionnelle. La répétition était absente, mais le scrutin universel y pallierait. Cependant, ce référendum instaurant le suffrage universel direct pour l'élection du chef de l'État avait fait l'objet de contestations sérieuses au sein des assemblées, et tout particulièrement du Sénat. L'Assemblée nationale avait adopté une motion de censure à cette occasion. Ce qui pouvait réduire la conviction que le critère psychologique soit présent. Cependant les élections législatives et le vote référendaire se sont révélés en faveur des partisans de la révision et donc implicitement de la procédure de révision. Reste que le référendum négatif de 1969 sur la régionalisation pourrait être considéré comme ayant mis fin à cette coutume.

En outre, il y a toujours une difficulté à dater le moment où commence une coutume constitutionnelle. Même si la répétition existe, il faut que s'impose la clarté. Des circonstances particulières qui justifient une interprétation de la constitution ou l'émergence d'une nouvelle règle ne peuvent suffire à étayer une coutume constitutionnelle. Le critère de généralité ne doit pas prêter à l'incertitude.

Mais au-delà de la notion de coutume constitutionnelle, la difficulté principale tient à la valeur juridique que peuvent revêtir ces actes concordants auxquels les dirigeants et l'opinion publique consentent.

II. LE RÔLE ET LA VALEUR DE LA COUTUME CONSTITUTIONNELLE

Rarement la coutume sera un substitut à une constitution écrite. Le plus souvent elle aura pour fonction d'interpréter ou de compléter un texte constitutionnel ; elle sera là pour suppléer les lacunes du droit. Mais parfois il faudra se demander si elle peut contredire le texte constitutionnel écrit.

A. La coutume comble les lacunes du droit constitutionnel écrit

La coutume constitutionnelle peut ne pas se distinguer d'une constitution coutumière, mais en général elle interprète des dispositions écrites ou s'immisce dans les silences de la constitution.

Pour certains les termes de *« coutume constitutionnelle »* et de *« constitution coutumière »* sont antithétiques. En ce sens la coutume ne pourrait naître que dans le cadre d'un État régi par une constitution écrite rigide. Mais on peut dire que si une constitution est entièrement coutumière, la coutume constitutionnelle s'assimile *de facto* à l'ensemble de la constitution. Cependant, les États sont difficilement démunis de tous textes écrits : même le régime britannique comporte quelques textes écrits importants : la Grande Charte de 1215, l'Habeas corpus de 1679, le Bill des droits de 1688 ou les Parliament Acts de 1911 et 1949. Mais beaucoup de principes constitutionnels de la Grande-Bretagne échappent à ces règles écrites, telle la règle parlementaire de démission du gouvernement après un vote de défiance aux Communes.

Mais la coutume est généralement le complément d'une constitution écrite. Elle intervient fréquemment lorsque les lois constitutionnelles sont brèves ; comme par exemple sous la IIIe République. Elle est parfois l'occasion de réparer des oublis ou le moyen d'adapter les textes aux circonstances. La coutume comble un vide constitutionnel sous la IIIe République lorsqu'elle impose une présidence du Conseil, alors que les lois constitutionnelles de 1875 n'y faisaient pas référence. Le chef de l'État nomme rapidement un vice-président du Conseil qui devient progressivement dans les textes un président du Conseil. La coutume est dès lors établie.

La coutume peut également interpréter des dispositions du texte constitutionnel écrit. De 1787 jusqu'à la présidence de F. D. Roosevelt les chefs d'État américains renoncent à solliciter un troisième mandat bien que la Constitution ne le prohibe pas (le 22e amendement de 1951 l'interdira). On a pu dire qu'une coutume constitutionnelle en ce sens s'était imposée. Il y avait une acceptation tacite de cette prohibition. De même, le renforcement des pouvoirs de la présidence américaine résulte davantage de la coutume que des amendements de la Constitution. Jusqu'au début du XXe siècle le Congrès était le centre de la vie politique américaine ; le président Wilson pouvait dénoncer le *gouvernement congressionnel*. La coutume a adapté les institutions américaines à la vie politique et la Cour suprême a validé des pratiques affermissant le pouvoir fédéral. Le principe de l'urgence est devenu le fer de lance de nombreuses initiatives de politique étrangère de la Maison-Blanche qui se sont trouvées dispensées de passer devant le Congrès.

Des personnalités politiques peuvent faciliter cette apparition de coutumes constitutionnelles. Le général de Gaulle a largement contribué à imposer une lecture de nombreux articles de la Constitution de la Ve République très favorable au chef de l'État. Mais lorsque la pratique en vient sous la Ve République à remettre en cause l'article 20 de la Constitution selon lequel *« Le Gouvernement détermine et conduit la politique de la Nation »*, lorsque le premier ministre devient l'exécutant des décisions du président, il faut se demander si l'on n'assiste pas à la mise en place d'une coutume constitutionnelle qui abrogerait les dispositions mêmes de la Constitution ?

B. La coutume peut-elle contredire des dispositions constitutionnelles écrites ?

Sous la IIIe République, à partir de 1918, s'est mise en place une délégation du pouvoir législatif au gouvernement par la pratique des décrets-lois que ne prévoyait pas la Constitution. Elle s'est maintenue sous la IVe République malgré l'article 13 de la Constitution qui disposait : *« L'Assemblée Nationale vote seule la loi. Elle ne peut déléguer ce droit »*. Sous la Ve République, hors des périodes de cohabitation, le chef de l'État a pu exercer un droit de révocation à l'égard de son premier ministre ; bien que l'article 8.1 de la Constitution l'autorise seulement à mettre fin à ses fonctions *« sur présentation par celui-ci de la démission du Gouvernement »*. L'article 29 de la Constitution de 1958 permet au parlement de se réunir en session extraordinaire à la demande du premier ministre ou de la majorité des députés. Le général de Gaulle a imposé la lecture facultative de cet article en se reconnaissant la possibilité de donner suite ou non à la demande ; cette faculté d'appréciation ne figurant pas dans la rédaction du texte. L'article 11 ne permet des référendums que sur proposition du gouvernement ou des assemblées. Or, la plupart des référendums de la Ve République ont toujours été annoncés, donc décidés effectivement, par le président ; le premier ministre se limitant à faire ensuite la proposition juridique nécessaire. Peut également être cité l'article 13 qui ne prévoit que la signature de décrets par le président en Conseil des ministres ; or, s'est mise en place, dès le général de Gaulle, la pratique de décrets présidentiels signés hors du Conseil.

Face à de telles hypothèses qui s'opposent nettement au texte constitutionnel il a fallu se demander qu'elle était la valeur juridique de la coutume constitutionnelle ? Abrogeait-elle tacitement la constitution écrite ? Ne révisait-elle pas *de facto* la constitution ?

Une partie de la doctrine refuse le principe d'une coutume constitutionnelle qui contredirait la constitution. En effet, les dirigeants peuvent à tout moment revenir dessus. Elle se modifie comme elle se crée ; à tout moment au gré des évolutions politiques. La dissolution inusitée entre 1877 et 1955 est mise en oeuvre cette année-là à l'initiative du président du Conseil Edgar Faure. Il a suffi de la conjonction de la personnalité de F. D. Roosevelt et d'une situation internationale très difficile pour mettre fin en 1940 à la tradition qui voulait que le président américain ne sollicite qu'une réélection. Roosevelt obtiendra un troisième, puis un quatrième mandat.

La valeur de la coutume constitutionnelle est fragile par nature. Elle ne vaut jamais contre le texte écrit ; il suffit aux gouvernants de décider de revenir à celui-ci. Elle est réversible à tout moment. En ce sens, elle ne peut abroger des dispositions constitutionnelles, sinon ce serait faire de la violation d'un texte un mode de révision constitutionnelle. Elle se limite en cas de consensus des dirigeants et de l'opinion publique à imposer des adaptations de la constitution. Il est en effet difficile d'admettre que la volonté des gouvernements l'emporte sur l'expression du suffrage qui a permis au peuple d'adopter la constitution. La coutume constitutionnelle ne peut être pleinement assimilée aux sources écrites du droit. Droit précaire, elle est étroitement liée à la fortune politique des gouvernements qui tentent de la mettre en place.

La coutume constitutionnelle reste une notion juridique discutée. Indispensable pour l'adaptation souple des régimes politiques par l'interprétation et la réparation des oublis de la constitution écrite, elle devient plus contestable lorsqu'elle impose des conventions constitutionnelles contraires aux textes. Mais si cette différenciation est facile à faire sur le plan spéculatif, elle est plus malaisée dans la pratique politique.

A l'inverse du droit écrit la coutume constitutionnelle n'a pas d'application directe en droit positif. Ses règles échappent à la sanction organisée des tribunaux. Sa force n'existe que dans la mesure ou les gouvernants savent qu'ils ne peuvent enfreindre telle ou telle règle non écrite sans commettre une violation. Un premier ministre mis en minorité aux Communes sait pertinemment n'avoir d'autres possibilités que de remettre sa démission.

Ainsi, l'observation des régimes politiques ne peut que confirmer qu'à côté du droit écrit et des règles jurisprudentielles formulées par les tribunaux existe toujours un droit non écrit plus ou moins étendu.

J-P. V.

TROISIÈME SÉANCE

L'AMÉNAGEMENT DU POUVOIR

Le pouvoir politique c'est, étymologiquement, le pouvoir dans la Cité. Jusqu'au XVIe siècle il reste encore attribué à la personne des gouvernants ; c'est un pouvoir personnalisé. Avec l'État moderne ce pouvoir s'est institutionnalisé ; il est détenu désormais par l'entité juridique abstraite qu'est l'État. Mais jusqu'au XVIIIe siècle s'imposera l'unité du pouvoir de l'État qui s'identifie à l'unité du pouvoir royal. Ce n'est qu'avec la philosophe des Lumières et la Révolution française que se développeront des théories de division du pouvoir. Dès 1690 le *Second traité du gouvernement civil de* John Locke a distingué les pouvoirs législatif, exécutif et fédératif ; mais ce sera *De l'Esprit des lois* de Montesquieu qui imposera en 1748 la trilogie des pouvoirs législatif, exécutif et judiciaire. Ce principe de division du pouvoir dans l'État sera présent dans les premiers textes constitutionnels écrits. La structure même de la Constitution des États-Unis d'Amérique de 1787 s'en remet à cette distinction qui sera également reprise par la Déclaration des droits de l'homme et du citoyen de 1789 qui affirme que toute société dans laquelle la séparation des pouvoirs n'est pas déterminée n'a point de constitution.

Dès lors, l'aménagement du pouvoir implique des choix quant à la relation entre les pouvoirs. Le principe démocratique pousse à la distinction des pouvoirs, mais de nombreux régimes ont toujours été tentés par la confusion de ceux-ci. La monarchie absolue française était restée fidèle à la confusion des pouvoirs au profit du roi. De tels régimes se sont maintenus parfois tardivement, notamment en Russie jusqu'en 1917. Il faut mentionner également que les théocraties pratiquent la confusion du pouvoir politique et du pouvoir religieux qui peut bénéficier au pouvoir civil ou au pouvoir religieux. Enfin, les dictatures contemporaines pratiquent plus ou moins ouvertement la confusion des pouvoirs. Il y a cependant des gradations dans l'autoritarisme et dans la dictature. Au reste, rares sont les États qui s'avouent dictatoriaux, souvent ils utilisent des camouflages démocratiques assez faciles à démasquer.

La confusion des pouvoirs est également possible au profit du parlement. Un gouvernement d'assemblée est rarement un gouvernement soumis à la volonté du peuple qui n'a guère les moyens de le contrôler. Souvent il dégénère en régime très indépendant du peuple, voire en dictature. Certains croient cependant en la possibilité d'un régime d'assemblée soucieux des droits et libertés des individus. Il est cependant difficile de s'accorder sur des exemples historiques d'un tel régime. Une telle qualification appliquée à un régime contemporain n'est pas sans contestation ; il suffit de se référer à la Suisse. Au surplus, il peut être tentant de considérer que certains régimes parlementaires qui tournent au déséquilibre considérable des pouvoirs dérivent vers le régime d'assemblée. Mais ils ne nient généralement pas la séparation des organes législatif et exécutif.

De nos jours l'aménagement du pouvoir dans les démocraties s'en remet toujours à la distinction des pouvoirs. Le pouvoir exécutif est conçu distinctement du pouvoir législatif ; l'un et l'autre disposent d'organes différents. Mais les théories de Locke et de Montesquieu ont dû être adaptées aux États contemporains ; il n'est plus facile aujourd'hui de distinguer les parts respectives de chacun des pouvoirs dans les tâches législatives et exécutives. L'exécutif a les moyens d'influencer considérablement la législation, voire parfois de la décider ; le législateur devenant celui qui entérine, sans guère les amender, des textes décidés ailleurs qu'au parlement. De même, on a assisté depuis une trentaine d'années à un renforcement important des structures exécutives. Peu d'États ont réussi à doter le parlement de pouvoirs d'information, d'expertise et de contrôle véritablement concurrentiels de ceux des gouvernements.

L'équilibre des pouvoirs qui restait un des objectifs essentiels de la théorie classique de la séparation des pouvoirs est parfois remis en cause. Il faut s'interroger sur la signification actuelle de la division du pouvoir dans les démocraties, se demander si la vieille théorie de la séparation des pouvoirs garde toute son actualité.

Aussi une dissertation est proposée :

– A quoi sert la séparation des pouvoirs ?

Dissertation

A quoi sert la séparation des pouvoirs ?

INDICATIONS DE CORRECTION

Le sujet pose explicitement une question. Cela exclut de se retrancher derrière des généralités sur la séparation des pouvoirs. Une argumentation devra être conduite sur son utilité dans les régimes contemporains. Il faut se demander à quoi elle sert plus que à quoi elle a servi. Mais il est nécessaire de situer historiquement la notion, de montrer que pour les théoriciens, puis les constituants, elle est apparue comme la réponse constitutionnelle à la volonté de diviser le pouvoir absolu des monarques.

Le sujet suppose la maîtrise des caractéristiques des régimes politiques parlementaires et présidentiels contemporains, des diverses classifications des régimes, de la place impartie par eux aux pouvoirs législatif, exécutif et judiciaire, et, tout particulièrement, de la compréhension des interactions qu'ils suscitent.

La dissertation doit montrer les limites de la théorie de la séparation des pouvoirs, faire état des débats à son propos, mais proposer une réponse argumentée à la question posée suffisamment précise et tranchée. Ainsi la séparation des pouvoirs peut être déclarée utile après avoir montré ses limites, ou à l'inverse, il est possible de nier assez largement son existence, voire son utilité dans les États actuels, mais après l'avoir définie et fait état des textes qui s'y réfèrent, des gouvernants qui la revendiquent, de l'opinion publique qui y reste attachée.

CORRIGÉ

Aristote a le premier fait référence à la distinction des pouvoirs dans sa *Politique*. Mais il a fallu attendre le *Second Traité du gouvernement civil* de John Locke pour assister à la distinction terminologique moderne de trois pouvoirs au sein de l'État : le législatif, l'exécutif et le fédératif. Ce seront finalement Jean-Jacques Burlamaqui, puis Montesquieu, qui imposeront dès le milieu du XVIIIe siècle la fameuse trilogie du pouvoir : législatif, exécutif et judiciaire. Les théoriciens de la fin du XVIIIe siècle et du XIXe siècle vont imposer le concept même de séparation des pouvoirs, alors que Montesquieu ne s'était pas prononcé pour une division stricte des pouvoirs.

La théorie de la séparation des pouvoirs devient un leitmotiv des constitutionnalistes et de beaucoup de textes constitutionnels. Elle apparaît comme le rempart permettant de limiter le pouvoir. La Constitution américaine de 1787 confirmera l'ascendant de ce principe. Les révolutionnaires français de 1789 s'y référeront dans la Déclaration des droits de l'homme et du citoyen. Par la suite, les gouvernements maintiendront souvent le principe, quitte à en assouplir les conditions. Si les États-Unis d'Amérique ont tenté d'imposer une séparation stricte des pouvoirs avec la Constitution de 1787, les régimes parlementaires ont toujours tenté de l'assouplir ; de mettre en place une collaboration des pouvoirs.

La théorie issue du XVIIIe siècle a considérablement évolué ; progressivement elle a revêtu d'autres fonctions : aider à classifier les régimes politiques ou à rechercher des gages de démocratie dans les textes constitutionnels ou dans la pratique politique des États. Mais elle reste une référence permanente de la plupart des régimes politiques démocratiques. Aussi, malgré des limites manifestes, elle est un principe qui constitue la pierre angulaire de tous les régimes démocratiques. Il s'agit d'une théorie qui peut être contestée (I), mais qui reste indispensable pour le respect des droits et libertés des individus (II).

I. LA SÉPARATION DES POUVOIRS EST UNE THÉORIE CONTESTÉE

De nos jours les limites de la théorie de la séparation des pouvoirs tiennent autant à sa difficulté à permettre la classification des régimes politiques qu'à s'ériger en témoignage de démocratie politique.

A. Un instrument imparfait de classification des régimes politiques

Au XIXe siècle la théorie a permis d'opposer les États pratiquant la confusion des pouvoirs, en faveur de l'exécutif ou du législatif, à ceux ayant opté pour une séparation stricte, ou assouplie, de ces pouvoirs. D'un côté le Consulat et la Convention, de l'autre le régime présidentiel des États-Unis et les régimes parlementaires français ou britannique. Mais cette théorie est de moins en moins susceptible de rendre compte de l'exercice du pouvoir dans les démocraties contemporaines et d'en assurer une classification. Déjà le régime parlementaire né en Grande-Bretagne avait dû prôner une séparation souple des pouvoirs plutôt qu'une séparation ; confortant en cela une lecture avisée de Montesquieu qui préconisait que les pouvoirs aillent de concert plus qu'ils ne s'isolent. Au reste, les séparations françaises très strictes des pouvoirs, comme la Constitution de 1791 ou celle de l'an III, furent des échecs rapides.

Au-delà des textes constitutionnels les États contemporains témoignent de la concentration des pouvoirs en faveur de l'exécutif. Plus qu'une collaboration des pouvoirs, le régime britannique a abouti à la prééminence du Cabinet sur la Chambre des communes. Un gouvernement qui détient la majorité aux Communes, voire également le soutien compréhensif des syndicats s'il est travailliste grâce au lien étroit entre ce parti et les Trade-Unions, est à même de s'imposer aisément aux Communes. Les dirigeants du parti majoritaire tiennent aisément les rênes du pouvoir tant exécutif que législatif. La Ve République a montré également que le chef de l'État avait le plus souvent la haute main sur la détermination de la politique nationale, voire sur sa conduite ; même si l'article 20 de la constitution confie au gouvernement la détermination et la conduite de la politique nationale. Le fait majoritaire assure toujours la toute puissance d'un exécutif présidentiel qui bénéficie souvent d'une majorité parlementaire très disciplinée. Même les États-Unis d'Amérique, où la répartition des pouvoirs est plus équilibrée, montrent un renforcement notable de la présidence depuis la Seconde guerre mondiale au-delà des clivages politiques et des personnalités des présidents. Dès lors, le mécanisme de concentration des pouvoirs au profit de l'exécutif est devenu plus facile à argumenter que celui de la séparation des pouvoirs.

L'explication du fonctionnement d'un régime politique par la théorie de la séparation des pouvoirs présente également l'inconvénient de mettre au second plan le système des partis, alors qu'il est un élément essentiel d'explication. Des rapprochements, ou des oppositions, peuvent être faits selon que l'État considéré pratique le bipartisme ou le multipartisme ; selon que les partis développent une stratégie d'opposition au gouvernement, ou plus radicalement au régime. Le rapprochement est parfois plus aisé entre des États pratiquant le bipartisme (comme la Grande-Bretagne ou les États-Unis d'Amérique) qu'entre des États connaissant l'un le multipartisme compétitif et l'autre le bipartisme, même s'ils sont tous deux des régimes parlementaires (comme l'Italie et la Grande-Bretagne).

Ainsi la classification des régimes politiques à partir de la théorie classique de la séparation des pouvoirs est souvent peu pertinente. La concentration des pouvoirs le dispute à la division du pouvoir, les systèmes de partis sont devenus essentiels, et, enfin, peu d'États avouent pratiquer la confusion des pouvoirs. Et même dans cette dernière hypothèse la catégorie n'a aucune homogénéité, peu de choses rapprochant le régime d'assemblée, qu'ont pu pratiquer les démocraties occidentales, et les régimes dictatoriaux de fusion des pouvoirs au profit d'un groupe de gouvernants.

Mais la théorie de la séparation des pouvoirs est également souvent brandie comme témoignage de l'exercice effectif de la démocratie par un régime politique.

B. Un gage incertain de libéralisme politique

La référence des constitutions au principe de la séparation des pouvoirs est fréquente. L'article 16 de la Déclaration des droits de l'homme et du citoyen de 1789 affirme que *« Toute société dans laquelle la garantie des droits n'est pas assurée, ni la séparation des pouvoirs déterminée n'a point de constitution »*. Notre Constitution du 4 octobre 1958, élaborée très librement par l'exécutif, devait cependant respecter *cinq points* fixés par la loi du 3 juin 1958 ; parmi eux figurait le principe de la séparation des pouvoirs.

Le principe de la séparation des pouvoirs est toujours présenté comme un gage de démocratie politique. Mais sa référence dans un texte constitutionnel peut n'être qu'un leurre. Beaucoup d'États dictatoriaux sont dotés de constitutions apparemment protectrices des droits des individus et de règles censées assurer la puissance et l'indépendance des pouvoirs sans que cela se traduise par un régime politique démocratique. En outre, même dans les sociétés effectivement démocratiques, la démocratie ne se juge pas nécessairement à l'aune de la séparation des pouvoirs. Est bien plus déterminant le rôle respectif de la majorité et de l'opposition, les possibilités de contrôle de l'action gouvernementale par cette dernière.

La théorie de la séparation des pouvoirs est devenue d'un emploi délicat pour classifier les régimes politiques ou apprécier leur pratique de la démocratie, mais elle garde cependant des avantages certains qui expliquent sa pérennité.

II. LA SÉPARATION DES POUVOIRS RESTE UNE THÉORIE UTILE

La théorie de la séparation des pouvoirs jouit d'un prestige peu entamé auprès de l'opinion publique et des dirigeants. Elle apparaît pour les gouvernants une référence obligée pour confirmer leur volonté de garantir les droits et les libertés de l'individu. Mais elle revêt surtout un autre intérêt : elle constitue un atout sérieux pour le pouvoir judiciaire.

A. Une référence obligée des gouvernants

Fréquemment présente dans le texte constitutionnel, ou du moins dans des textes annexes, voire dans les discours des dirigeants, la théorie de la séparation des pouvoirs apparaît un gage de démocratie à fournir aux citoyens. Mais la plupart des États occidentaux ont aménagé les relations entre les pouvoirs pour éviter la confusion de ceux-ci qui conduit à la dictature de l'exécutif ou au régime d'assemblée. La référence à la séparation des pouvoirs par les gouvernants est devenue équivoque. Elle peut recouvrir un régime de séparation plus ou moins stricte des pouvoirs, tels les États-Unis d'Amérique ou la Seconde République française. En ce cas, les pouvoirs se veulent égaux ce qui exclut les nécessités de la responsabilité du gouvernement devant le parlement et de la dissolution. Mais cette référence peut s'appliquer à des régimes de collaboration des pouvoirs ; on parlera en ce cas de séparation souple. Le régime parlementaire étant l'archétype de cette seconde hypothèse.

Même dans le régime présidentiel la séparation des pouvoirs n'est jamais aussi stricte que les discours des dirigeants ou les textes pourraient le faire croire. Les États-Unis d'Amérique influencés par les *Principes du droit politique* de Burlamaqui et l'*Esprit des Lois* de Montesquieu ont développé une théorie de la *« balance des pouvoirs ».* Plus que la séparation des pouvoirs est recherché l'équilibre de ceux-ci. Le libéralisme politique dépend étroitement des contre-pouvoirs que sécrète le régime politique. Les pouvoirs législatif et exécutif ont des moyens de pression réciproques (*checks and balances*). Les pouvoirs représentatifs sont contrebalancés par les droits politiques que peuvent exercer directement les électeurs, l'État fédéral doit compter avec les prérogatives des États fédérés, le pouvoir de l'Administration se heurte aux entreprises privées et à leurs *lobbies.* Même entre le président de la Fédération et le Congrès les *checks and balances* sont nombreux. Le président dispose d'un droit de veto, il peut annexer des projets législatifs à son Discours sur l'état de l'Union. De son côté le Sénat autorise la ratification des traités et approuve les nominations les plus importantes. Dès lors le libéralisme politique américain se fonde davantage sur la balance des pouvoirs, les influences réciproques, que sur la séparation stricte des pouvoirs.

De son côté le régime britannique qui attribue des pouvoirs considérables au gouvernement les tempère quelque peu par le statut et les possibilités de contrôle dévolus à l'opposition, ainsi que par le poids des décisions des tribunaux qui appliquent la *common law*.

La référence au principe de la séparation des pouvoirs, même si elle est assouplie dans les faits, est très utile pour défendre efficacement les droits des individus. Au reste, c'est quant au pouvoir judiciaire que notre théorie garde sa plus grande utilité.

B. Une force pour le pouvoir judiciaire

Peu de pays ont érigé comme les États-Unis le pouvoir judiciaire en un véritable pouvoir. L'existence d'un pouvoir judiciaire a souvent été contestée. Les gouvernants et les constitutionnalistes se sont bien davantage attachés aux relations entre les seuls pouvoirs exécutif et législatif. La Constitution américaine est un des rares textes à mettre sur le même plan les trois pouvoirs. La structure même de la Constitution envisage successivement les pouvoirs législatif, exécutif et judiciaire. Cela a largement facilité l'emprise d'un véritable pouvoir judiciaire.

Dans les États contemporains l'indépendance du pouvoir judiciaire est devenue synonyme d'une défense efficace des droits des individus. Alors que les influences réciproques entre le législatif et l'exécutif sont souhaitables pour l'efficacité politique des États, il faut accorder aux tribunaux l'indépendance leur permettant d'exercer le pouvoir juridictionnel sans être sous la contrainte du pouvoir exécutif. A ce titre la revendication de la séparation stricte du pouvoir judiciaire et du pouvoir exécutif est une nécessité pour éviter les empiétements de ce dernier.

La théorie de la séparation des pouvoirs est destinée à rester un des pivots des textes constitutionnels des démocraties, des discours politiques de leurs dirigeants. Sa fonction mythique l'emporte probablement sur son efficacité, voire son utilité. Elle a vieilli dans sa volonté de séparer les tâches de l'exécutif et du législatif ; le gouvernement a réussi dans la plupart des États à s'approprier l'initiative de l'essentiel de la législation. Cette *« législation déléguée »* nie la division des pouvoirs, mais elle renforce la nécessité de l'équilibre des pouvoirs afin d'assurer le contrôle de l'exécutif. Une séparation souple des pouvoirs soucieuse d'équilibre permet d'éviter qu'un organe devienne tout puissant et soit enclin à attenter à la liberté. Dès lors la théorie de la séparation des pouvoirs, malgré toutes ses imperfections, peut faciliter le contrôle de l'exécutif et aider à assurer l'indépendance du pouvoir judiciaire.

J.-P. V.

QUATRIÈME SÉANCE

DROIT DE SUFFRAGE ET MODES DE SCRUTIN

Le droit de suffrage est la première des libertés politiques.

La vie des États démocratiques est rythmée par les élections. La connaissance des systèmes électoraux et de leurs effets est essentielle.

On réfléchira à la signification de l'élection, comme facteur de consolidation de la communauté politique et à sa valeur.

L'étude du droit de suffrage comporte deux questions distinctes, celle de savoir qui peut voter et celle des caractères du droit de vote. La première conduit à examiner l'extension ou la distribution du droit de suffrage (suffrage restreint, suffrage censitaire, suffrage capacitaire, suffrage universel, restrictions au droit de vote et incapacités électorales). La seconde revient à indiquer les conditions qui garantissent le caractère démocratique du vote : secret, authenticité, liberté des candidatures, égalité des candidats. Ce dernier point a connu des développements importants avec l'accès aux moyens de propagande audiovisuelle, la règlementation du financement des campagnes électorales et leur prise en charge partielle sur les fonds publics, enfin avec la définition de règles sur le découpage des circonscriptions électorales.

La connaissance des modes de scrutin est tout à fait essentielle en droit constitutionnel, non seulement parce que le processus électoral est la base de la démocratie, mais aussi parce que les techniques employées ont une incidence sur la vie politique. Elles influent sur la représentation parlementaire et la force respective des diverses formations politiques présentes dans une assemblée. Elles influent par voie de conséquence sur le mode de gouvernement.

Le système électoral est une composante fondamentale du régime politique. Ainsi le fonctionnement des institutions britanniques ou des institutions italiennes ne peut être expliqué sans référence aux modes de scrutin pratiqués : scrutin majoritaire uninominal à un seul tour ou représentation proportionnelle. Ce ne sont pas les seuls exemples.

Cette connaissance est utile à l'étudiant en droit et nécessaire à tout homme soucieux de participer à la vie sociale. Des règles identiques sont en effet appliquées en matière d'élections scolaires et universitaires, en matière d'élections professionnelles (élections des comités d'entreprise et d'établissement ou des délégués du personnel, élections des conseillers prud'hommes, des membres des tribunaux de commerce, des chambres de commerce, d'agriculture ou des métiers, des membres des comités techniques paritaires et commissions administratives paritaires dans la fonction publique) ou dans un cadre mutualiste (conseils d'administration des caisses de Sécurité sociale et d'allocations familiales).

Les exercices de calcul électoral se proposent généralement un double objectif :

– vérifier que le candidat connaît parfaitement les mécanismes des principaux modes de scrutin et peut donc fournir les résultats d'une élection dans les diverses hypothèses qui lui sont proposées et qui correspondent chacune à un mode de scrutin différent. Cet objectif est atteint à travers plusieurs questions, notées séparément. Une réponse exacte à chacune des questions est nécessaire, car la différence des résultats est l'élément qui justifie les questions suivantes.

– vérifier qu'il est capable d'en tirer des conclusions quant à l'influence des modes de scrutin sur la représentation des différents partis dans une assemblée et sur les conséquences qui en découlent, ou encore d'en déduire les avantages et les inconvénients des principaux systèmes électoraux.

Une ou plusieurs questions permettent de procéder à cette vérification.

Les exercices de calcul électoral présentent un certaint attrait, en raison de leur commodité comme moyen de contrôle des connaissances et de la facilité qu'il y a à les noter suivant les critères signalés.

On trouvera ci-après deux exercices de calcul électoral corrigés, à titre d'exemple.

D'autres sujets, non corrigés, sont proposés pour permettre à l'étudiant de s'entraîner.

EXERCICE DE CALCUL ÉLECTORAL N° 1

INDICATIONS DE CORRECTION

Le sujet proposé et corrigé ci-dessous est tout à fait classique. Il suppose une connaissance des modes de scrutin, de leur mécanisme et de leurs effets sur la représentation parlementaire et le régime politique.

On ne saurait se contenter de donner le résultat correspondant à chaque question. Il faut indiquer avec précision, sinon avec minutie, la démarche que l'on a suivie et les règles dont on a fait application. Il sera répondu aux questions de manière méthodique et dans l'ordre où elles se présentent. En résolvant les exercices, il est conseillé de noter succinctement sur une feuille à part les observations et réflexions que ces opérations suggèrent afin d'en tirer profit dans les réponses aux dernières questions.

ÉNONCÉ DE L'EXERCICE

La loi du 10 juillet 1985 a institué, pour les élections législatives, la représentation proportionnelle, dans le cadre départemental, avec répartition des restes à la plus forte moyenne, les listes ayant obtenu moins de 5 % des suffrages exprimés étant exclues de l'attribution des sièges.

Dans un département, six listes se sont présentées au suffrage des électeurs, alors que cinq sièges sont à pourvoir.

Les résultats suivants ont été constatés :

– électeurs inscrits 362 000
– votants 267 000
– blancs et nuls 2 000

Ont obtenu :

– la liste A	93 000
– la liste B	68 000
– la liste C	58 000
– la liste D	27 000
– la liste E	14 000
– la liste F	5 000

Questions

1 – indiquer la répartition des sièges entre les différentes listes.

2 – indiquer la répartition des sièges entre les différentes listes si la loi électorale avait retenu le système du plus fort reste.

3 – indiquer la répartition des sièges s'il avait été fait application du système d'Hondt.

4 – calculer la répartition des sièges entre les différentes listes dans l'hypothèse où les listes B, C et D auraient été apparentées, suivant les dispositions ci-dessous rappelées de la loi du 9 mai 1951 :

> « Est élue la liste ayant obtenu la majorité absolue. Si une liste isolée ne remplit pas cette condition et si un groupement de listes apparentées totalise plus de 50 p. 100 des suffrages exprimés, tous les sièges lui sont attribués et répartis entre les listes apparentées suivant la règle de la plus forte moyenne.
> « Dans le cas où aucune liste ni aucun groupement de listes ne remplit les conditions ci-dessus, les sièges seront répartis à la représentation proportionnelle selon la règle de la plus forte moyenne, les listes apparentées étant considérées comme une même liste pour l'attribution des sièges, leur répartition entre elles se faisant selon la règle de la plus forte moyenne.
> « Aucun siège ne sera attribué aux listes qui auraient obtenu moins de 5 p. 100 des suffrages exprimés. »

5 – même question dans l'hypothèse où les listes B et C auraient été apparentées.

6 – calculer la répartition des sièges si la loi électorale avait institué le scrutin de liste majoritaire à un seul tour.

7 – indiquer les avantages et inconvénients des divers modes de scrutin utilisés et leurs conséquences sur la vie politique.

N.B. – Généralement, dans un exercice de ce genre, chaque question correspond à un certain nombre de points en fonction de sa difficulté, lequel est indiqué avec l'énoncé.

Réponses

1 – Pour l'application de la loi du 10 juillet 1985 instituant une forme de représentation proportionnelle il convient de déterminer le nombre des suffrages exprimés. Celui-ci correspond au nombre des votants diminué du nombre des bulletins blancs et nuls :

267 000 – 2 000 = 265 000

Ensuite il convient d'attribuer les sièges aux listes en compétition au prorata du nombre de voix qu'elles ont obtenu. Toutefois la liste F est éliminée comme n'ayant pas obtenu 5 % des suffrages exprimés soit 13 250. En revanche la liste E, avec 14 000 voix franchit de justesse la barre.

Cette opération se déroule en deux temps :

– pour une première attribution de sièges, il faut déterminer le quotient électoral : celui-ci s'obtient en divisant le nombre de suffrages exprimés par le nombre de sièges à pourvoir, soit :

265 000 : 5 = 53 000

Chaque liste obtient en première répartition autant de sièges que son résultat contient de fois le quotient électoral, soit

liste A 93 000 voix	1 siège
liste B 68 000 voix	1 siège
liste C 58 000 voix	1 siège
liste D 27 000 voix	0
liste E 14 000 voix	0

A l'issue de cette répartition deux sièges restent à pourvoir.

– pour une deuxième répartition, il convient de considérer successivement chacun des sièges restant à pourvoir.

On procède à une attribution de ce siège à chacune des listes de manière fictive afin de calculer sa moyenne de liste dans le cas où elle aurait obtenu ce siège :

* si ce siège est attribué à la liste A, qui en a déjà obtenu un, celle-ci aura deux sièges pour 93 000 suffrages, soit une moyenne de 46 500.

* si le siège est attribué à la liste B, qui a obtenu déjà un siège pour 68 000 suffrages, celle-ci aura deux sièges, soit une moyenne de 34 000.

* si ce siège est attribué à la liste C qui a déjà obtenu un siège pour 58 000 suffrages, celle-ci aura deux sièges, soit une moyenne de 29 000.

* si ce siège est attribué à la liste D qui n'a pas obtenu de suffrage, celle-ci en aura un, soit une moyenne de 27 000.

* si ce siège est attribué à la liste E, celle-ci aura une moyenne de 14 000.

On observe que la plus forte moyenne est celle de la liste A à laquelle le quatrième siège sera attribué.

On procède de la même manière pour le cinquième siège à pourvoir.
calcul des moyennes de liste :

liste A 93 000 (2 s. + 1)	31 000
liste B 68 000 (1 s. + 1)	34 000
liste C 58 000 (1 s. + 1)	29 000
liste D 27 000 (+ 1)	27 000
liste E 14 000 (+ 1)	14 000

La plus forte moyenne est celle de la liste B qui obtient donc le cinquième siège.

Le résultat de l'élection se présente de la manière suivante :

liste A	2 sièges
liste B	2 sièges
liste C	1 siège
liste D	0
liste E	0
(liste F	exclue de l'attribution)

2 – L'application de la représentation proportionnelle avec répartition des sièges au plus fort reste comporte également deux étapes :

* au cours de la première répartition, chaque liste obtient autant de sièges qu'elle contient de fois le quotient électoral. On observera que pour chaque liste il y a un reste, qui correspond aux voix non utilisées au cours de cette première répartition. Comme nous ne sommes plus dans le cadre de la loi du 10 juillet 1985, nous prenons en compte la liste F.

liste A 93 000	1 siège	reste : 40 000
liste B 68 000	1 siège	reste : 15 000
liste C 58 000	1 siège	reste : 5 000
liste D 27 000	0	reste : 27 000
liste E 14 000	0	reste : 14 000
liste F 5 000	0	reste : 5 000

On observera que trois sièges ont pu être attribués.

* les deux sièges à pourvoir seront attribués au cours d'une deuxième répartition qui prend en considération les restes, c'est-à-dire les suffrages non utilisés. On procède siège par siège.

Le quatrième siège est attribué à la liste disposant du plus fort reste, soit à la liste A.

Le tableau des restes se présente alors de la manière suivante :

liste A 93 000	.... 2 sièges	reste :	0
liste B 68 000	.... 1 siège	reste :	15 000
liste C 58 000	.... 1 siège	reste :	5 000
liste D 27 000	 0	reste :	27 000
liste E 14 000	 0	reste :	14 000
liste F 5 000	 0	reste :	5 000

Le cinquième siège est attribué à la liste D.

Les résultats se présentent de la manière suivante :

liste A	2
liste B	1
liste C	1
liste D	1

3 – Le système d'Hondt, du nom d'un professeur de droit belge, passionné de mathématiques, permet d'obtenir le même résultat que la représentation proportionnelle avec usage de la plus forte moyenne, mais par une seule opération. Il offre donc une commodité qui le rend attrayant pour les élections à la proportionnelle dans de vastes circonscriptions où doit être attribué un grand nombre de sièges (il est utilisé pour l'élection des 87 représentants français au Parlement européen).

Une opération préparatoire conduit à diviser le nombre de suffrages obtenus par chaque liste par 1, puis par 2, 3, 4 jusqu'au chiffre correspondant au nombre de sièges à pourvoir. Puis ces quotients seront classés dans l'ordre d'importance décroissante. Celui qui dans cette liste occupe la position qui correspond au nombre de sièges à pourvoir (appelé nombre répartiteur) sert de diviseur : appliqué au résultat en suffrages de chaque liste, il fournit le nombre de sièges de celle-ci.

Dans le cas sous examen, la méthode d'Hondt conduit aux résultats suivants :

liste A	93 000/1	93 000
	93 000/2	46 500

	93 000/3	31 000
	93 000/4	23 250
	93 000/5	18 600
liste B	68 000/1	68 000
	68 000/2	34 000
	68 000/3	22 666
	68 000/4	17 000
	68 000/5	13 600
liste C	58 000/1	58 000
	58 000/2	29 000
	58 000/3	19 333
	58 000/4	14 500
	58 000/5	11 600
liste D	27 000/1	27 000
	27 000/2	13 500
	27 000/3	9 000
	27 000/4	6 750
	27 000/5	5 400
liste E	14 000/1	14 000
	14 000/2	7 000
	14 000/3	4 666
	14 000/4	3 500
	14 000/5	2 800
liste F	5 000/1	5 000
	5 000/2	2 500
	5 000/3	1 666
	5 000/4	1 250
	5 000/5	1 000

Classement des quotients jusqu'au nombre de sièges à pourvoir (5) :

93 000
68 000
58 000
46 500
34 000

Division du résultat de chaque liste par le 5e chiffre (34 000) pour obtenir le résultat de l'élection :

liste A	93 000/34 000	2
liste B	68 000/34 000	2
liste C	58 000/34 000	1
liste D	27 000/34 000	0

liste E	14 000/34 000	0
liste F	5 000/34 000	0

4 – Le système des apparentements vise à conférer un avantage aux listes apparentées, c'est-à-dire aux listes qui se sont déclarées comme telles au moment du dépôt des candidatures : si ces listes obtiennent la majorité des suffrages, elles emportent tous les sièges en compétition qu'elles se répartissent suivant le principe proportionnel. Il a été utilisé en France lors des élections législatives de 1951 et 1956, sur la base de la loi du 9 mai 1951, qui avait été adoptée pour favoriser les partis du centre (depuis les indépendants jusqu'aux socialistes) au détriment des partis communiste et gaulliste.

Dans l'hypothèse proposée, on observe que les partis B, C et D totalisent 153 000 suffrages et dépassent la majorité absolue des suffrages exprimés (132 500 + 1). Ils vont se répartir les cinq sièges suivant la règle de la plus forte moyenne :

rappel du quotient : 53 000

– première répartition :

liste B	68 000	1 siège
liste C	58 000	1 siège
liste D	27 000	0

– deuxième répartition

3e siège

liste B 68 000 (1 + 1)	moyenne : 34 000
liste C 58 000 (1 + 1)	moyenne : 29 000
liste D 27 000 (+ 1)	moyenne : 27 000

4e siège

liste B 68 000 (2 + 1)	moyenne : 22 666
liste C 58 000 (1 + 1)	moyenne : 29 000
liste D 27 000 (+ 1)	moyenne : 27 000

5e siège

liste B 68 000 (2 + 1)	moyenne : 22 666
liste C 58 000 (2 + 1)	moyenne : 19 333
liste D 27 000 (+ 1)	moyenne : 27 000

Résultats :

liste B	2 sièges
liste C	2 sièges
liste D	1 siège

5 – Si les seules listes B et C avaient été apparentées, leur résultat cumulé (126 000 voix) ne leur eût pas permis d'obtenir la majorité

absolue. Dès lors la répartition des sièges se serait faite entre toutes les listes à la plus forte moyenne, les listes apparentées étant considérées comme une seule liste et la répartition entre elles se faisant également suivant la règle de la plus forte moyenne. (Étant traitées comme une seule liste, les listes apparentées peuvent espérer arriver en tête et bénéficier de la prime que ce mode de scrutin réserve aux partis les plus forts).

– première répartition

liste A	93 000	1 siège
liste B		
	126 000	2 sièges
liste C		
liste D	27 000	0
liste E	14 000	0
liste F	5 000	0

– deuxième répartition

4e siège

liste A	93 000 (1+1)	46 500
liste B		
	126 000 (2+1)	42 000
liste C		
liste D	27 000 (+1)	27 000
liste E	14 000 (+1)	14 000
liste F	5 000 (+1)	5 000

5e siège

liste A	93 000 (2+1)	31 000
liste B		
	126 000 (2+1)	42 000
liste C		
liste D	27 000 (+1)	27 000
liste E	14 000 (+1)	14 000
liste F	5 000 (+1)	5 000

Il convient maintenant de répartir les sièges entre les listes B et C, soit 3 sièges.

– première répartition

liste B	68 000	1 siège
liste C	58 000	1 siège

– deuxième répartition

liste B	68 000 (1+1)	moyenne	34 000
liste C	58 000 (1+1)	moyenne	29 000

Résultat final

liste A	2
liste B	2
liste C	1
liste D	0
liste E	0
liste F	0

6 – Si la loi électorale avait institué le scrutin de liste majoritaire à un seul tour, la liste A, arrivée en tête, aurait obtenu la totalité des sièges.

7 – Pour apprécier les avantages et les inconvénients des divers modes de scrutin, il importe de dresser le tableau comparatif des résultats obtenus :

	R.P. plus forte moyenne	R.P. plus fort reste	R.P. système d'Hondt	R.P. avec apparentements liste B-C-D	R.P. avec apparentements liste B + C	Scrutin de liste majoritaire
A	2	2	2	–	2	5
B	2	1	2	2	2	
C	1	1	1	2	1	
D	–	1	–	1		
E	–	–	–	–		
F	–	–	–	–		

Une première observation concerne l'influence des modes de scrutin sur les résultats électoraux.

Cette influence est particulièrement nette lorsqu'on confronte les résultats obtenus avec le scrutin majoritaire et les systèmes proportionnalistes.

En cas de scrutin majoritaire la liste arrivée en tête obtient tous les sièges alors que pourtant elle dépasse à peine le 1/3 des suffrages exprimés. Les voix qui se sont portées sur les autres listes sont perdues. Ces déformations ne se compensent pas nécessairement au plan national. Elles peuvent fort bien se cumuler. En revanche les systèmes proportionnalistes aboutissent à une répartition des sièges entre les listes.

Compte tenu du nombre de sièges à attribuer (5), du nombre de listes en compétition (6) et de la répartition des suffrages, certaines listes n'ont pas d'élu. Mais il y a néanmoins représentation de plusieurs listes dans l'assemblée qu'il s'agit de constituer. Si l'image de l'opinion n'est pas absolument fidèle, elle n'en est pas moins plus proche de la réalité.

Cependant la représentation des listes peut être affectée par les modalités retenues pour la représentation proportionnelle.

Avec le système du plus fort reste, la liste D obtient un siège. Avec le système de la plus forte moyenne, elle n'en obtient pas. Mais la liste B passe de 1 à 2 sièges. On en déduira que le système du plus fort reste avantage les petites listes ou les petites formations politiques, alors que celui de la plus forte moyenne favorise les formations politiques qui arrivent en tête.

Plus la circonscription est petite, plus cet avantage différentiel est important. Il serait en revanche atténué si le scrutin se déroulait dans une circonscription unique au plan national, ou encore si les restes étaient capitalisés et répartis au plan national.

Le système des apparentements, que certains rangent parmi les systèmes mixtes, produit des effets qui dépendent de la stratégie des listes en présence. Si celle-ci conduit à la mise en place d'une coalition suffisamment large, l'effet est spectaculaire puisque les autres listes sont éliminées de la répartition. En revanche, si l'apparentement ne peut pas prendre une telle extension, l'effet du système est neutralisé et les résultats sont comparables à ceux de la représentation proportionnelle classique.

Les exercices proposés permettent d'apprécier parfaitement ces différences.

Elles sont susceptibles, si elles se répètent de manière identique et jouent dans le même sens d'une circonscription à l'autre, d'exercer un effet sur la représentation parlementaire et la vie politique.

Le scrutin majoritaire peut ainsi conduire à la constitution d'une majorité parlementaire, avec un phénomène de surreprésentation par rapport au nombre de voix obtenues. La constitution du gouvernement en sera nécessairement facilitée et celui-ci pourra bénéficier de plus de stabilité et d'autorité.

Le scrutin proportionnel en revanche conduit à une représentation plus fidèle du corps électoral, la plupart des formations politiques importantes étant représentées. Si celles-ci sont nombreuses, comme c'est généralement le cas, le gouvernement ne pourra être formé que sur la base d'une coalition suivant une négociation sur son programme d'action. Il risque d'être affecté dans sa stabilité et son efficacité par son caractère composite. Le choix de la plus forte moyenne ou le système des apparentements tendent à compenser ce risque en affaiblissant la représentation parlementaire des petits partis ou des partis qui ne sont pas susceptibles d'entrer dans une coalition électorale à vocation gouvernementale.

On voit donc que le choix d'un mode de scrutin ne peut être dominé par des considérations purement techniques. Il est avant tout un enjeu politique puisqu'il met en cause l'influence respective des différents partis et parfois leur présence même sur la scène parlementaire.

J. C. M.

EXERCICE DE CALCUL ÉLECTORAL N° 2

Questions

La commune de Monplaisir, joliment située entre rivière et collines, serait un lieu de résidence privilégié si elle ne connaissait une vie municipale très agitée. Le conseil municipal vient d'être dissout par décret motivé pris en Conseil des Ministres en raison des dissensions qui rendent impossible depuis plus de deux ans son fonctionnement normal ainsi que la gestion des services municipaux.

Il y a lieu d'organiser de nouvelles élections.

1 – La commune compte un peu plus de 20 000 habitants et 12 969 électeurs inscrits.

L'élection des 35 conseillers qui formaient le conseil municipal dissout avait eu lieu à la représentation proportionnelle, avec listes bloquées et application de la méthode du plus fort reste.

Cinq listes s'étaient présentées aux électeurs. Avec 7 898 votants et 7 735 suffrages exprimés, elles avaient obtenu respectivement :

liste A Monplaisir d'abord .... 2 344 voix (30,30 %)
liste B Monplaisir pour tous .... 1 513 voix (19,56 %)
liste C Union pour Monplaisir .... 2 816 voix (36,41 %)
liste D Rassemblement des indépendants pour la défense de Monplaisir .... 430 voix (5,56 %)
liste E Groupement des chasseurs de gibier d'eau et des pratiquants de la pêche au grelot .... 632 voix (8,17 %)

Quelle était la composition du conseil municipal ?

2 – Quelle aurait été la composition du conseil municipal si l'on avait appliqué le scrutin de liste majoritaire à deux tours assorti des dispositions suivantes : le résultat n'est acquis au premier tour que si l'une des listes

obtient la majorité absolue des suffrages exprimés ; les listes sont bloquées, mais il y a possibilité de fusion de listes entre les deux tours pour les listes ayant obtenu 5 % au moins des suffrages exprimés.

En cas de second tour, on supposera que la liste A fusionne avec la liste D, la liste C avec la liste E tandis que la liste B se maintient. On supposera également que le nombre des votants et celui des suffrages exprimés sont les mêmes que ci-dessus et que les reports de voix se font intégralement.

3 – Le mode de scrutin a été modifié depuis l'élection précédente. Le législateur a associé au scrutin de liste de nouvelles dispositions : le résultat n'est acquis à l'issue du premier tour que si une liste obtient la majorité absolue des suffrages exprimés ; les fusions de liste sont possibles entre les deux tours, à la condition que les listes concernées aient obtenu au moins 5 % des suffrages exprimés ; seules les listes ayant obtenu 10 % des suffrages exprimés peuvent se maintenir au second tour ; la liste qui l'emporte obtient la majorité absolue du nombre des sièges à pourvoir ; les sièges restants sont répartis à la proportionnelle à la plus forte moyenne entre toutes les listes y compris la liste arrivée en tête.

Dans l'hypothèse où les résultats en voix seraient identiques à ceux de l'élection précédente, les mêmes listes se présentant au suffrage des électeurs, avec la même stratégie pour le second tour éventuel, quelle serait la composition du conseil municipal ?

4 – Quels sont, de votre point de vue, les avantages et les inconvénients des modes de scrutin successivement pratiqués ?

5 – Qu'appelle-t-on scrutin mixte ? En connaissez-vous des exemples (dans ce cas, en indiquer succinctement les caractéristiques).

Réponses

1. *Première question*

Il convient d'attribuer les sièges aux listes en compétition au prorata du nombre de suffrages exprimés qu'elles ont obtenu. On notera que le système électoral appliqué ne comporte aucun seuil éliminatoire pour cette attribution.

La répartition se fait en deux temps :

– pour la première attribution des sièges, il faut déterminer le quotient électoral : celui-ci s'obtient en divisant le nombre de suffrages exprimés par le nombre de sièges à pourvoir, soit :

7735 : 35 = 221

Chaque liste obtient, en première répartition, autant de sièges que son résultat contient de fois le quotient électoral, soit :

liste A	2 344 voix	10 sièges	reste 134 voix
liste B	1 513 voix	6 sièges	reste 187 voix
liste C	2 816 voix	12 sièges	reste 164 voix
liste D	430 voix	1 siège	reste 209 voix
liste C	632 voix	2 sièges	reste 190 voix

On observe que, pour chaque liste, il y a un reste qui correspond aux voix non utilisées au cours de cette première répartition, à l'issue de laquelle quatre sièges restent à pourvoir :

– pour la deuxième attribution, il convient de considérer successivement chacun des sièges restant à pourvoir et les restes, c'est-à-dire les suffrages non utilisés.

Le trente-deuxième siège est attribué à la liste disposant du plus fort reste, soit à la liste D.

Le tableau des restes se présente alors de la manière suivante :

liste A	134
liste B	187
liste C	164
liste D	– –
liste E	190

Le trente-troisième siège est attribué à la liste E, puis le trente-quatrième, suivant le même principe, à la liste B et le trente-cinquième à la liste C.

Les résultats d'ensemble se présentent ainsi :

liste A	10 sièges
liste B	7 sièges
liste C	13 sièges
liste A	2 sièges
liste A	3 sièges

2. *Deuxième question*

Aucune liste n'ayant obtenu la majorité absolue des suffrages exprimés (3 868 voix) au premier tour, il y a lieu de procéder à un second tour de scrutin. Toutes les listes ayant recueilli plus de 5 % des suffrages exprimés, aucune n'est éliminée. Au vu des indications fournies, la fusion de listes conduit à la situation suivante :

liste A-D	2 774 voix
liste B	1 513 voix
liste C-E	3 448 voix

Les résultats du scrutin majoritaire sont aisés à établir puisque la liste arrivée en tête enlève tous les sièges : la liste issue de la fusion de C et E obtient donc les trente-cinq sièges du conseil municipal.

3. *Troisième question*

Comme précédemment, aucune liste n'obtient la majorité absolue des suffrages exprimés au premier tour et aucune liste n'est écartée d'une fusion éventuelle faute de franchir le seuil de 5 %. Mais une liste ne peut se maintenir dans sa composition initiale que si elle a obtenu 10 % des suffrages exprimés. En conséquence, les listes D et E ne pourraient rester en lice, mais elles peuvent fusionner avec d'autres. C'est l'hypothèse dans laquelle on se trouve. La configuration proposée est la même que précédemment :

liste A-D	2 774 voix
liste B	1 513 voix
liste C-E	3 448 voix

La liste C-E, arrivée en tête, obtient la majorité absolue du nombre des sièges à pourvoir, soit 18 sièges.

Les dix-sept sièges restants doivent être répartis entre les trois listes à la représentation proportionnelle et à la plus forte moyenne.

L'opération se déroule en deux temps :

– au cours d'une première répartition, chaque liste obtient autant de sièges que son résultat contient de fois le quotient électoral, qui s'obtient en divisant le nombre de suffrages exprimés par le nombre de sièges restant à pourvoir, soit :

7 735 : 17 = 455

ce qui donne :

liste A-D	6 sièges
liste B	3 sièges
liste C-E	7 sièges

A l'issue de cette répartition, un seul siège reste à pourvoir.

– la seconde répartition prend en considération la moyenne de chaque liste, dans l'hypothèse où elle obtiendrait ce siège ; ce qui donne lieu à une répartition fictive.

- si le siège est attribué à la liste A-D, qui a obtenu déjà 6 sièges, celle-ci en aura 7 pour 2 774 suffrages exprimés, soit une moyenne de 396,
- si le siège est attribué à la liste B, qui a déjà obtenu 3 sièges, celle-ci aura 4 sièges pour 1 513 suffrages exprimés, soit une moyenne de 378,
- si le siège est attribué à la liste C-E, qui a déjà obtenu 7 sièges, celle-ci en aura 8 pour 3 448 suffrages exprimés, soit une moyenne de 431.

La plus forte moyenne étant celle ce la liste C-E, celle-ci se voit attribuer le dix-septième et dernier siège.

Le résultat de l'élection se présente de la manière suivante :

	1re répartition	2e répartition	total
liste A-D	–	6	6
liste B	–	3	3
liste C-E	18	8	26

4. *Quatrième question*

Pour apprécier les avantages et les inconvénients des modes de scrutin utilisés, il importe de dresser le tableau comparatif des résultats obtenus (dans un ordre qui permette une lecture aisée) :

	1	**2**	**3**
	scrutin de liste avec R.P. et plus fort reste	scrutin de liste majoritaire	scrutin de liste majoritaire avec correctif proportionnel
A (2 344)	10		
D (430)	2		6
B (1 513)	7		3
C (2 816)	13		
E (632)	3	35	26

L'influence du mode scrutin est manifeste lorsqu'on confronte les résultats obtenus avec la représentation proportionnelle et le scrutin majoritaire (hypothèses 1 et 2) : la liste (fusionnée) arrivée en tête au second tour de scrutin enlève tous les sièges, alors que le total de ses voix (3 448) n'atteint pas la majorité absolue (3 868). Les voix qui se sont portées sur les autres listes sont perdues. L'opposition est écartée du conseil municipal. Sans doute le succès impliquait que se forme une alliance et que se constitue une base assez large (que les listes A et D auraient aussi pu construire avec le concours de la liste B, si cette dernière ne s'y était refusée) ; il n'en demeure pas moins que les oppositions sont écartées de la gestion communale.

Le système proportionnaliste en revanche aboutit à une répartition des sièges entre les listes dans des conditions telles qu'aucune ne dispose d'une majorité. On notera, par comparaison avec ce qui précède, que l'addition des voix des listes C et E ne suffit pas à atteindre cette majorité. Il faudra donc que se forme, au lendemain du scrutin, une coalition pour l'élection du maire et des adjoints et pour la direction des affaires municipales. Plusieurs coalitions sont possibles. Leur solidité n'est pas assurée. Elle dépendra de facteurs multiples (proximité idéologique, personnalité du maire, intensité des enjeux, évolution de l'opinion). L'opposition est fortement représentée pour faire valoir ses thèses et profiter de toute défaillance.

Les effets sont donc très contrastés.

L'hypothèse 3 correspond au mode de scrutin établi par la loi du 19 novembre 1982, qui s'est efforcé de combiner l'avantage en terme de stabilité et d'efficacité que comporte le système majoritaire et l'intérêt d'une représentation de l'opposition pour le contrôle démocratique. On observe que la prime majoritaire est forte : la liste arrivée en tête est assurée de la moitié des sièges plus un, à quoi s'ajoute le résultat de la représentation proportionnelle appliquée aux sièges restants.

Ce système a été bien accepté au plan local comme par les partis politiques au plan national et semble devoir perdurer. Il constitue un exemple intéressant de système électoral mixte.

5. *Cinquième question*

Chaque mode de scrutin a des avantages et des inconvénients. Le scrutin majoritaire facilite la constitution d'une majorité, contribue à la mise en place d'un exécutif homogène et favorise l'efficacité du gouvernement d'une collectivité (au plan national comme local), mais il élimine ou réduit excessivement l'influence des oppositions ; il peut en résulter un sentiment de frustration et d'exclusion qui conduit lui-même à la radicalisation des attitudes politiques. Le scrutin proportionnel donne une image plus fidèle de l'opinion. Il permet l'expression des tendances qui se partagent le corps électoral, et dont la diversité mérite d'être prise en considération. Mais il conduit à des assemblées divisées, à des gouvernements composites, fondés sur des coalitions dont la solidité n'est jamais assurée, quelquefois à l'instabilité chronique et à la paralysie.

Il n'est pas étonnant que l'on ait cherché à combiner les avantages des deux principes, ou à compenser par les qualités de l'un les déficiences de l'autre. C'est ce qui a donné naissance aux systèmes mixtes. On en trouve des exemples à l'étranger comme en France.

Le système allemand pour l'élection des représentants au Bundestag en fournit une illustration. L'électeur dispose de deux voix. La première est utilisée pour un vote majoritaire uninominal dans le cadre de circonscriptions et permet de désigner la moitié des membres de cette assemblée, la seconde voix est utilisée pour un scrutin de liste dans le cadre régional (listes de Land), qui commande l'attribution des autres sièges dans des conditions telles que soit assurée globalement une représentation proportionnelle des partis ayant obtenu au moins 5 % des suffrages exprimés. Les sièges sont attribués de manière que chaque parti dispose (sièges de Land et sièges de circonscription) du nombre de représentants qui lui reviendrait à la proportionnelle des votes de Land. Mais si un parti obtient par le premier vote plus de sièges que la proportionnelle ne lui en donnerait, il les conserve ; on augmente d'autant le nombre des membres du Bundestag.

L'Italie, après avoir beaucoup pâti de la proportionnelle (15 partis représentés à la Chambre des députés après les élections des 5 et 6 avril 1992) a été amenée à considérer que la réforme du système politique passait par celle du système électoral. Le régime adopté en 1993 et appliqué pour la première fois lors des élections des 27 et 28 mars 1994 pour la Chambre des députés est majoritaire uninominal à un seul tour pour 75 % des sièges (474 circonscriptions) et proportionnel pour les 25 % restant, dans le cadre régional. Pour la répartition des sièges à la proportionnelle, un pourcentage minimal de 4 % des suffrages exprimés au niveau national doit avoir été atteint. Les élections sénatoriales ont lieu suivant le même principe.

En France, les élections législatives ont connu plusieurs intermèdes de scrutin mixte.

Sous la IIIe République, la loi du 12 juillet 1919, appliquée pour les élections de 1919 et 1924, a établi un scrutin de liste à deux tours, dans le cadre départemental, qui combinait les principes proportionnel et majoritaire : si une liste obtenait la majorité absolue des suffrages, elle emportait tous les sièges (principe majoritaire) ; mais si aucune liste n'était dans cette situation, il y avait représentation proportionnelle (à la plus forte moyenne). Conquête éphémère des partisans de la proportionnelle.

On a surtout retenu le système des apparentements établi sous la IVe République, par la loi du 9 mai 1951, et appliqué lors des élections de 1951 et 1956. Il visait à renforcer la position parlementaire des partis de gouvernement, susceptibles de s'apparenter (depuis les indépendants jusqu'aux socialistes), au détriment des communistes et des gaullistes qui pratiquaient une opposition systématique. Lorsque des listes étaient apparentées (au moment de leur dépôt en préfecture, elles déposaient une déclaration en ce sens), elles se partageaient la totalité des sièges à condition d'obtenir la majorité absolue des suffrages exprimés (le scrutin avait lieu dans le cadre départemental). A défaut, la répartition proportionnelle (avec plus forte moyenne) jouait entre toutes les listes en présence.

Le mode de scrutin pour les élections municipales dans les communes de 3 500 habitants et plus, établi par la loi du 19 novembre 1982, et auquel il est fait référence dans le présent exercice est aussi un système mixte.

L'introduction d'un élément proportionnel pour l'élection des membres de l'Assemblée nationale possède aujourd'hui de nombreux partisans, pour corriger les excès du système majoritaire sans tomber dans ceux de la proportionnelle.

J. C. M.

Pour vous entraîner

EXERCICE COMPLÉMENTAIRE N° 1

Questions

1 – La réglementation électorale applicable à l'élection des représentants des étudiants au conseil de Faculté prévoit que cinq collèges électoraux sont constitués, chacun de ces collèges désignant un représentant. Dans chaque collège est élu le candidat arrivé en tête, à condition que le total des voix qu'il obtient soit supérieur au 1/5 du nombre des inscrits. A défaut le siège demeure vacant.

Quatre mouvements d'étudiants désignés par les lettres A, B, C, D présentent des candidats dans tous les collèges.

Voici les résultats constatés à l'issue du scrutin :

1er collège : étudiants de capacité et de formation permanente

inscrits :	232
exprimés	106
candidat A	53
candidat B	28
candidat C	14
candidat D	11

2e collège : étudiants de première année

inscrits	1 456

exprimés	838
candidat A	381
candidat B	167
candidat C	192
candidat D	98

3e collège : étudiants de 2e année

inscrits	868
exprimés	454
candidat A	162
candidat B	137
candidat C	118
candidat D	37

4e collège : étudiants de deuxième cycle

inscrits	895
exprimés	598
candidat A	243
candidat B	156
candidat C	126
candidat D	73

5e collège : étudiants de 3e cycle

inscrits	364
exprimés	204
candidat A	78
candidat B	48
candidat C	56
candidat D	22

Indiquer la composition de la représentation étudiante au conseil de Faculté en justifiant votre réponse.

2 – Le mode de scrutin est modifié en vue des élections suivantes : il est institué un collège électoral unique de tous les étudiants, lequel désigne 5 représentants au scrutin de liste, à la représentation proportionnelle et au plus fort reste.

Vous êtes responsable de l'un des mouvements d'étudiants. Pour préparer les élections suivantes, vous avez besoin de connaître les incidences du nouveau mode de scrutin. Aussi vous calculez ce qu'auraient été les résultats si ce mode de scrutin avait été appliqué aux élections précédentes.

Indiquer les résultats dans une telle hypothèse, en expliquant de manière détaillée comment vous les obtenez.

3 – Indiquez les résultats si l'on avait utilisé la représentation proportionnelle associée au système de la plus forte moyenne.

4 – Quelles observations suggère selon vous la comparaison des trois hypothèses dans lesquelles vous vous êtes placé ?

EXERCICE COMPLÉMENTAIRE N° 2

Questions

Après avoir pris connaissance des statistiques électorales ci-dessous vous expliquerez quelles causes les ont produites et quels effets on peut en attendre.

Elections du 11 juin 1987 à la Chambre des Communes
(650 sièges à pourvoir)

Inscrits	Suffrages exprimés
42 660 000	32 536 252

Conservateurs	Travaillistes	Alliance	Divers
13 787 322 (42,6 %) 376 sièges	10 033 633 (31 %) 229 sièges	7 339 912 (22,7 %) 22 sièges	958 512 (3,7 %) 23 sièges

Elections du 6 mars 1987 au Bundestag

Inscrits	Suffrages exprimés
45 327 982	37 867 319

C.D.U.-C.S.U.	S.P.D.	F.D.P.	Verts
16 761 572 (44,5 %) 223 sièges	14 025 763 (37,1 %) 186 sièges	3 440 911 (9,1 %) 46 sièges	3 126 256 (8,3 %) 42 sièges

CINQUIÈME SÉANCE

LES RÉGIMES POLITIQUES

Les régimes politiques démocratiques contemporains ont rejeté le principe de la confusion des pouvoirs dans l'État. A divers degrés ils s'en remettent à la division du pouvoir. Le régime d'assemblée a perdu de son actualité. Deux *modèles* classiques recherchent ainsi l'équilibre des pouvoirs : le régime parlementaire et le régime présidentiel. Tous deux ont leur origine dans la monarchie limitée anglaise du XVIIIe siècle, mais ils aboutissent à deux régimes dans lesquels les différenciations institutionnelles sont importantes. Les mécanismes de collaboration entre les pouvoirs sont très nombreux en Grande-Bretagne qui connaît la responsabilité du gouvernement devant l'assemblée, la dissolution de la chambre par l'exécutif. A l'inverse, les États-Unis ont mis en place une séparation assez stricte des pouvoirs : la responsabilité du président et de ses secrétaires ne peut pas être engagée à l'initiative des chambres, sauf recours à la procédure très exceptionnelle d'*impeachment*. De leur côté les chambres ne risquent pas une dissolution par l'exécutif. Enfin, les systèmes judiciaires des deux pays sont très différents également : aux États-Unis le pouvoir judiciaire constitue un troisième pouvoir mis dans la constitution sur le même plan que les deux autres, alors qu'en Grande-Bretagne, la constitution du régime étant coutumière, la force de la *Common law* s'est imposée par la tradition. Mais, par deux voies très différentes, les deux États ont réussi à mettre sur pied un pouvoir judiciaire efficace qui peut servir de contrepoids aux pouvoirs exécutif et législatif.

La Grande Bretagne et les États-Unis par leurs choix constitutionnels ont servi de *modèles* antagoniques aux régimes parlementaires et présidentiels. Les premiers sont de loin les plus nombreux. La plupart des grandes démocraties contemporaines ont fait ce choix. La Grande-Bretagne, l'Italie, la République fédérale allemande, s'en remettent à un parlementarisme moniste. Les régimes parlementaires dualistes sont devenus rares : après la période des Chartes la France y avait renoncé avant que la Constitution de 1958, hors période de cohabitation, n'impose par sa pratique la responsabilité du premier ministre devant le président et l'Assemblée.

Faire référence au régime de la Ve République suffit à révéler la difficulté d'intégrer tel ou tel régime dans les *modèles* classiques des régimes. On a pu parler de régimes mixtes à propos de ceux qui cumulent les critères des régimes parlementaires et certaines caractéristiques des régimes présidentiels. Cette catégorie hétérogène n'a cependant pas abouti à des pratiques politiques proches. Peu de choses permettent d'assimiler la vie politique et institutionnelle française à celle pratiquée en Finlande. Au-delà des institutions jouent un rôle souvent déterminant les partis politiques et le consensus de la classe politique sur un type de fonctionnement de la société politique.

Devant cette difficulté grandissante de classifier les régimes politiques selon les *modèles* classiques, il apparaît indispensable de se demander ce qu'est aujourd'hui le régime parlementaire.

Une dissertation est proposée :

– Qu'est-ce que le régime parlementaire ?

Dissertation

Qu'est-ce que le régime parlementaire ?

INDICATIONS DE CORRECTION

Ce sujet nécessite la maîtrise de la théorie des régimes politiques, d'être en mesure de caractériser les notions de régime parlementaire, régime présidentiel ou régime d'assemblée. Il implique également la différenciation du parlementarisme moniste et du parlementarisme dualiste, la connaissance des mécanismes de collaboration des pouvoirs. Enfin, il suppose la compréhension de la naissance et de l'évolution du régime britannique et des grands régimes parlementaires occidentaux.

La part descriptive des régimes politiques contemporains devra cependant être limitée car l'essentiel consiste à faire apparaître ce qu'est le *modèle* du régime parlementaire. Il est d'abord une abstraction des constitutionnalistes qui a cependant considérablement évoluée. Il est possible de partir du régime britannique pour présenter une première définition du régime parlementaire, puis montrer que si ce *modèle* classique britannique a servi d'inspiration à la plupart des régimes parlementaires, il n'en a pas moins été notablement adapté. Il est nécessaire de relever les critères du régime parlementaire qui restent fiables et ceux qui deviennent de moins en moins utilisables. La structure bicéphale de l'exécutif, la responsabilité du gouvernement, la dissolution, de nombreux mécanismes parlementaires, sont des critères qui ne revêtissent pas la même importance dans les États parlementaires selon les influences entre les pouvoirs ou le rôle des partis politiques. Enfin, il devra être fait référence à l'apparition de régimes mixtes qui dénaturent le *modèle* et utilisent les techniques du parlementarisme alliées à l'élection du chef de l'État par le peuple.

CORRIGÉ

Utiliser l'expression *« régime parlementaire »* ce n'est pas seulement faire référence à des mécanismes constitutionnels que révélerait l'observation des régimes politiques. C'est aussi pour les constitutionnalistes se rapporter à un des *modèles* les plus prisés de l'exercice de la démocratie politique. Ce *modèle* a toujours servi d'inspiration à la plupart des régimes politiques occidentaux. Les États-Unis ou la Suisse sont toujours restés des exceptions topiques.

Le parlementarisme occidental est apparu comme un gage de démocratie effective et un rempart contre la dérive autoritaire des gouvernements. Il n'a pas toujours évité de laisser la place à des dictatures, mais le retour à la démocratie a généralement renvoyé les nouveaux constituants à sa pratique. En ce sens, le *modèle* du régime parlementaire est aussi important que l'analyse des régimes parlementaires contemporains.

Dès lors, la démarche sera double. D'abord, il faut remarquer que le constitutionnaliste a fait de l'expression *« régime parlementaire »* un concept qui peut être exposé sans prêter trop à la contestation. En ce sens, le régime parlementaire s'identifie par son origine historique et son opposition tranchée à des *modèles* classiques différents de direction des États (I). Ensuite, il faut constater que l'observation contemporaine des régimes se définissant comme parlementaires infirme quelque peu la construction théorique idéale. Le régime parlementaire a subi des adaptations susceptibles de remettre en cause son homogénéité ; ce qui contraint à insister sur les disparités qui peuvent affecter ses différents facteurs (II).

I. UN MODÈLE DE DIRECTION DES ÉTATS

Les constitutionnalistes ont toujours fait de l'analyse des caractéristiques du régime parlementaire une de leurs priorités. Cela a conduit à une autonomisation de ce concept, à l'emprise d'un *modèle idéal*. Il est devenu traditionnel de faire appel aux origines anglaises de ce régime, puis de l'opposer vivement aux caractéristiques des régimes présidentiel et d'assemblée.

A. Une construction à partir du régime anglais

Le régime parlementaire est le produit de l'histoire anglaise, mais sa mise en place n'a pas été immédiate. Il est une construction chaotique, progressive. La monarchie limitée apparaît en Angleterre au XVIIe siècle, mais la mise en place des mécanismes du parlementarisme s'étendra sur près d'un siècle et demi. Elle a pu commencer au moment où la monarchie a perdu de son ascendant au profit de la puissance parlementaire, où elle a dû composer avec les organes représentatifs. L'irresponsabilité du monarque alliée aux révolutions de 1648 et 1688 a permis l'apparition des prémices caractéristiques du régime parlementaire. A partir de l'avènement de la Maison de Hanovre les ministres sont devenus progressivement responsables politiquement devant le parlement arguant de la responsabilité pénale qu'ils encouraient déjà. Mais, il a fallut attendre le milieu du XIXe siècle pour qu'apparaisse un point d'évolution suffisamment concrétisé du régime parlementaire.

Le régime parlementaire britannique s'est imposé rapidement comme un régime représentatif dans lequel la direction de la politique nationale appartient au parlement et au chef de l'État par l'intermédiaire d'un gouvernement responsable devant le parlement. Cette conception d'un parlementarisme moniste a fait du droit de dissolution détenu par l'exécutif la contrepartie de la responsabilité du gouvernement.

Ce modèle du parlementarisme à l'anglaise postule la pratique du *two party system* qui est *« le gouvernement d'un parti sous le contrôle de l'autre »*. Une alternance plus ou moins régulière oppose les deux seuls partis qui sont susceptibles d'accéder au pouvoir. La Grande-Bretagne a connu une évolution de son système partisan, mais à l'exception de périodes brèves le bipartisme est la règle : d'abord les *Tories* et les *Whigs*, puis jusqu'en 1906 les conservateurs et les libéraux, enfin, depuis 1935, les conservateurs et les travaillistes.

Ainsi idéalisé le régime parlementaire se différencie aisément d'autres modes de direction de l'État.

B. Une opposition à d'autres régimes

Le régime parlementaire britannique s'oppose au régime présidentiel des États-Unis d'Amérique qui dès ses origines se définit comme un régime de séparation stricte des pouvoirs. Le *modèle* du régime présidentiel veut que l'exécutif et le législatif n'aient pas de moyens de pression l'un sur l'autre. Mais la pratique américaine connaît et officialise la nécessité de *checks and balances*, de freins et de contrepoids. La collaboration de fait des pouvoirs est aussi nécessaire à Washington qu'à Londres. Le régime américain n'est pas aussi différencié qu'il pourrait le paraître du régime britannique quant à la répartition des pouvoirs. Au reste, les constituants de 1787 avaient pensé un temps faire de Washington un monarque dans une perspective de monarchie limitée.

Néanmoins, le régime parlementaire s'oppose au régime présidentiel sur plusieurs point cruciaux : la structure de l'exécutif est bicéphale dans un cas, monocéphale dans l'autre ; le président des États-Unis est élu au suffrage universel alors que le premier ministre britannique est nommé par un monarque à la constatation des résultats des élections législatives ; le Congrès américain ne connaît ni la responsabilité politique du gouvernement, ni la dissolution pratiquée en grande-Bretagne. Le régime parlementaire s'oppose également au régime d'assemblée qui pratique la confusion des pouvoirs au profit du pouvoir législatif en rejetant le mécanisme de collaboration équilibrée des pouvoirs. Dans un tel régime un exécutif existe, mais il n'est guère plus qu'un agent de l'assemblée. Sans aucune autonomie, il dépend du législatif à la fois pour sa nomination et pour sa révocation qui peut intervenir à tout moment.

La différenciation des régimes parlementaire, présidentiel et d'assemblée restait assez efficace encore au début de ce siècle. Mais un régime dit parlementaire, où l'exécutif renonce à l'essentiel de ses prérogatives, peut ressembler rapidement à un régime d'assemblée, et un régime d'assemblée peut être largement tempéré par l'autorité et la puissance personnelle que peuvent acquérir progressivement le ou les titulaires de l'exécutif. En outre, l'apparition de régimes mixtes alliant des éléments du régime parlementaire à des caractéristiques du régime présidentiel et une évolution du régime britannique au XXe siècle ont contribué à matérialiser l'inadéquation du *modèle* du régime parlementaire à rendre compte de ce que sont devenus aujourd'hui les États se définissant comme tels.

II. UN MODÈLE QUI A SUBI DES ADAPTATIONS

Le parlementarisme britannique qui s'est historiquement imposé associe le bipartisme, les impératifs du régime parlementaire moniste, le bicaméralisme inégalitaire et une collaboration des pouvoirs sanctionnée par un droit de révocation mutuel ; la censure peut frapper le cabinet, la dissolution peut mettre une fin anticipée à la législature.

Les régimes parlementaires contemporains occidentaux ont puisé dans ces mécanismes, mais ne les ont que rarement tous retenus. Aussi, le parlementarisme occidental qui a sa source dans un *modèle idéal* révèle des régimes parlementaires assez peu comparables.

A. L'emprise du régime parlementaire moniste bicaméral

La Grande-Bretagne a imposé le régime parlementaire bicaméral ; même s'il faut parler au XXe siècle d'un bicaméralisme de façade. Les *Parliament Acts* de 1911 et de 1949 ont mis un terme aux pouvoirs effectifs de la Chambre des Lords. Les régimes parlementaires français sont également restés attachés à l'existence de deux chambres. Mais il faut constater que le bicaméralisme est devenu dans les démocraties parlementaires occidentales souvent inégalitaire. Néanmoins en Italie et en Belgique le Sénat a les mêmes pouvoirs que la Chambre des députés. Par ailleurs, le monocaméralisme n'exclut pas la plupart des mécanismes du parlementarisme qui se retrouvent dans les constitutions scandinaves, dans la Constitution grecque de 1975 ou portugaise de 1976.

Le régime parlementaire dualiste a été un moment essentiel pour l'installation du régime parlementaire. La monarchie limitée anglaise de 1689 a été un stade nécessaire du passage de la monarchie absolue à un parlementarisme dualiste. Ce dernier s'installe dès que le monarque commence à se faire dépouiller de parcelles du pouvoir gouvernemental au profit d'une équipe gouvernementale qui jouit d'une indépendance grandissante. Mais en Grande-Bretagne le régime parlementaire dualiste s'efface très vite au profit du régime parlementaire moniste. La période classique de ce dernier correspond au règne de la reine Victoria de 1837 à 1901. Ce passage a été beaucoup moins rapide dans les États d'Europe continentale du XIXe siècle. La France a pratiqué le parlementarisme orléaniste sous la monarchie de Juillet. Le cabinet ayant bénéficié à la fois de la confiance des chambres et de celle du président de la République. Mais après l'échec de Mac-Mahon en 1877 la double responsabilité s'effacera. Le XXe siècle connaît peu de régimes européens se rapprochant du régime parlementaire dualiste. Le régime parlementaire moniste est devenu la référence. Au reste, les États gardant une part de responsabilité du chef du gouvernement devant le président sont désormais souvent appelés des régimes mixtes. Il faut citer la République de Weimar, le régime politique finlandais contemporain ou celui de la Ve République française ; au moins en cas de fait majoritaire dans cette dernière hypothèse.

La France est revenue dès 1958 à une double responsabilité du premier ministre qui avait été exclue par la République à partir du message du 7 février 1879 du président Grévy aux chambres. Le régime mixte se différencie du régime parlementaire en ce qu'il utilise à la fois des mécanismes du parlementarisme et certains du présidentialisme. Le chef de l'État bénéficie de l'élection au suffrage universel direct. Cependant le *modèle* du régime mixte reste contesté car il constitue une catégorie particulièrement hétérogène. La Ve République reste un régime très singulier ; dans aucun autre régime mixte le président n'a réussi à capter autant de pouvoir en sa faveur.

Ainsi, le régime parlementaire est le plus souvent devenu moniste. Ce qui n'est pas sans risque quant à la pratique effective de la collaboration des pouvoirs.

B. L'évolution de la collaboration des pouvoirs

Le principe de collaboration des pouvoirs n'implique pas nécessairement l'égalité des pouvoirs. Les moyens de pression réciproques peuvent avoir des forces très inégales. La dissolution est toujours possible dans les régimes parlementaires, mais très diversement utilisée. Elle était devenue quasiment inutilisable sous les IIIe et IVe Républiques françaises ; même sa menace n'était guère une force pour l'exécutif. L'Italie et la R.F.A. l'utilisent parfois, même si la solution des crises est le plus souvent recherchée autrement. La Grande-Bretagne la pratique couramment, mais c'est devenu seulement une pure tactique électorale permettant au premier ministre de choisir le moment le plus favorable aux élections législatives. Ainsi, la dissolution reste une prérogative de l'exécutif, mais finalement la force d'un gouvernement dépend peu du fait qu'il puisse la faire planer sur le parlement.

Aussi, le principe de la responsabilité du gouvernement devant le parlement reste une caractéristique plus forte de similitude des régimes parlementaires, mais elle est très peu utilisée. Les régimes parlementaires européens actuels la mettent rarement en oeuvre. Nous sommes loin des pratiques de la IIIe et de la IVe Républiques. En Grande-Bretagne elle constitue un événement tout à fait exceptionnel, le premier ministre étant normalement assuré d'un soutien sans faille des Communes. En Allemagne, le mécanisme de la motion de *« censure constructive »* est rarissime. Il a été mis en oeuvre en 1972 et en 1982 avec des fortunes inégales pour les chanceliers.

Dans ce contexte la collaboration des pouvoirs devient parfois une véritable concentration des pouvoirs aux mains de l'exécutif. Certes, le premier ministre britannique n'est pas élu, mais il a été le fer de lance de la campagne de son parti, le peuple l'a plébiscité indirectement lors des élections législatives et le monarque n'a pu ensuite que le nommer. Il bénéficie en principe d'une large majorité mise en place par le système de scrutin et de la tradition d'un soutien efficace et discipliné des Communes. Au surplus, s'il est travailliste, il peut espérer la bienveillance des *Trade-Unions* en raison des liens privilégiés entre ceux-ci et son parti.

Cette concentration des pouvoirs est moins manifeste en R.F.A. en raison notamment du tripartisme quasi obligé ; il en est de même en Italie du fait de l'instabilité politique endémique. Cela suffit à mettre l'accent sur un dernier facteur de différenciation des régimes parlementaires : le système des partis.

C. L'importance du système des partis

Le bipartisme à l'anglaise garantit en principe aisément la majorité absolue au parti qui remporte les élections. Cela lui assure la stabilité ; le seul risque véritable est qu'un troisième parti bouleverse les résultats et empêche l'émergence d'une majorité absolue en faveur d'un parti comme cela s'est produit en 1974.

Dans les régimes multiparti la diversité règne en maître. Les traditions partisanes peuvent assurer la stabilité des coalitions comme en R.F.A. où le parti libéral peut s'allier avec l'un ou l'autre des deux grands partis. Il suffit cependant qu'il renverse son alliance en cours de législature pour générer une crise. Mais dans les multipartismes compétitifs l'instabilité risque de régner si un parti dominant ne s'impose pas aisément dans une stratégie d'alliance. En Italie, la démocratie chrétienne a assuré sa présence dans les gouvernements de la République, mais sans réussir à gérer un système d'alliance fiable avec des partis d'appoint qui éviterait toute instabilité gouvernementale.

Enfin, une coalition homogène de partis peut aussi permettre un parlementarisme majoritaire si elle s'installe au pouvoir durablement. C'est fréquemment le cas en R.F.A. Ce consensus permet alors de transcender la différenciation des régimes parlementaires selon le bipartisme ou le multipartisme.

Il est devenu plus difficile de cerner les caractéristiques communes des régimes parlementaires que de décrire le *modèle* classique du régime parlementaire à l'anglaise. Désormais la collaboration des pouvoirs est battue en brèche par la concentration des pouvoirs au profit de l'exécutif lorsque la stabilité politique est rendue possible par le fonctionnement des partis. La rareté de l'emploi de la dissolution, sauf en Grande-Bretagne, fait que le mécanisme de la responsabilité politique du gouvernement devant le parlement reste la marque du parlementarisme. Constater qu'il est aussi présent dans les régimes mixtes c'est reconnaître que ces derniers sont souvent davantage une adaptation du régime parlementaire qu'un régime présidentiel qui se serait « *parlementarisé* ».

J-P. V.

SIXIÈME SÉANCE

LES RÉGIMES PARLEMENTAIRES EUROPÉENS

Les régimes parlementaires européens contemporains sont des démocraties libérales qui peuvent être très différentes dans leurs conceptions de l'exercice du pouvoir, mais ils comptent de nombreuses caractéristiques communes. Ces États mettent en oeuvre le pluralisme qui implique la libre compétition des partis pour l'exercice du pouvoir et l'effectivité des libertés individuelles et collectives. Ils se reconnaissent dans un idéal démocratique issu de la philosophie des Lumières et s'en remettent à l'économie de marché capitaliste plus ou moins tempérée d'interventionnisme économique. Tous revendiquent une division du pouvoir, l'existence de contre-pouvoirs et un objectif d'équilibre entre les institutions. Au-delà de ces points de rencontre les régimes parlementaires européens ont mis en place des institutions fort disparates. Les constitutions sont généralement écrites et rigides, mais la Grande-Bretagne est fidèle à sa constitution coutumière. L'Allemagne est un État fédéral alors que l'Italie ou la Grande-Bretagne restent des États unitaires. Les systèmes de partis sont très différents : la G.-B. s'en remet au bipartisme, la R.F.A. à un tripartisme stable, l'Italie à un multipartisme compétitif très instable. Les parlements sont généralement bicaméraux, mais la Chambre des lords britannique n'a plus guère de pouvoirs.

Les relations entre l'exécutif et le législatif connaissent des aménagements divers. Une comparaison des régimes doit faire apparaître le poids respectif des parlements et de chaque chambre, la place symbolique ou non du chef de l'État, le pouvoir du chef du gouvernement, les contrôles de constitutionnalité possibles et tout particulièrement les pouvoirs de la Cour constitutionnelle fédérale allemande.

Il faut être en mesure de montrer les écarts dans la rationalisation du parlementarisme. Mis à part la Grande-Bretagne, les États ont accentué très sensiblement les techniques de rationalisation. Celles-ci sont très poussées en R.F.A. avec notamment les articles 63, 67 et 68 de la Loi fondamentale. Une attention spéciale doit être accordée à l'influence des systèmes de scrutin sur la stabilité politique de ces régimes. Ce sera l'occasion de noter que les partis en mesure de gouverner sont généralement des partis d'opposition au gouvernement et non au régime et que la nécessité des coalitions et l'espérance d'en réaliser de stables dépendent du régime de scrutin, mais parfois plus encore de la tradition des clivages politiques et des alliances.

La question de l'alternance politique doit être examinée. Elle oppose la R.F.A. ou la Grande-Bretagne où elle est effectivement pratiquée, à l'Italie où la Démocratie chrétienne sert toujours de pivot aux gouvernements. Ce dernier cas permet de distinguer des institutions qui rendent *a priori* l'alternance possible et des circonstances politiques qui conduisent à exclure certains partis des coalitions ; par exemple le parti communiste italien (devenu le P.S.D.). L'absence d'alternance dans un régime politique qui reste une démocratie a inévitablement des conséquences d'usure du pouvoir et de difficulté de renouvellement du régime.

L'Italie doit être l'occasion de s'interroger sur l'introduction de la démocratie semi-directe dans les régimes représentatifs parlementaires. Ce pays connaît de larges possibilités d'initiative populaire, de veto populaire en matière législative ou de référendum constitutionnel. Ce sera l'occasion de relever la différence avec la Grande-Bretagne, la R.F.A. ou la France des IIIe et IVe Républiques.

L'équilibre des pouvoirs dans un régime parlementaire dépend souvent beaucoup du recours effectif aux mécanismes de collaboration des pouvoirs. Aussi paraît-il indispensable d'insister sur les techniques du parlementarisme rationalisé et sur la nécessité que l'engagement de responsabilité ait la dissolution comme contrepartie. Or, si cette dernière est prévue dans toutes les constitutions des régimes parlementaires, elle est diversement appliquée pour des raisons très hétérogènes.

Sont proposés :

– Un commentaire sur la rationalisation du parlementarisme.

– Une dissertation sur « la dissolution en France, Grande-Bretagne, Italie et Allemagne ».

1er sujet : commentaire

La rationalisation du parlementarisme

Commentaire d'un texte de M. P. Pactet, extrait des Mélanges en l'honneur de G. Burdeau :

Commenter le texte suivant, extrait d'un article de M. Pierre Pactet, publié dans les Mélanges offerts au Professeur Georges Burdeau, Paris, 1977, p. 198-199.

« L'emprise des idées traditionnelles en la matière a toujours été si forte qu'un certain nombre de pays ont adopté, aux lendemains de la première guerre mondiale et davantage encore après la seconde guerre mondiale, des procédures rationalisées destinées à éviter l'instabilité gouvernementale en rendant plus complexe et par conséquent plus difficile la mise en cause parlementaire de la responsabilité gouvernementale. Deux procédés étaient possibles. D'une part, on pouvait agir directement en vue de limiter la liberté d'action du Parlement, ou tout au moins de l'Assemblée élue au suffrage universel direct, en l'enfermant dans des procédures bien précises et très réglementées, telle la motion de censure et la question de confiance, d'esprit d'ailleurs bien différent. D'autre part, on pouvait agir indirectement, en renforçant, dans les pays de multipartisme très compétitif, l'assise et la cohésion de la majorité parlementaire de soutien au Gouvernement en exigeant des conditions d'investiture particulièrement strictes. Les deux procédés ne sont évidemment pas exclusifs l'un de l'autre.

Ils ont cependant été voués à l'échec pour des raisons différentes selon les régimes et les pays. Dans certains cas, l'équilibre politique était tel que la stabilité gouvernementale a été assurée sans qu'il ait été besoin d'appliquer les procédures complexes et souvent ingénieuses prévues par la Constitution et qui sont donc demeurées inutilisées. Dans les autres cas, les procédures rationalisées n'ont pas permis d'éviter une instabilité gouvernementale procédant bien davantage du déséquilibre politique que de l'hostilité des Assemblées ».

INDICATIONS DE CORRECTION

Le texte proposé au commentaire est extrait d'un article de doctrine du professeur Pactet, publié dans les Mélanges en l'honneur de Georges Burdeau, ce que l'introduction devait brièvement indiquer. C'est un texte bref qui comporte un jugement sur les procédures de rationalisation du parlementarisme que l'auteur dit « vouées à l'échec ». Cette opinion étant généralement partagée, le commentateur pouvait difficilement en prendre le contrepied. Il lui fallait l'illustrer à partir d'exemples tirés des régimes parlementaires contemporains (Allemagne, Italie, France sous les IVe et Ve Républiques et, à titre de comparaison, Grande-Bretagne). L'illustration pouvait porter sur les deux points successivement abordés et montrer en quoi elle reflétait bien pour l'essentiel l'expérience constitutionnelle : les procédures de mise en cause de la responsabilité politique du gouvernement que le texte évoque, puis les raisons de leur échec.

Sur le premier point il était utile de rappeler que la rationalisation du parlementarisme porte aussi sur d'autres aspects du fonctionnement des pouvoirs publics, comme la procédure d'élaboration et de vote de la loi ou la répartition des domaines entre la loi et le règlement.

Le second point conduisait à une réflexion, suggérée explicitement par le texte, sur les causes politiques et sociologiques qui garantissent la stabilité gouvernementale.

Le domaine du commentaire était donc ici nettement circonscrit par le texte, et la nature de l'opinion émise n'appelait pas de critique particulière.

En explicitant et illustrant les propos de l'auteur, l'étudiant avait à faire la preuve de ses connaissances et de sa bonne compréhension de la matière.

CORRIGÉ

Le passage proposé au commentaire est extrait d'une étude du professeur Pactet publiée aux Mélanges Georges Burdeau, recueil d'articles paru en 1977 en l'honneur du grand constitutionnaliste et politologue. Il reprend le jugement porté généralement sur la rationalisation du régime parlementaire qui désigne un ensemble de techniques juridiques dont l'efficacité n'est pas assurée et qui ne garantissent pas à elles seules, le maintien de l'équilibre entre le pouvoir exécutif et le pouvoir législatif.

Cet effort de rationalisation caractérise de nombreux régimes parlementaires. Au lendemain de la première guerre mondiale on peut citer la constitution allemande dite de Weimar (1919), les constitutions tchèque (1920) et polonaise (1921), grecque (1927) et espagnole (1931). Après la seconde guerre mondiale, ce sont les constitutions françaises du 27 octobre 1946, italienne du 27 décembre 1947, et la loi fondamentale allemande du 23 mai 1949, puis la constitution française du 4 octobre 1958 et celles de la Grèce (1975), du Portugal (1976) et de l'Espagne (1978). En fait, peu de constitutions parlementaires échappent à la rationalisation.

Celle-ci a pour but de remédier à la toute puissance de l'assemblée. Élue au suffrage universel, elle a tendance à accaparer la souveraineté et à imposer sa volonté au gouvernement qui ne dispose pas d'une telle légitimité. Il en résulte un déséquilibre qui conduit directement à l'instabilité gouvernementale et à l'impuissance politique et transforme le régime parlementaire en une sorte de régime d'assemblée. Il s'agit donc de reconstituer grâce à des règles juridiques appropriées incluses dans la constitution les conditions d'un fonctionnement harmonieux du régime parlementaire, à l'exemple du modèle anglais.

Bien des techniques peuvent contribuer à cet objectif. M. P. Pactet ne mentionne ici que les plus importantes, celles qui concernent la mise en cause de la responsabilité politique et l'investiture du gouvernement. Un panorama complet inclurait aussi les règles qui entourent la dissolution, l'élaboration de la loi, la législation déléguée, la limitation du domaine de la loi, l'organisation des commissions parlementaires, le statut de la seconde chambre lorsqu'il en existe une, les pouvoirs du chef de l'État dans la mesure où ils peuvent constituer un appui utile pour le gouvernement.

Deux points importants sont mentionnés par l'auteur : le premier expose les techniques de rationalisation qui tendent à éviter l'instabilité gouvernementale, le second insiste sur leur échec. Ils fournissent la matière des deux parties.

1re partie : les techniques de rationalisation destinées à éviter l'instabilité gouvernementale...

L'auteur insiste sur deux catégories de techniques, celles qui agissent directement et celles qui agissent indirectement. Dans les premières, il classe les mécanismes de la responsabilité politique, dans les secondes ceux qui tendent à dégager une majorité solide et cohérente lors de la formation du gouvernement, en précisant bien qu'ils ne sont pas exclusifs les uns des autres. De fait, dans la plupart des pays de parlementarisme rationalisé, ces techniques se conjuguent et s'appuient mutuellement.

A. – On commencera par celles qui tendent à garantir la solidité de la majorité parlementaire.

En Grande-Bretagne, cette solidité est assurée par le système électoral : le scrutin uninominal majoritaire à un seul tour maintient le bipartisme et renforce le parti arrivé en tête dans des conditions telles qu'il peut généralement gouverner seul. Dès lors le cabinet peut compter pendant toute la durée de la législature sur une majorité homogène, cohérente et solide.

Comment arriver à un tel résultat là où l'opinion ne se répartit pas en deux camps opposés et là où n'existe pas un mode de scrutin qui conforte cette caractéristique sociologique ?

Les règles concernant l'investiture du gouvernement peuvent tenter d'y parvenir en posant diverses contraintes.

La constitution française du 27 octobre 1946 exigeait que le président du conseil se présentât seul devant l'Assemblée nationale, afin que sa position soit renforcée et qu'il apparaisse comme le vrai chef de la majorité parlementaire. Présenté par le président de la République, il ne pouvait être investi que s'il obtenait une majorité absolue des membres composant l'assemblée, ce qui garantissait au gouvernement une assise plus solide. Il nommait ensuite ses ministres. Cette procédure visait à mettre en face d'une assemblée puissante un chef de gouvernement qui fut également puissant.

La constitution italienne du 27 décembre 1947 exige du gouvernement qu'il obtienne dans les deux jours de sa formation la confiance des deux assemblées, chambre des députés et sénat. Cela pourrait naturellement consolider son autorité puisqu'il apparaît comme l'émanation de la majorité parlementaire. Ce sera en fait une source de difficulté pour la constitution des gouvernements.

La procédure de désignation du chancelier prévue par la loi fondamentale allemande du 23 mai 1949 est de nature à lui conférer une autorité particulière. Le président de la République dispose, à l'issue des élections législatives, d'un pouvoir de proposition. Le candidat retenu doit se présenter devant le Bundestag et obtenir la majorité absolue des voix. Si le candidat ainsi désigné n'obtient pas cette majorité, le Bundestag peut élire la personnalité de son choix à la majorité absolue de ses membres et dans les quatorze jours qui suivent le premier scrutin. S'il n'y parvient pas, le président de la République peut soit nommer un candidat qui a obtenu la majorité relative soit dissoudre le Bundestag, s'il estime qu'aucune coalition ne peut être formée. Les membres du gouvernement sont désignés par le chancelier avant d'être nommés par le chef de l'État.

Ces modalités diverses ont pour point commun de pousser à la constitution d'une majorité parlementaire susceptible de soutenir fermement le gouvernement.

B. – Mais il convient aussi de protéger la continuité de l'action gouvernementale, c'est à quoi tendent les procédures entourant la mise en cause de la responsabilité du gouvernement.

Les constitutions françaises de 1946, italienne et allemande fournissent aussi des exemples de ces procédures que M. P. Pactet qualifie de « bien précises et très réglementées ».

Sous la IVe République française, la responsabilité politique ne joue que devant l'Assemblée nationale. Celle-ci peut renverser le gouvernement par une motion de censure, qui doit être votée à la majorité absolue des membres composant l'Assemblée, après un délai de réflexion de 24 heures (article 50). La question de confiance, qui ne peut être posée que par le président du conseil après délibération du conseil des ministres, obéit aux mêmes conditions de majorité et de délai (article 49).

En Italie, la modalité de mise en jeu de la responsabilité politique prévue par la constitution (article 94) est la motion de défiance. Celle-ci peut intervenir devant l'une ou l'autre chambre. Elle doit être signée par au moins un dixième des membres de l'assemblée concernée et ne peut faire l'objet d'un débat que trois jours après sa présentation. Elle doit être motivée et votée sur appel nominal. Si le gouvernement est battu sur l'un des projets qu'il présente au parlement, il n'est pas *juridiquement* tenu de démissionner. Mais en fait il devra s'y résoudre car l'absence de confiance parlementaire le prive d'autorité. Les constituants avaient entendu par cette disposition obliger les assemblées à manifester leur défiance de manière explicite.

En République fédérale d'Allemagne, au terme de l'article 67 de la loi fondamentale, le Bundestag, chambre élue au suffrage universel direct, peut mettre en cause la responsabilité du gouvernement. Le Bundesrat ne dispose pas de cette prérogative. Le vote de censure doit recueillir la majorité absolue des députés. Il faut aussi que la motion de censure soit accompagnée du nom du nouveau chancelier que l'on souhaite voir constituer le gouvernement. Le Bundestag ne peut donc renverser le gouvernement que s'il est en mesure de s'entendre sur le nom du successeur. Ainsi il n'y a pas d'interruption dans la fonction gouvernementale. Il faut donc que les partis hostiles au gouvernement soient assez proches pour fournir une solution de rechange. Une nouvelle majorité de gouvernement doit donc apparaître. C'est ce qui s'est produit pour la première fois en mars 1982 avec la chute du gouvernement de M. H. Schmidt remplacé par celui de M. H. Kohl : les circonstances politiques avaient conduit le parti libéral à retirer son appui au gouvernement du chancelier Schmidt, leader du parti social démocrate. N'ayant plus de majorité, celui-ci a été renversé. Le parti libéral ayant aussitôt apporté ses voix à la confédération chrétienne démocrate, un nouveau chancelier a pu être élu.

Le gouvernement peut aussi engager sa responsabilité de sa propre initiative (article 68 de la loi fondamentale). S'il est renversé s'engage une course de vitesse : dans les trois semaines, le chancelier peut demander au président de la République de dissoudre le Bundestag. Mais dans ce délai les députés peuvent éviter la désagréable perspective de se retrouver devant les électeurs en se mettant d'accord sur le nom d'un nouveau chancelier, à la majorité absolue des membres composant la chambre.

Ainsi les trois constitutions examinées, qui ont été élaborées à la même époque, font appel à la rationalisation. Mais l'expérience va montrer que ces techniques sont vouées à l'échec.

2e partie : ... sont vouées à l'échec

Dans l'échec des procédures rationalisées, M. P. Pactet distingue deux cas de figure : celui où ces procédures sont inutiles et celui où elles restent inutilisées.

A. – Les procédure sont inutiles là où « l'équilibre politique est tel que la stabilité gouvernementale a été assurée sans qu'il soit besoin d'appliquer les procédures complexes et souvent ingénieuses prévues par la constitution ».

Tel est le cas en République fédérale d'Allemagne. Contrairement aux prévisions qui pouvaient être faites au moment où a été élaborée la loi fondamentale, et malgré le choix d'un mode de scrutin à dominante proportionnaliste, le système politique a connu l'émergence de deux grandes formations politiques : la confédération formée par l'Union démocrate chrétienne (C.D.U.) et l'Union chrétienne sociale (C.S.U.) et le Parti social démocrate (S.P.D.). Elles obtiennent, à elle seules, 60,2 % des suffrages en 1953, 90,7 % en 1972, 81,3 % en 1987. Un troisième parti, le Parti libéral (F.D.P.), franchissant le seuil de 5 % fixé par la loi électorale pour être représenté au Bundestag, peut apporter son soutien à l'une ou l'autre, soutien nécessaire car aucune n'atteint la majorité absolue des sièges, en raison de l'aspect proportionnaliste du système électoral. Tant que l'alliance se maintient, le gouvernement dispose d'une assise politique qui rend inutile l'usage des procédés de rationalisation. L'équilibre politique est assuré par d'autres moyens. Le simple jeu des coalitions permet le passage d'un gouvernement à un autre, comme en mars 1982, lorsque le Parti libéral abandonne le Parti social démocrate pour s'associer à la Démocratie chrétienne. L'avantage stratégique ainsi conféré au parti charnière est si important qu'il n'a pas manqué de susciter des réactions, notamment la formation de la *grande coalition* entre les sociaux démocrates et les démocrates chrétiens, de 1966 à 1969. L'apparition sur la scène parlementaire allemande depuis 1983 d'un groupe écologiste n'a pas sensiblement modifié la situation.

La simplification du jeu partisan a facilité la constitution des gouvernements, de sorte qu 'il n'a jamais été nécessaire d'aller au delà de la première phase de la procédure de l'article 63 : la proposition du président de la République a toujours été suivie d'un vote d'acceptation du Bundestag, même si cela a été quelquefois à une faible majorité (K. Adenauer en 1949, W. Brandt en 1965).

S'il a été fait usage à deux reprises de l'article 67, c'est dans un sens que le constituant n'avait pas prévu : en 1972, puis en décembre 1982, le gouvernement va organiser sa propre défaite, en demandant à ses partisans de s'abstenir, afin qu'il soit renversé sur la question de confiance qu'il a posée. Ainsi il lui sera possible de provoquer, au moment qu'il a choisi, la dissolution du Bundestag et de nouvelles élections qui confirmeront la coalition au pouvoir.

Le Tribunal constitutionnel fédéral jugera que la procédure, bien que détournée de son usage normal, n'en est pas pour autant inconstitutionnelle (décision du 16 février 1983). En 1972, le procédé a permis au chancelier W. Brandt d'obtenir par des élections anticipées un accord sur la politique interallemande (Ostpolitik) qu'il avait engagée et qui marquait un tournant de la politique étrangère du pays. En décembre 1982, il permit au chancelier H. Kohl, qui ne devait sa nomination en mars 1982 qu'au retournement des libéraux, d'obtenir une confirmation populaire de celle-ci.

B. – Dans d'autres cas les procédures rationalisées dont il est fait usage s'avèrent impropres à garantir la stabilité. La IVe République française et le régime italien en fournissent la démonstration.

Sous la IVe République, l'utilisation fréquente de la motion de censure et de la question de confiance ont montré que les thérapeutiques juridiques avaient leurs limites. Placé devant une assemblée composite où s'affrontent les groupes rivaux – en 1957 on dénombre quinze groupes parlementaires à l'Assemblée nationale – le gouvernement ne peut compter sur une majorité solide. Il est vain de multiplier les questions de confiance. Elles ne suffisent pas à raffermir le soutien parlementaire. Les limitations et précautions qui entourent la motion de censure (condition de majorité et de délai notamment) sont impuissantes à contenir les assauts contre le gouvernement. Les groupes hostiles, même appartenant à des camps opposés (par exemple les communistes et les gaullistes) additionnent leurs voix pour critiquer le gouvernement. Toute défaillance dans la coalition majoritaire est amplifiée par les votes des groupes extrêmes de gauche et de droite qui contestent le régime politique autant que le gouvernement. La durée moyenne des gouvernements ne dépasse guère huit mois : vingt ministères en douze ans. Six seulement seront renversés à la majorité constitutionnelle.

Les autres sont contraints sinon juridiquement du moins politiquement de partir.

Finalement, en 1954, on renoncera aux dispositifs qui étaient destinés à conforter le gouvernement au moment de son investiture. On supprime la condition de majorité absolue des membres composant l'assemblée : destinée à faire naître une majorité solide, elle s'avère en réalité être un obstacle à la constitution des gouvernements et a pour seul effet de prolonger les crises. On n'exige plus que le président du conseil se présente seul pour être investi. L'inutilité de ces dispositifs a conduit purement et simplement à leur abandon et au retour vers des solutions plus traditionnelles.

Le système proportionnaliste appliqué en Italie pour l'élection des députés et des sénateurs interdit à une seule formation politique de constituer une majorité. A l'issue des élections législatives de 1987, dix partis sont représentés à la Chambre des députés et quinze après les élections de 1992. Bien que la démocratie chrétienne arrive nettement en tête, des alliances s'imposent. Celles-ci ne peuvent se réaliser qu'autour ou avec la démocratie chrétienne. Le second parti par sa représentation parlementaire, le Parti communiste, devenu en 1991 parti démocratique de la gauche, est écarté de toute participation au gouvernement, en raison tant de ses options propres que de la méfiance des autres partis.

Au sein de la coalition qui a pu se former, la surenchère est permanente. Elle conduit à l'éclatement du gouvernement. De sorte que les disciplines prévues par le constituant se révèlent illusoires. Depuis 1947, la durée moyenne des gouvernements ne dépasse pas un an. Les gouvernements se retirent généralement avant tout vote de défiance, du fait de la dénonciation de la coalition : le pouvoir réel appartient aux appareils des partis politiques qui décident du sort des gouvernements en marge des institutions représentatives.

Voilà qui illustre bien le jugement pessimiste porté par M. P. Pactet sur la rationalisation du parlementarisme. Pourtant toutes les constitutions parlementaires contemporaines ont recours à ces techniques. Elles ne sont pas suffisantes pour garantir l'existence d'une majorité parlementaire et la stabilité gouvernementale. Les conditions politiques sont déterminantes. Mais elles peuvent tout de même revêtir une certaine utilité. Lorsque la stabilité est assurée par ces équilibres politiques dont parle M. P. Pactet, les gouvernements ne renoncent pas pour autant à des moyens d'action qui leur permettent de faire face plus aisément à l'opposition parlementaire ou de resserrer les rangs de leur majorité. Ainsi, sous la Ve République française, les gouvernements n'hésitent guère à faire usage de la question de confiance et des prérogatives dont ils disposent dans l'élaboration de la loi.

Alors, on peut se demander si, au déséquilibre en faveur du parlement que l'on a voulu corriger, ne succède pas un déséquilibre en faveur du gouvernement.

Mais le régime parlementaire peut-il être un régime d'équilibre depuis que le phénomène partisan a modifié les conditions d'exercice tant du pouvoir exécutif que du pouvoir législatif ?

J. C. M.

2e sujet : dissertation

La dissolution en France, Grande-Bretagne, Italie et Allemagne

INDICATIONS DE CORRECTION

Le sujet, délimité géographiquement, nécessite la connaissance des régimes contemporains énumérés et tout particulièrement des mécanismes de collaboration des pouvoirs qui sont mis en place. Si la R.F.A., l'Italie et la G-B. sont des régimes parlementaires incontestables la France en a été un sous les IIIe et IVe Républiques mais a désormais une constitution qui prévoit un chef d'État élu au suffrage universel direct ; aussi sans avoir renoncé aux principes du parlementarisme elle s'apparente maintenant à un régime mixte. Il faut également connaître les conditions d'apparition de la dissolution : comment une prérogative royale est devenue un pouvoir partagé par les titulaires du pouvoir exécutif, voire détenu par le seul chef du gouvernement ; même si elle est toujours prononcée par le chef de l'État. Cela nécessite de préciser la distinction des régimes parlementaires dualistes et des régimes parlementaires monistes.

La dissolution est une prérogative de l'exécutif ; elle est généralement assortie de quelques limites qu'il faudra rappeler. Mais la dissertation doit avoir un autre objectif : dresser une typologie des utilisations de la dissolution. Tenter de dégager trois ou quatre situations qui expliquent le recours à la dissolution dans les États concernés. Cette approche permettra d'éviter les reproches qui seraient faits à un plan qui juxtaposerait les divers mécanismes de dissolution mis en place dans les quatre États concernés.

CORRIGÉ

La dissolution est souvent présentée comme un des moyens de pression dont dispose en régime parlementaire le gouvernement à l'égard du parlement. A ce titre elle est le contrepoids de la responsabilité politique du gouvernement devant le parlement. En réalité, historiquement, le lien entre les deux procédures ne s'est imposé que progressivement. Aussi bien en Grande-Bretagne qu'en France la dissolution a d'abord été une prérogative strictement royale avant de devenir un pouvoir du chef du gouvernement ; l'acquiescement du chef de l'État étant acquis d'avance. La France dans un premier temps a suivi cette évolution avec les IIIe et IVe Républiques. Le pouvoir royal de l'Ancien régime est devenu une prérogative gouvernementale sous les IIIe et IVe Républiques, le chef de l'État se bornant à prononcer la dissolution souhaitée par le chef du gouvernement. Mais avec la Constitution de 1958 on est revenu à une prérogative de dissolution véritablement présidentielle par un article 12 qui met en place un pouvoir du président dispensé à la fois du contreseing et de toute proposition.

Aussi la responsabilité de la dissolution diffère sensiblement selon que l'État considéré connaît un régime parlementaire moniste ou dualiste. Bien sûr, la dissolution n'a pas de sens dans des régimes présidentiels qui revendiquent la séparation stricte des pouvoirs et ne peuvent accepter cette pratique. La dissolution, enfin, ne peut porter le plus souvent que sur une seule chambre dans les parlements bicaméraux, en principe la chambre basse. Mais le pouvoir de dissoudre les deux à la fois, ou bien l'une ou l'autre, est possible en Italie.

La dissolution est devenue une pièce maîtresse du parlementarisme. Elle est couramment utilisée dans les régimes parlementaires ainsi que dans les régimes mixtes comme la Ve République. La comparaison du régime français de la Ve République et de ceux de la Grande-Bretagne, de l'Italie et de la R.F.A. permet une typologie des dissolutions dans les démocraties occidentales. Cette procédure est présentée comme une institution démocratique qui permet de rechercher une solution à une difficulté que connaît un régime politique. Il peut s'agir d'une grave crise politique, mais pas nécessairement. La dissolution peut aussi être un instrument purement tactique aux mains de l'exécutif ; elle n'est pas seulement la réplique à une éventuelle motion de censure.

L'optique comparative retenue conduit à rechercher les caractéristiques de la dissolution (I), avant de dresser une typologie des raisons qui poussent les exécutifs à y recourir (II).

I. LES CARACTÉRISTIQUES DE LA DISSOLUTION

La dissolution est une prérogative de l'exécutif à l'encontre du législatif. Si elle laisse à ce dernier un large pouvoir discrétionnaire, il n'en est pas moins assorti de quelques contraintes.

A. Une prérogative de l'exécutif...

Le pouvoir nominal de dissoudre appartient au chef de l'État aussi bien en Allemagne et en Italie qu'en Grande-Bretagne. Le principe a été le même sous les IIIe, IVe et Ve Républiques françaises. Cette prérogative traditionnelle du chef de l'État assure la continuité avec la dissolution royale de l'Ancien Régime.

Si le pouvoir de dissoudre est un pouvoir de l'exécutif, il faut se garder d'en rester au pouvoir nominal du chef de l'État. Le plus souvent les régimes parlementaires considérés attribuent en fait le pouvoir de décision au chef du gouvernement. Seul le régime mixte de la Ve République fait de la dissolution un pouvoir entre les mains exclusives du chef de l'État qui conformément à l'article 12 de la Constitution peut dissoudre l'Assemblée sans proposition du chef du gouvernement ; il se limite à consulter ce dernier et les présidents des assemblées. L'on sait que les pouvoirs propres du président de la République définis à l'article 19 de la Constitution se scindent entre ceux qui nécessitent une proposition et sont donc difficiles à utiliser en cas de cohabitation, et ceux qui en sont dispensés.

A l'inverse de la France, la Grande-Bretagne, l'Italie et l'Allemagne ont limité le pouvoir du chef de l'État à entériner la décision gouvernementale de dissolution.

En régime parlementaire, en principe, la dissolution fait partie des mécanismes qui sont rationalisés. La Grande-Bretagne est le seul pays à ne pas avoir rationalisé la dissolution ; dans les autres pays s'imposent des règles, plus ou moins précises, fixées par la Constitution. Mais dans tous les cas la prérogative nominale, qui appartient au chef de l'État, laisse en pratique le chef du gouvernement décider le renvoi des parlementaires devant les électeurs. L'Italie, qui pratique le bicaméralisme quasi égalitaire, connaît même la dissolution de ses deux chambres, ou de l'une d'entre elles.

L'exécutif est à même de hâter la fin d'une législature, c'est un de ses pouvoirs discrétionnaires, mais il n'est pas délié de contraintes de temps ou de forme.

B. ... assortie de contraintes

La Grande-Bretagne a renoncé à une rationalisation de la procédure de dissolution, alors que la R.F.A. a fait le choix inverse. En Allemagne, la dissolution est rare et strictement encadrée par la Loi fondamentale. Le président allemand ne peut prononcer la dissolution qu'en cas d'impossibilité pour les députés de désigner un chancelier (art. 63) ou à la suite du rejet d'une question de confiance posée par le chancelier (art. 68). Dans ce dernier cas le pouvoir de dissolution s'éteint si le Bundestag élit un successeur au chancelier renversé ; le président ne peut plus que nommer celui élu par le Bundestag. Les crises politiques de 1972 et 1982 ont révélé le rôle fondamental du chancelier en cas de *« motion de censure constructive »*. Il peut être tenté de convaincre des membres de son parti de la voter pour ouvrir la voie à la dissolution. Le président Carstens a dû se rallier à cette pratique singulière qui détourne le mécanisme de la motion de censure *« constructive »* ; pratique qui a été acceptée en 1982 par la Cour constitutionnelle.

A l'inverse, les contraintes sont faibles en Italie et en France. Le chef de l'État italien doit seulement consulter le président de chaque assemblée, le décret de dissolution étant contresigné par le président du Conseil. Le président français n'a pour contrainte constitutionnelle que de consulter le chef du gouvernement et les présidents des assemblées. Une consultation n'est pas une proposition ; dès lors même en cas de cohabitation la dissolution est facile à prononcer.

A ces contraintes de forme, s'ajoutent parfois des limites de temps. Le président italien ne peut dissoudre une chambre pendant les six derniers mois de son mandat. En France si une dissolution est intervenue, une nouvelle dissolution ne sera possible qu'un an après les élections législatives anticipées.

Si les mécanismes de la dissolution dans les démocraties occidentales se ressemblent, il est beaucoup plus difficile de trouver une unité aux raisons qui poussent à recourir à la dissolution dans les régimes politiques.

II. LES RAISONS D'Y RECOURIR

Lorsque la dissolution est mise en œuvre l'exécutif pense toujours en sortir consolidé ; soit qu'il subisse une crise politique qui le fragilise, soit qu'il escompte accroître son soutien parlementaire. Ainsi la dissolution peut être une procédure d'arbitrage, de consultation des électeurs ou de pure opportunité tactique électorale.

A. La dissolution-arbitrage

Lorsqu'une crise politique s'installe dans un État il peut être tentant d'en trouver la solution par le recours à la panoplie institutionnelle. A ce titre la dissolution apparaît comme une arme très efficace. A plusieurs reprises l'Italie face à une chambre devenue ingouvernable en raison de l'absence d'une solide majorité gouvernementale, a trouvé la parade en abrégeant la législature. En 1972, 1976, 1979, 1987, face à des majorités précaires, voire à l'absence de majorité, le chef de l'État italien renvoie les parlementaires italiens devant les électeurs. De même, le premier ministre britannique demande en 1974 à la reine de prononcer la dissolution devant les difficultés à dégager une majorité. La même solution sera apportée en 1979 après l'éclatement de la majorité au pouvoir.

La modification des alliances au sein de la majorité hâte souvent la fin d'une législature. En 1982, en R.F.A., le F.D.P. renonce à son alliance avec le S.P.D. et s'allie à la C.D.U. Cela déclenche une crise qui trouvera sa solution dans la dissolution. Cependant ce recours à l'arbitrage reste exceptionnel en Allemagne ; la dissolution est rarement la solution trouvée à une crise. La plupart des crises gouvernementales ont ignoré les vertus du parlementarisme rationalisé, sauf en 1972 et 1982.

Les *« dissolutions préventives »* françaises de 1981 et 1988 ont été des moyens de demander aux électeurs d'arbitrer un conflit qui ne pouvait qu'éclater entre la majorité présidentielle issue des élections qui venaient de se tenir et la majorité parlementaire. Elles sont des arbitrages populaires préventifs imposés par le président.

Mais la dissolution est parfois davantage un moyen de consulter les électeurs que de leur demander d'arbitrer une crise institutionnelle.

B. La dissolution-consultation

C'est le plus souvent un gouvernement faiblement soutenu qui face à un problème imprévu, et vital pour le pays, décide la dissolution du parlement pour permettre aux électeurs de se prononcer. En 1910 deux élections générales britanniques avaient pour objet de demander expressément aux électeurs s'ils étaient favorable à la drastique réduction des pouvoirs de la Chambre des Lords.

Il arrive également en Grande-Bretagne que le premier ministre ayant fait campagne autour d'un programme, épuise prématurément celui-ci et fasse d'une élection législative anticipée l'occasion d'un nouveau débat politique fixant de nouveaux objectifs à la nation. La dissolution-consultation devient finalement une sorte de référendum ; d'autant plus prisé par le régime britannique que le recours à la démocratie semi-directe est rarissime.

De plus, les élections générales sont toujours l'occasion de formaliser une décision du corps électoral à propos des options politiques développées par les partis qui les gagnent.

C. La dissolution-tactique

Cette dissolution n'est pas imposée par une crise qui a surgi, ni par une nécessité impérieuse de consulter les citoyens, mais elle devient un instrument de pure tactique électorale de l'exécutif qui espère par de nouvelles élections bénéficier d'une majorité parlementaire élargie par rapport à ce qu'elle pourrait être au terme normal de la législature.

Il est de coutume en Grande-Bretagne de mettre un terme anticipé à la plupart des législatures afin que le gouvernement bénéficie du moment le plus favorable pour les élections. C'est une tactique minutieuse qui permet au gouvernement de bénéficier de la confiance renouvelée du corps électoral au meilleur moment possible. La dissolution devient également une arme permettant au gouvernement de gagner la discipline des Communes, les parlementaires sachant que la récompense d'un soutien sans faille sera la recherche gouvernementale d'une date heureuse pour les élections.

Cette tentative d'organiser des élections législatives anticipées sera d'autant plus vive dans un État si la majorité s'est effritée en cours de législature et qu'une embellie politique se présente.

Il y a également des considérations tactiques qui sont dictées par la Constitution. Ainsi, jusqu'en 1963 (date d'une révision faisant concorder la durée des mandats des deux chambres), il était tentant en Italie de dissoudre une Chambre au moment où l'autre était renouvelée, les mandats des deux chambres différant dans leur durée. C'est ainsi qu'en 1958 une dissolution a été prononcée pour faire coïncider les élections des deux chambres.

Sous la Ve République, en 1981 et 1988, la dissolution est apparue comme le moyen de rétablir la conformité des majorités parlementaire et présidentielle et d'éviter la situation de cohabitation. Une pratique semble désormais s'être installée qui veut que toute élection présidentielle se traduise par une dissolution de l'Assemblée nationale si celle-ci n'est pas de la même couleur politique que la majorité présidentielle.

Il ne faut pas oublier qu'il peut être fait référence implicitement au mécanisme de la dissolution même lorsque l'on ne l'utilise pas. Sa menace est souvent un moyen d'obtenir un soutien de l'exécutif dans les périodes difficiles. Elle est un moyen de rappeler à la discipline et de renforcer la majorité en place. Cette dissolution *« virtuelle »* est souvent aussi efficace qu'une dissolution *« prononcée »,* quoique la dissolution effective se soit largement banalisée. Alors qu'elle était exceptionnelle sous les IIIe et IVe République françaises, elles est devenue dans les démocraties occidentales une technique politique fréquemment utilisée, largement dédramatisée. Mais elle est surtout prisée dans les régimes de scrutin majoritaire où un déplacement limité de voix peut produire une représentation en sièges très différente dans une assemblée.

J-P. V.

SEPTIÈME SÉANCE

LE RÉGIME DES ÉTATS-UNIS D'AMÉRIQUE

Le régime des États-Unis d'Amérique est le *modèle* contemporain le plus représentatif du régime présidentiel. C'est l'exemple de l'adéquation complète d'un *modèle* et d'un régime politique. Les États-Unis connaissent le fédéralisme, le bipartisme, un très large recours au suffrage universel et une pratique de la séparation des pouvoirs très spécifique. Ils sont restés fidèles à leur Constitution écrite de 1787 qui a cependant été régulièrement amendée. Ce texte suprême est rigide et les possibilités de le réviser complexes. Il constitue une garantie du fédéralisme américain qui concourt à l'équilibre du régime. Les États fédérés sont sur un pied d'égalité politique et juridique qui leur permet d'avoir leur Constitution et leurs institutions propres.

Le système électoral utilise largement le suffrage universel. Les mandats du président et des membres de la Chambre des représentants sont brefs. L'élection présidentielle est très originale et permet pour près des deux tiers des États une désignation populaire des candidats par le mécanisme des primaires. L'élection proprement dite dépend du suffrage universel indirect, mais les grands électeurs se considèrent traditionnellement en situation de mandat impératif, ce qui permet de parler de scrutin quasi direct. Il est nécessaire d'insister sur le Sénat dont la composition assure une représentation égale à chaque État fédéré ; l'élection au suffrage universel direct alliée au mandat de six ans ajoute à son prestige certain dans la fédération.

Le régime des États-Unis connaît le bipartisme, les partis tiers n'ont jamais obtenu de succès durables. Le parti républicain et le parti démocrate sont des partis de gestion. Ils connaissent très peu la discipline partisane. Ce qui permet à l'exécutif de trouver une majorité au Congrès même si une, voire les deux chambres, ne sont pas du même parti que le chef de l'État. Il faut se garder de calquer une définition européenne des partis sur le parti démocrate ou le parti républicain. Ces partis sont très structurés et contrôlés par des professionnels de la politique, mais ils n'ont qu'une unité factice au plan fédéral où leur rôle apparaît surtout lors des élections. On a pu dire que les États-Unis connaissaient en fait cinquante partis républicains et cinquante partis démocrates. Dans chaque État fédéré ils ont des caractéristiques propres qui peuvent être très différentes. Cette structure partisane originale explique la traditionnelle indiscipline partisane des membres du Congrès et l'efficacité des pressions de l'exécutif lorsqu'il tente de les rallier à sa cause contre des avantages.

Le régime américain pratique la séparation des pouvoirs législatif, exécutif et judiciaire. Le président dispose de la totalité du pouvoir exécutif, mais il ne détient pas l'initiative législative. Son équipe ne constitue pas un organe collégial comme les gouvernements des régimes parlementaires. Le Congrès dispose de pouvoirs de contrôle très étendus sur le budget fédéral, les nominations et la ratification des traités. Dans ces deux derniers domaines le Sénat a des capacités de blocage des initiatives présidentielles. La politique présidentielle est contrôlée par des commissions parlementaires efficaces dotées de pouvoirs très étendus. Enfin, les États-Unis connaissent un véritable pouvoir judiciaire avec au sommet la Cour suprême fédérale. Il faut bien comprendre le mécanisme original des juridictions fédérales et les liens qu'elles entretiennent avec la Cour suprême fédérale. La Cour a un pouvoir d'interprétation de la constitution et exerce un contrôle de constitutionnalité. Véritable cour suprême, elle détient une compétence à la fois pour les actes législatifs et les actes exécutifs. C'est elle qui par ses décisions a progressivement fixé le rôle des différents pouvoirs et leurs relations réciproques. Elle a mis en place un statut des droits fondamentaux en s'appuyant sur les amendements à la constitution. Parfois on a pu craindre un gouvernement des juges, notamment pendant la présidence de F.D. Roosevelt, mais la Cour suprême est revenue désormais à beaucoup plus de modération.

La séparation des pouvoirs ne peut cependant être totale. L'État serait paralysé et tournerait probablement à la faveur exclusive de l'un des pouvoirs. Aussi, le régime des États-Unis a souvent recherché l'égalité des pouvoirs sans toujours y parvenir. Il a mis en place des *checks and balances*, des moyens de pression réciproques entre les pouvoirs qui limitent ceux-ci.

Une dissertation est proposée :

– Les moyens de pression réciproques entre le Président et le Congrès aux États-Unis d'Amérique.

Dissertation

Les moyens de pression réciproques entre le Président et le Congrès aux États-Unis d'Amérique

INDICATIONS DE CORRECTION

Il faut se garder de rédiger une dissertation sur le fonctionnement du régime politique des États-Unis et sur les pouvoirs respectifs du Congrès et du président. Le sujet est bien plus limité : seuls les *checks and balances* sont concernés. La lecture du texte constitutionnel et la pratique américaine du pouvoir permettent de dresser une liste de moyens d'influence entre les deux pouvoirs. Chacun a une force et une capacité de contrainte différentes.

Il peut suffire de se laisser guider par l'intitulé du sujet pour en tirer le plan logique qui envisage les prérogatives du président sur le Congrès, puis celles du Congrès sur le président. Dès lors que l'argumentation aura montré la force et les limites de chaque prérogative, on ne courra pas le reproche que des développements sur le président succèdent sans solution de continuité à des remarques sur le seul Congrès.

Enfin, il faudra éviter de donner une présentation péremptoire et figée des *checks and balances.* La personnalité des présidents, le poids du Congrès, l'action des partis politiques, l'attitude de l'opinion publique, font que ces moyens de pression sont plus ou moins efficaces selon les moments. Ces fluctuations doivent apparaître dans la dissertation. L'objectif ultime étant de se demander si les moyens de pression réciproques assurent véritablement l'équilibre des pouvoirs aux États-Unis d'Amérique.

CORRIGÉ

Le régime présidentiel des États-Unis est présenté comme l'archétype de la mise en oeuvre de la séparation des pouvoirs. L'opposition est nette avec les régimes parlementaires. La Constitution ne permet ni la dissolution du Congrès, ni la motion de censure à l'encontre du chef de l'État. L'exécutif monocéphale ne dépend pas pour sa désignation du Congrès qui ne participe pas à son élection et n'a même pas à l'investir. Les membres du Congrès doivent peu leurs sièges au Président dans la mesure où le régime des États-Unis permet parfaitement lors des élections l'opposition entre la couleur politique de la majorité présidentielle et celle du Sénat, voire celle de la Chambre des Représentants. Au reste, le Président en activité s'entoure fréquemment de ministres sans les chercher nécessairement au sein de la majorité qui le soutient au Congrès. Enfin, le président ne dispose pas constitutionnellement de l'initiative législative. Dès lors, les relations entre le Président et le Congrès ne peuvent que différer radicalement de celles pratiquées par les démocraties parlementaires.

Mais ce contraste mérite d'être relativisé. Un régime politique qui isolerait chaque pouvoir sans aucun contact risquerait d'aboutir à la dictature de l'un ou de l'autre ou à la paralysie de l'État. Aussi le régime des États-Unis a mis en place, souvent en marge des dispositions de la Constitution, des moyens d'influence réciproques des pouvoirs. Ces *checks and balances* permettent une certaine *« collaboration des pouvoirs »* et ont largement contribué à la recherche d'un équilibre entre les pouvoirs. Ces mécanismes sont l'expression contemporaine de la théorie de la *« balance des pouvoirs »* recherchée par les constituants américains lecteurs assidus des *Principes du droit politique* de Burlamaqui et de L'*Esprit des Lois* de Montesquieu.

La plupart de ces moyens de pression se sont progressivement imposés aux États-Unis ; peu résultent de dispositions explicites de la Constitution. Mais il faut reconnaître un certain équilibre entre ceux qui permettent l'influence présidentielle sur le Congrès (I) et ceux qui découlent des prérogatives du Congrès envers le président (II).

I. L'INFLUENCE DU PRÉSIDENT SUR LE CONGRÈS

La Constitution de 1787 avait déjà aménagé quelques entorses à la séparation des pouvoirs, mais la plupart des moyens d'action du Président se mettront en place par la coutume constitutionnelle au fil des présidences fortes. L'essentiel de ces prérogatives relève cependant plus de la persuasion et de la négociation que de la contrainte.

A. L'emploi de la persuasion

Le président ne dispose pas de l'initiative législative, mais il est bien loin d'être démuni de tous pouvoirs en la matière. Il est en mesure de développer, selon le mot du Président Wilson, un *« parlementarisme de couloir »* qui lui permet de conduire de nombreuses négociations, qui ressemblent souvent à de vrais marchandages, avec les membres du Congrès ; tant pour s'assurer de leur soutien politique que de leur concours législatif.

Les deux chambres possèdent les mêmes pouvoirs d'initiative des lois ; sauf en matière d'impôt où n'existe que la seule .initiative de la Chambre des Représentants. C'est un avantage relatif pour la chambre basse, car le Sénat a un droit d'amendement et doit voter le budget. Mais le Président dispose de moyens directs pour s'assurer du dépôt des textes législatifs qui lui paraissent vitaux.

Les messages adressés au Congrès permettent une influence directe. Le Discours annuel sur l'état de l'Union comporte toujours en annexe des propositions législatives qui sont de véritables programmes législatifs soutenus par la Maison-Blanche. Ce discours est autant adressé au Congrès qu'à l'opinion publique. Il est difficile aux membres du Congrès de ne pas le traduire en propositions de loi dès lors qu'il bénéficie du soutien des électeurs. Le Président peut, bien sûr, agir plus discrètement et obtenir d'un membre du Congrès qu'il dépose un texte de loi élaboré par l'administration. Au demeurant, la préparation du budget échappe désormais aux comités du Congrès et est l'oeuvre de l'*Office of Management and Budget* ; ce qui est une manière d'influencer le contenu des débats ultérieurs au sein des chambres. L'exécutif peut également inclure dans le budget des autorisations de dépenses ou de subventions qui lui permettront de bénéficier du vote favorable de certains membres du Congrès qui en tireront ensuite des avantages politiques auprès de leurs électeurs.

En fait, la négociation entre l'exécutif et les membres du Congrès est permanente. L'administration américaine pratique le *spoil system* (système des dépouilles). Le changement de Président renouvelle largement la haute administration fédérale. Le nouveau parti qui accède au pouvoir évince les hauts fonctionnaires nommés par le parti adverse. Même en cas d'élection d'un Président du même parti que le président sortant l'administration américaine est fréquemment profondément renouvelée. Ce système de patronage permet une pression permanente de la présidence sur les membres du Congrès ; tout particulièrement sur les représentants qui sont soumis aux contraintes de la réélection tous les deux ans et ne bénéficient pas de l'assise électorale que permet le mandat de 6 ans des sénateurs. On imagine dans ce climat d'élections permanentes l'importance que revêtent pour un représentant, l'implantation de tel ou tel service fédéral aussi bien que telle ou telle autorisation de la Maison-Blanche.

Aussi, le Président cherche souvent à séduire les membres du Congrès en les faisant participer à des réunions à la Maison-Blanche, en les associant à des travaux sans tenir compte de leurs appartenances partisanes au sein du Congrès. Une concertation traditionnelle remontant à F. D. Roosevelt réunit fréquemment le Président, le vice-président, le *speaker* de la Chambre des Représentants et les leaders de la majorité et de l'opposition. L'exécutif dispose également d'un assistant personnel du Président pour expliquer la politique présidentielle aux membres du Congrès et assurer l'unité d'action des hauts fonctionnaires amenés à s'exprimer devant les commissions du Congrès.

Mais le Président peut ne pas se contenter de la persuasion et peut être tenté par la contrainte à l'égard du Congrès.

B. Le recours à la contrainte

La Constitution américaine attribue un droit de veto au Président. La coutume lui a permis d'en accroître les possibilités et a également favorisé l'extension générale de ses pouvoirs constitutionnels.

L'article 1, section 7, de la Constitution accorde un droit de veto en matière législative au Président. Celui-ci peut l'opposer aux lois votées par le Congrès auxquelles il présente des objections. Mais le Congrès peut passer outre à ce veto par un vote à la majorité des deux tiers dans chacune des chambres. Il a également pu être tiré des dispositions de la Constitution sur la promulgation des lois la théorie du *pocket veto.* Le président doit signer ou refuser dans les dix jours les textes de loi qui lui sont transmis. Si le Congrès transmet un texte moins de 10 jours avant la fin d'une session le Président ne peut adresser son veto à l'expiration des 10 jours, le Congrès ne siégeant plus. La loi ne sera donc pas promulguée. Le Congrès devra attendre la prochaine session pour reprendre la procédure législative.

Ces deux techniques sont des contraintes envers le législatif qui est parfois ralenti dans son adoption de la législation s'il parvient à surmonter le veto, mais qui le plus souvent en est réduit à renoncer à son texte. Certains présidents ont utilisé fréquemment cette procédure qui témoigne d'une opposition entre la présidence et les chambres. F. D. Roosevelt y a recouru 631 fois, dont 260 fois par un veto de poche. Le Congrès ne parvint à en surmonter que neuf. Depuis, le recours au veto est employé avec beaucoup plus de mesure, mais reste une arme efficace, qu'il soit menacé d'y recourir ou qu'il soit effectivement utilisé.

Mais la présidence dispose d'une autre possibilité de contrainte qui débouche sur une possibilité d'agir, alors que le veto est souvent une faculté d'empêcher.

L'article 2, section 3, de la Constitution américaine reconnaît au président la charge de veiller à la *« fidèle exécution des lois »*. Cette disposition implique un pouvoir d'appréciation des compétences dont peut disposer le président. Au sens large, le chef de la fédération a pour rôle de préserver les États-Unis et détient à ce titre les *constitutional powers*. Le président F. D. Roosevelt les avait considérablement étendus pendant ses mandats successifs. Mais ils ne sont pas utilisés toujours avec la même virulence en tous domaines. Par exemple, le New Deal du début de la présidence Roosevelt coïncidait avec une application efficace de la législation antitrusts, mais elle fut rapidement appliquée avec parcimonie. De même la législation antiségrégationniste strictement mise en œuvre par Kennedy et Johnson le fut beaucoup moins lors de la présidence Nixon. Le Watergate a cependant réduit la tentative d'accroître ces pouvoirs. La Cour suprême a rappelé avec force en 1974 que le *« privilège de l'exécutif »* ne le dispensait pas de se conformer à la légalité. Le président a des *constitutional powers* surveillés par la Cour suprême, mais il peut espérer disposer d'une délégation expresse du Congrès si la Cour la valide. La Cour suprême a reconnu la possibilité pour le Congrès de fixer des directives qui laisseront la Maison-Blanche déterminer la réglementation adoptée.

Enfin, c'est dans le domaine de la politique étrangère que l'ascendant de la présidence s'est affirmé le plus nettement. Le Président a bénéficié de l'ambiguïté des dispositions constitutionnelles, de la personnalisation croissante de la diplomatie et de la nécessité de mise en œuvre de plus en plus rapide des pouvoirs de guerre.

Ainsi, la présidence est loin d'être isolée du Congrès. Elle est conduite à le solliciter, à négocier, à tenter de le contraindre en permanence. En retour, elle subit de nombreuses pressions de sa part.

II. LES PRESSIONS DU CONGRÈS SUR LE PRÉSIDENT

Le Congrès des États-Unis dispose de pouvoirs effectifs comme peu de démocraties occidentales peuvent en connaître. Il bénéficie d'un personnel très nombreux (plus de 20 000 personnes) particulièrement spécialisé et de moyens d'information considérables qui lui permettent de disposer vraiment de ses propres sources d'information. Il est à même de constituer un contre pouvoir efficace à la Maison-Blanche, que ce soit par son pouvoir législatif et budgétaire, son pouvoir d'autorisation des nominations et de ratification des traités ou ses prérogatives de contrôle de l'exécutif.

A. Le pouvoir de légiférer et de voter le budget

Tout parlement a le pouvoir de légiférer, mais aux États-Unis le Congrès est particulièrement à même de le faire avec efficacité. La présidence a beaucoup de possibilités de pression, de freinage, voire d'empêchement, mais a finalement peu de possibilités d'imposer une législation à un Congrès qui n'en voudrait vraiment pas. La procédure parlementaire est complètement entre les mains des chambres qui ne sont pas sensibles à la discipline partisane. Seule la Chambre des Représentants a réglementé efficacement le temps de parole des orateurs. Aucune majorité ne s'est jamais dégagée au Sénat pour adopter une disposition excluant radicalement la pratique du *filibustering* qui consiste pour les opposants à un projet à se relayer à la tribune. Le *filibuster* est rarement interrompu, car il faudrait pour cela une motion du Sénat à la majorité qualifiée ; ce qui est rarement possible.

La présidence doit souvent se soumettre à la volonté du Congrès. Les cas sont nombreux de législations dont la forme finale a été imposée par le pouvoir législatif : le *Case Act* de 1972, le *War powers Act* de 1973, la réforme budgétaire de 1974 ou les refus de pouvoirs d'intervention au Vietnam.

Il faut rappeler que les chambres dans le cadre des délégations de pouvoirs au Président se gardaient traditionnellement un droit de veto législatif qui permettait la suspension des mesures de l'exécutif jugées contraires aux habilitations données. Mais l'arrêt Chadha rendu par la Cour suprême le 23 juin 1983 a considéré que le veto législatif des chambres nécessitait le support d'un texte de la Constitution, sinon il était en contradiction avec celle-ci.

Mais c'est par le vote du budget que le Congrès peut handicaper le plus l'exécutif. Nombre de programmes de l'exécutif n'ont pas pu se développer par défaut de moyens pour les financer : le refus de l'aide aux *Contras* du Nicaragua, la réduction drastique des programmes de la N.A.S.A. ou des projets impliqués par l'Initiative de défense stratégique (I.D.S.) du président Reagan. Certes, par le *Congressional Budget and Impoundment Act* de juin 1974 les chambres ont accepté de fixer au début de la discussion budgétaire le déficit maximum qu'elles accepteraient, ce qui pourrait être un gage d'auto-discipline, mais cela s'est révélé surtout une arme contre la Maison-Blanche. Elles n'acceptent plus les évaluations fantaisistes que la présidence avait l'habitude de présenter devant l'opinion publique. Le *Congressional Budget Office* peut désormais rivaliser avec les services les plus performants de la présidence.

Si les chambres ont de larges pouvoirs législatifs et budgétaires, c'est le Sénat qui dispose des compétences d'autorisation d'actes très importants de l'exécutif.

B. Le pouvoir d'autoriser

La présidence doit obtenir l'autorisation du Sénat pour la nomination des fonctionnaires gouvernementaux et celle de certains hauts fonctionnaires fédéraux. La seconde chambre doit également autoriser la ratification des traités.

L'article 2, section 2, de la Constitution oblige le président à obtenir la confirmation du Sénat pour les nominations des ambassadeurs, ministres, consuls, juges de la Cour suprême et tout fonctionnaire dont le poste a été créé par la loi. Cela porte sur un nombre considérable d'emplois, mais les objections sénatoriales sont peu fréquentes. Quelques refus parviennent parfois au premier plan de la vie politique américaine ; qu'il s'agisse de juges de la Cour suprême, de secrétaires d'un département ministériel, d'*Attorney general,* ou, comme en 1977, de la personnalité proposée pour la direction de la C.I.A. Ces refus d'autorisation sont rares et préservent en principe les nominations aux fonctions gouvernementales. Mais cette harmonie résulte d'une courtoisie sénatoriale qui implique des contacts officieux avant le choix proprement dit par le président. Cela reste cependant une contrainte certaine pour l'exécutif, aggravée désormais par le développement d'enquêtes très approfondies par les médias sur toute personnalité proposée pour un emploi supérieur.

Mais le pouvoir d'autorisation du Sénat est encore plus contraignant pour les traités. S'il sont négociés et conclus par le président, ils doivent être acceptés par le Sénat à la majorité des deux tiers. Certains refus d'autorisation de ratification portent sur des actes essentiels, tel le traité de Versailles qui n'a pu être ratifié en 1920 malgré les efforts du Président Wilson. Le Président des États-Unis a cependant trouvé une certaine parade à cette contrainte sénatoriale. Il est possible de recourir à des *executive agreements.* La Cour suprême reconnaît les mêmes effets à ces accords en forme simplifiée, que le président conclut seul, qu'aux traités. Progressivement des accords très importants ont été adoptés ainsi : par exemple, les accords de Yalta ou la décision d'entrée des États-Unis à l'O.N.U. Cette évolution a été facilitée par une volonté présidentielle d'associer l'opposition aux décisions prises de cette manière simplifiée. Le Congrès a tenté de contrôler à diverses reprises ces accords. Cependant le *Case Act* de 1972 n'a pas vraiment réussi à limiter la latitude de la Maison-Blanche en ce domaine. Elle doit seulement, désormais, faire connaître l'existence de tous les accords, mais pas leur contenu, et elle ne risque que le vote d'une résolution du Sénat qui empêcherait l'exécution de l'*executive agreement*.

Enfin, le *War powers Act* de 1973 oblige le Président à obtenir l'accord des chambres pour un engagement de troupes à l'étranger quand il dépasse soixante jours.

Outre ces divers pouvoirs, le Congrès dispose de larges facultés de contrôle de l'activité de l'exécutif.

C. Le pouvoir de contrôler

Le Congrès a des pouvoirs de contrôle efficaces de l'action du Président. Il peut même en certains cas prononcer l'*impeachment*.

Les commissions permanentes et les commissions d'enquêtes américaines disposent de véritables pouvoirs judiciaires. Ne pas déférer à une demande de ces organismes est rare ; le président Nixon a été mis en accusation sur ce motif. Dotées de prérogatives étendues d'investigation et d'un large retentissement dans l'opinion, ces commissions sont une menace constante pour l'exécutif. Elles peuvent parfois commettre des abus, comme la commission MacCarthy sur les activités jugées hostiles aux Etats-Unis entre 1950 et 1954. En tous cas, peu de sujets sont susceptibles de leur échapper, et elles n'ont pas hésité à mettre en cause le secrétaire d'État Kissinger, le directeur de la C.I.A. ou le président Carter.

Mais le contrôle de l'exécutif peut déboucher sur la procédure d'*impeachment.* La Constitution ne met pas en place un principe général de responsabilité politique, mais accepte cependant la mise en jeu de la responsabilité pénale du président pour *« trahison, concussion ou autres crimes ou délits ».* Le jugement est de la compétence du Sénat. La culpabilité peut être prononcée à la majorité des deux tiers des membres du Sénat. La procédure reste rarissime et constitue plus une menace qu'une contrainte réelle. Le président A. Johnson a été acquitté en 1868 et le président Nixon a démissionné en 1974 avant que la procédure n'arrive à son terme.

Le président et le Congrès disposent de vrais pouvoirs de pression réciproques, ce qui a permis d'éviter un déséquilibre trop marqué des pouvoirs. A ce titre, la Cour suprême a parfois contribué à régler en un sens ou en l'autre des conflits de compétence entre le Président et le Congrès. Mais cet équilibre relatif des pouvoirs ne dépend que très peu des textes constitutionnels. Au reste, un Président élu pour 4 ans, une Chambre des Représentants pour 2 ans, un Sénat renouvelé par tiers tous les 2 ans, des juges de la Cour suprême nommés à vie, pouvaient faire augurer une paralysie politique du système par éclatement des prérogatives entre les partis occupant la scène politique. Les États-

Unis ont évité ce blocage. Un consensus pour allier séparation des pouvoirs, *checks and balances* et pérennité de la Constitution de 1787 s'est imposé. A ce titre les moyens de pression réciproques entre les pouvoirs ont contribué au dynamisme de la vie politique américaine.

J-P. V.

HUITIÈME SÉANCE

LA IIIe RÉPUBLIQUE

Après le désastre de Sedan la République est proclamée le 4 septembre 1870, mais elle tardera à mettre en place des institutions définitives. Après diverses lois constitutionnelles provisoires la Constitution est adoptée en 1875 par trois lois successives. La IIIe République reste à ce jour le plus long régime constitutionnel républicain que la France ait connu. Mais son appréhension présente deux difficultés : faire apparaître l'évolution politique qui de septembre 1870 à janvier 1879 a vu se succéder diverses conceptions de la répartition des pouvoirs dans la République et faire la part respective des textes constitutionnels de 1875 et de la pratique politique qui s'est imposée de 1879 à 1940.

Les lois de 1875 confiaient le pouvoir exécutif à un président et à ses ministres. Le premier, irresponsable politiquement, cumulait des pouvoirs très étendus qu'il a rapidement perdus. Mais il n'en a été dépouillé que partiellement au profit du chef du gouvernement. En fait, c'est le parlement qui est devenu le centre de la vie politique. Sous la IIIe République la Chambre des députés et le Sénat ont des pouvoirs assez proches en matière constitutionnelle et législative. Le Sénat doit même donner un avis conforme pour la dissolution de la chambre basse. Rapidement les assemblées soumettent, avec une intensité rare, le gouvernement aux questions et à l'interpellation. Cela conduit à la mise en cause fréquente de la responsabilité du gouvernement tant par la Chambre que par le Sénat. Les gouvernements deviennent éphémères.

Le multipartisme compétitif allié à l'instabilité gouvernementale ne permet pas de politiques cohérentes et durables. Le législatif en est réduit à consentir des délégations du pouvoir législatif au gouvernement. Les lois de plein pouvoirs et les décrets-lois se multiplient à partir de 1918 et confirment l'idée que l'exécutif est empêché d'agir sans que le législatif y gagne la possibilité de mettre en place une politique efficace. L'un empêche l'autre de gouverner, mais aucun n'est en mesure de traduire ses vues en politique cohérente.

Les causes de cette instabilité du régime sont multiples. Plus que le nombre élevé des partis, il faut souligner le manque d'organisation de la plupart d'entre eux qui rend encore plus précaires les coalitions.

Finalement, la solution parlementaire pour dégager une majorité est souvent la concentration républicaine qui réunit des partis du centre. Les politiques conduites par les gouvernements sont proches et les solutions de rechange nombreuses. Cela aggrave encore l'instabilité gouvernementale. Mais celle-ci peut coïncider avec une stabilité des ministres qui se retrouvent souvent dans les gouvernements successifs.

Les sujets proposés mettent l'accent sur deux aspects essentiels de la IIIe République. D'abord, sur les difficultés pour parvenir aux lois constitutionnelles de 1875 ; les lois Rivet et de Broglie sont très significatives des textes provisoires qui ont été adoptés entre 1870 et 1875. Ensuite, il est tentant de déterminer la place qu'a pu occuper l'exécutif dans la République pendant cette période troublée.

Deux exercices sont proposés :

– Un commentaire de la loi Rivet et de la loi de Broglie.
– Une dissertation sur « le pouvoir exécutif français de 1870 à 1940 ».

1er sujet

Commentaire de la loi Rivet et de la loi de Broglie

INDICATIONS DE CORRECTION

La difficulté du commentaire de ces deux lois est de parvenir à allier la connaissance de la période historique 1871-1873 avec la compréhension des constitutions que sont les deux textes présentés. Il faut à la fois faire preuve d'érudition en histoire constitutionnelle et de la maîtrise de nombreux concepts de droit constitutionnel utilisés dans les deux lois : la notion de constitution (différencier le sens matériel et le sens formel), la responsabilité politique présidentielle ou ministérielle, certaines techniques parlementaires (interpellation, messages présidentiels ...).

Un plan qui analyserait successivement les deux lois serait peu heureux. Il est préférable de retrouver les points communs entre les textes et les différenciations.

La période est troublée, les institutions provisoires. Logiquement des préoccupations communes aux constituants doivent apparaître dans les deux cas. Il faut parvenir à montrer que les objectifs des constituants restent proches, alors qu'ils mettent en place en 1871 et 1873 des mécanismes constitutionnels très différents pour les atteindre. Ces deux lois révèlent également combien les hommes politiques et le fonctionnement des régimes ne répondent pas toujours aux espérances mises dans les textes.

TEXTE DES LOIS RIVET ET DE BROGLIE

Loi *du 31 août 1871, portant que le chef du Pouvoir exécutif prendra le titre de* Président de la République française.

L'Assemblée nationale, – Considérant qu'elle a le droit d'user du pouvoir constituant, attribut essentiel de la souveraineté dont elle est investie, et que les devoirs impérieux que tout d'abord elle a dû s'imposer, et qui sont encore loin d'être accomplis, l'ont seuls empêchée jusqu'ici d'user de ce pouvoir ; – Considérant que, jusqu'à l'établissement des institutions définitives du pays, il importe aux besoins du travail, aux intérêts du commerce, au développement de l'industrie, que nos institutions provisoires prennent, aux yeux de tous, sinon cette stabilité qui est l'oeuvre du temps, du moins celle que peuvent assurer l'accord des volontés et l'apaisement des partis ; – Considérant qu'un nouveau titre, une appellation plus précise, sans rien changer au fond des choses, peut avoir cet effet de mettre mieux en évidence l'intention de l'Assemblée de continuer franchement l'essai loyal commencé à Bordeaux ; – Que la prorogation des fonctions conférées au Chef du Pouvoir exécutif, limitée désormais à la durée des travaux de l'Assemblée, dégage ces fonctions de ce qu'elles semblent d'avoir d'instable et de précaire, sans que les droits souverains de l'Assemblée en souffrent la moindre atteinte, puisque dans tous les cas la décision suprême appartient à l'Assemblée, et qu'un ensemble de garanties nouvelles vient assurer le maintien de ces principes parlementaires, tout à la fois la sauvegarde et l'honneur du pays ; – Prenant, d'ailleurs, en considération les services éminents rendus au pays par M. *Thiers* depuis six mois et les garanties que présente la durée du pouvoir qu'il tient de l'assemblée ; DECRETE :

Art. 1er. Le Chef du Pouvoir exécutif prendra le titre de *Président de la République française*, et continuera d'exercer, sous l'autorité de l'Assemblée nationale, tant qu'elle n'aura pas terminé ses travaux, les fonctions qui lui ont été déléguées par décret du 17 février 1871.

2. Le Président de la République promulgue les lois dès qu'elles lui sont transmises par le président de l'Assemblée nationale. – Il assure et surveille l'exécution des lois. – Il réside au lieu où siège l'Assemblée. – Il est entendu par l'Assemblée nationale toutes les fois qu'il le croit nécessaire, et après avoir informé de son intention le président de l'assemblée. – Il nomme et révoque les ministres. Le conseil des ministres et les ministres sont responsables devant l'Assemblée. – Chacun des actes du Président de la République doit être contresigné par un ministre. Le Président de la République est responsable devant l'Assemblée.

Loi *du 13 mars 1873, ayant pour objet de régler les attributions des Pouvoirs publics et les conditions de la Responsabilité ministérielle.*

L'Assemblée nationale, – Réservant dans son intégrité le pouvoir constituant qui lui appartient, mais voulant apporter des améliorations aux attributions des pouvoirs publics, DECRETE :

Art. 1er. La loi du 31 août 1871 est modifiée ainsi qu'il suit : – Le Président de la République communique avec l'Assemblée par des messages qui, à l'exception de ceux par lesquels s'ouvrent les sessions, sont lus à la tribune par un ministre. – Néanmoins, il sera entendu par l'Assemblée dans la discussion des lois, lorsqu'il le jugera nécessaire, et après l'avoir informée de son intention par un message. – La discussion à l'occasion de laquelle le Président de la République veut prendre la parole est suspendue après la réception du message, et le Président sera entendu le lendemain, à moins qu'un vote spécial ne décide qu'il le sera le même jour. La séance est levée après qu'il a été entendu, et la discussion n'est reprise qu'à une séance ultérieure. La délibération a lieu hors la présence du Président de la République.

2. Le Président de la République promulgue les lois déclarées urgentes dans les trois jours, et les lois non urgentes dans le mois après le vote de l'Assemblée. – Dans le délai de trois jours, lorsqu'il s'agira d'une loi non soumise à trois lectures, le Président de la République aura le droit de demander, par un message motivé, une nouvelle délibération. – Pour les lois soumises à la formalité des trois lectures, le Président de la République aura le droit, après la seconde, de demander que la mise à l'ordre du jour pour la troisième délibération ne soit fixée qu'après le délai de deux mois.

3. Les dispositions de l'article précédent ne s'appliqueront pas aux actes par lesquels l'Assemblée nationale exercera le pouvoir constituant qu'elle s'est réservée dans le préambule de la présente loi.

4. Les interpellations ne peuvent être adressées qu'aux ministres, et non au Président de la République. – Lorsque les interpellations adressées aux ministres ou les pétitions envoyées à l'Assemblée se rapportent aux affaires extérieures, le Président de la République aura le droit d'être entendu. – Lorsque ces interpellations ou ces pétitions auront trait à la politique intérieure, les ministres répondront seuls des actes qui les concernent. Néanmoins si, par une délibération spéciale, communiquée à l'Assemblée avant l'ouverture de la discussion par le vice-président du Conseil des ministres, le Conseil déclare que les questions soulevées se rattachent à la politique générale du Gouvernement et engagent ainsi la responsabilité du Président de la République, le Président aura le droit d'être entendu dans les formes déterminées par l'article 1er. – Après avoir entendu le vice-président du Conseil, l'Assemblée fixe le jour de la discussion.

5. L'Assemblée nationale ne se séparera pas avant d'avoir statué : – 1° Sur l'organisation et le mode de transmission des pouvoirs législatif et exécutif ; – 2° Sur la création et les attributions d'une seconde Chambre ne devant entrer en fonction qu'après la séparation de l'Assemblée actuelle ; – 3° Sur la loi électorale. – Le Gouvernement

soumettra à l'Assemblée des projets de loi sur les objets ci-dessus énumérés.

CORRIGÉ

Après l'échec de Sedan, le 2 septembre 1870, Napoléon III doit se rendre et capituler. Le régime impérial tombe immédiatement. D'un mouvement de rue parisien sort, le 4 septembre, un Gouvernement provisoire de la défense nationale. La République est proclamée à l'Hôtel de Ville. Une convention d'armistice est signée le 28 janvier 1871 et le 8 février une assemblée est élue. Les monarchistes axent leur campagne sur la paix et deviennent largement majoritaires au sein de l'Assemblée nationale. Une résolution de l'Assemblée du 17 février 1871 nomme Thiers *« chef du pouvoir exécutif de la République française »*. Il doit exercer ses fonctions *« sous l'autorité de l'Assemblée »*.

La résolution du 17 février 1871 a opté pour un régime de confusion des pouvoirs au profit de l'Assemblée. On assiste à une volonté d'encadrer strictement l'action du titulaire du pouvoir exécutif. C'est dans ce contexte que deux lois seront adoptées par l'Assemblée : la loi Rivet (du nom de l'un de ses inspirateurs) du 31 août 1871 qui attribue au chef du pouvoir exécutif le titre de président de la République française et organise les relations entre l'exécutif et l'Assemblée, puis, 19 mois plus tard, la loi de Broglie du 13 mars 1873 qui réorganise les attributions des pouvoirs publics et les conditions de la responsabilité de l'exécutif.

Ces deux lois sont des constitutions au sens matériel car elles règlent les relations entre les pouvoirs publics constitutionnels, tout particulièrement entre l'exécutif et l'Assemblée. La préoccupation est la même dans les deux cas : parvenir à contrôler strictement l'activité de Thiers et éviter l'ascendant de l'exécutif sur le législatif. Mais le temps qui s'est écoulé entre les deux textes, la pratique qui s'est instaurée, conduisent à deux textes constitutionnels sensiblement différents.

L'analyse comparative des deux lois constitutionnelles montre qu'elles convergent par leurs objectifs (I), mais qu'elles divergent par les moyens mis en oeuvre pour les atteindre (II).

I. LA CONVERGENCE DES OBJECTIFS

La comparaison des lois de 1871 et de 1873 confirme la volonté de l'Assemblée de réitérer les mêmes objectifs. Dans les deux hypothèses sont adoptés des textes brefs : deux articles en 1871, cinq en 1873. Ces lois dont la portée est constitutionnelle n'en révèlent pas moins la volonté des constituants de faire oeuvre provisoire et de limiter strictement le champs d'action de l'exécutif.

A. Mettre en place des institutions provisoires

L'assemblée de 1871 compte une forte majorité monarchiste, mais divisée en deux blocs d'influence comparable : les légitimistes partisans du Comte de Chambord et les orléanistes favorables au Comte de Paris. Dans ce contexte Thiers apparaît un temps comme un homme de conciliation. Il rassure les légitimistes qui voient en lui l'homme qui a réprimé la Commune, mais il reste considéré plutôt comme orléaniste en ce début d'année 1871.

Les deux tendances monarchistes s'accordent finalement pour constater que des institutions provisoires sont nécessaires, que le provisoire risque de durer. Aussi, il faut un texte constitutionnel organisant le fonctionnement des pouvoirs publics. Mais les légitimistes sont les plus intransigeants, les orléanistes davantage ouverts à l'évolution. Ces deux groupes représentent les deux tiers de l'Assemblée ; le dernier tiers est constitué de républicains. L'accord implicite de l'Assemblée ne pourra se faire que sur un point : ne rien faire de définitif ; les monarchistes tenant à se garder la possibilité d'instaurer ultérieurement une monarchie, car après la mort du Comte de Chambord ils comptent dépasser leurs divergences.

Le début du texte de la loi de 1871 rappelle que s'impose à la France la nécessité d'assurer le fonctionnement de la société et de son économie. Il faut absolument préciser les institutions provisoires. Elles permettront d'attendre *« l'accord des volontés et l'apaisement des partis »*. L'Assemblée confirme sa volonté d'appliquer le Pacte de Bordeaux qui était un accord tacite entre les partis afin que Thiers n'exerce son autorité que dans le but de négocier avec l'Allemagne et d'assurer la permanence du gouvernement. Mais l'armistice étant désormais signé, il faut préciser le rôle de l'exécutif, sans hypothéquer les pouvoirs souverains de l'Assemblée.

La loi réaffirme la fonction provisoire de Thiers, mais il devient Président de la République à titre personnel. La résolution du 17 février 1871 restait lapidaire sur l'étendue de ses pouvoirs : il devait pourvoir *« aux nécessités du gouvernement et à la conduite des négociations »*. La loi Rivet précise nettement que la compétence du chef du pouvoir exécutif se limite strictement à la durée des travaux en cours à l'Assemblée.

La loi du 13 mars 1873, à son tour, confirme le caractère provisoire des institutions qu'elle réorganise. Le dernier article du texte rappelle que l'Assemblée *« ne se séparera pas avant d'avoir statué »* sur l'organisation des pouvoirs exécutif et législatif, le système électoral et le bicaméralisme.

Cette volonté de perpétuer des institutions d'attente dicte la nature juridique des deux textes adoptés par l'Assemblée en 1871 et 1873.

B. Recourir à des constitutions matérielles

L'Assemblée nationale élue le 8 février 1871 détient le pouvoir constituant afin d'établir une constitution, celle de l'Empire ayant été emportée par la défaite et la proclamation de la République. La loi Rivet et la loi de Broglie s'ouvrent sur le rappel que l'Assemblée détient ce pouvoir. La loi de 1871 fait dériver cette prérogative de la souveraineté dont elle est investie ; cette souveraineté étant liée au caractère représentatif que peut revendiquer l'Assemblée du fait de son élection par les citoyens. Il faut noter l'insistance du texte de 1871 à rappeler que l'Assemblée *« a le droit d'user »* du pouvoir constituant. Comme tout pouvoir qui a pris son origine dans une situation de fait, il est tentant pour les constituants de réaffirmer les bases légales du nouveau pouvoir qui peut revendiquer le résultat des élections législatives qui ont suivi la proclamation de la République.

Ce pouvoir constituant permet à l'Assemblée d'adopter des normes constitutionnelles ou simplement législatives. Le régime provisoire mis en place permet le vote de règles constitutionnelles selon la même procédure que pour des règles législatives ordinaires. Dans les deux cas la majorité simple suffit. Autrement dit, les lois Rivet et de Broglie sont des constitutions matérielles qui règlent les relations entre les pouvoirs publics constitutionnels. Mais elles ne comportent pas de mécanismes de révision. Ce sont des constitutions souples.

Ces constitutions matérielles, provisoires, portent pour l'essentiel sur les relations entre l'Assemblée et l'exécutif. La préoccupation est identique en 1871 et en 1873 : encadrer le plus possible les pouvoirs de l'exécutif.

C. Limiter les pouvoirs de l'exécutif

Pour l'Assemblée l'exécutif ne peut qu'être sous sa dépendance. Mais, aussi bien en 1871 qu'en 1873, Thiers est à la fois chef de l'État et chef du gouvernement ; le décret du 2 septembre 1871 mentionne cependant un vice-président du Conseil. Thiers est en situation d'exercer une autorité effective facilitée par sa personnalité, sa compétence, son ascendant sur les parlementaires, éléments qui font redouter immédiatement un exécutif insuffisamment soumis. Mais les constituants se sont trouvés immédiatement face à une conciliation à opérer : la constitution définitive attendue n'étant pas possible dans l'immédiat, il fallait assurer un statut acceptable au pouvoir exécutif tout en le surveillant de près.

Les constituants de 1871 savent que le régime mis en place par l'Assemblée, qui doit être en mesure de gouverner le pays encore longtemps, nécessite un exécutif pouvant effectivement agir. Une partie de la chambre est tentée par un compromis dans la lignée de ce que fut la Monarchie de Juillet avec une ébauche de régime parlementaire dualiste. En 1873, l'Assemblée ne songera plus à assurer un tel statut minimal cohérent au président de la République, mais cherchera une limitation drastique de ses pouvoirs et de son influence dans l'État et tout particulièrement auprès des parlementaires. Si les objectifs de 1873 restent proches de ceux de 1871, les moyens ne sont pas comparables.

II. LA DIVERGENCE DES MOYENS MIS EN ŒUVRE

Dans un premier temps la loi Rivet de 1871 tente d'accroître l'ascendant de l'Assemblée sur l'exécutif. Elle n'y parviendra pas. La loi de Broglie, 19 mois plus tard, tentera une toute autre démarche : restreindre l'emprise de l'exécutif sur l'Assemblée. La différence des mécanismes est sensible : en 1871 il s'agit de mettre en place des procédures permettant à l'Assemblée d'être quasi quotidiennement en contact avec le président et ses ministres au sein de l'Assemblée afin de les contrôler, d'en aiguiller les initiatives. En 1873, à l'inverse, on cherche à éviter la présence du président à l'Assemblée. Plus qu'exercer des pressions sur l'exécutif, le législatif tente de se protéger de l'influence de Thiers.

A. 1871 : Accentuer le contrôle de l'assemblée sur l'exécutif

La loi du 31 août 1871 confie au chef du pouvoir exécutif le titre de président de la République française. Il s'agit uniquement de la reconnaissance à Thiers de la qualité de président de la République à titre personnel. Ce n'est pas la création de la fonction présidentielle, il faudra pour cela attendre l'amendement Wallon du 30 janvier 1875 qui fondera vraiment la République. Mais Thiers est vraiment le chef de l'État ; à ce titre il promulgue les lois de l'Assemblée, il nomme et révoque les ministres. Il exerce également les fonctions de chef du gouvernement et la charge de l'exécution des lois.

L'intention des constituants est triple : mettre le président sous l'autorité de l'assemblée, assurer sa responsabilité ainsi que celle de ses ministres. Pour atteindre le premier objectif les textes sont très précis. Le chef de l'État réside au lieu où siège l'Assemblée et il exerce ses fonctions sous l'autorité de l'Assemblée nationale. S'ajoute une précarité de sa mission conformément au décret du 17 février 1871 qui l'avait nommé chef du pouvoir exécutif. Déjà en 1871 l'Assemblée se méfie de l'influence oratoire de Thiers et précise qu'il ne peut s'adresser à elle sans avoir au préalable informé de son intention le président de la chambre. Mais ceci constitue la seule limite à ce droit d'expression, qui est aussi un instrument de persuasion.

Le second objectif implique que le conseil des ministres et les ministres soient responsables devant l'Assemblée. Cette responsabilité est d'autant plus importante que les ministres contresignent tous les actes du président. Mais cela se heurtera à la pratique qui ne réussira pas à imposer un véritable cabinet ; la fonction de vice-président du conseil des ministres ne recouvrira jamais un pouvoir efficace, chaque ministre deviendra inexorablement l'instrument du président.

Le dernier objectif, mais non le moindre, implique la responsabilité du président devant l'Assemblée nationale C'est la dernière affirmation de la loi du 31 août 1871, et elle suffira à elle seule à faire échouer le texte. En effet, Thiers ne cessera de jouer de son autorité, de sa compétence et du prestige qu'il a gagné dans la nation, pour profiter des occasions où sa responsabilité pourrait être mise en cause pour menacer de démissionner et faire des pressions permanentes sur les parlementaires. Cette responsabilité assurera sa présence à l'Assemblée, directement ou par l'intermédiaire de ses ministres, et permettra les interventions de l'exécutif à tout instant. La responsabilité se transformera en exercice répété de la persuasion politique.

Le législatif ne parvenant pas à contrôler l'exécutif, il tentera en 1873 par un nouveau texte de freiner l'influence de celui-ci à son égard.

B. 1873 : Restreindre l'influence de l'exécutif sur l'assemblée

La Constitution a échoué à imposer un régime parlementaire dualiste dans la lignée de la Monarchie de Juillet. Thiers a imposé un pouvoir présidentiel de fait face à la faible autorité effectivement exercée par l'Assemblée. La loi de Broglie va tenter de restreindre les pressions du président sur l'Assemblée en développant une dissociation entre la responsabilité des ministres et celle du chef de l'État.

La nouvelle loi tente d'éviter la présence du président de la République à l'Assemblée. Elle crée pour cela le *« cérémonial chinois »*. Désormais le contact du président avec le législatif se limitera surtout à des messages lus à la tribune par un ministre. Au reste, toute discussion sur un message du président ne pourra le plus souvent qu'intervenir le lendemain. Le chef de l'État sera entendu à l'occasion de la discussion des lois, mais après avoir informé de son intention par un message. La loi réglemente également très précisément les interpellations qui dorénavant ne peuvent être adressées qu'aux ministres, et non au président de la République. Ce ne sera, enfin, que conformément à des formes particulièrement contraignantes que le président pourra être entendu en matière de politique générale du gouvernement ou d'affaires extérieures.

Ce texte se révéla beaucoup plus efficace que celui de 1871. Mais la situation politique se tendit encore davantage. Progressivement Thiers perdit l'appui des monarchistes qui lui reprochaient d'avoir évolué et d'appeler de ses voeux une République conservatrice. Le duc de Broglie et ses partisans hâtèrent la fin de Thiers. Contraint à l'impuissance, celui-ci démissionna le 24 mai 1873 après une mise en minorité.

L'Assemblée après divers aménagements provisoires des pouvoirs publics avait réussi à s'imposer à l'exécutif. Elle se tourna vers le maréchal Mac-Mahon avant de parvenir à élaborer les trois lois constitutionnelles de 1875 qui fondèrent la IIIe République.

Les lois Rivet et de Broglie montrent la difficulté de faire coïncider les objectifs des constituants et le régime mis en place. Les constituants ont été tentés par le régime parlementaire dualiste sans parvenir à l'imposer de 1871 à 1873. Le présidentialisme de fait de Thiers ne réussit cependant pas à l'emporter. Dès lors, ces deux ans d'expériences constitutionnelles ont surtout contribué à introduire quelques ébauches de parlementarisme républicain après la chute du Second Empire : le gouvernement collégial, la responsabilité des ministres, le contreseing ministériel. La République allait hésiter encore près de six ans avant de se fixer sur les principes avancés en 1879 par le président Grévy devant les chambres.

J.– P. V.

2e sujet : dissertation

Le pouvoir exécutif français de 1870 à 1940

INDICATIONS DE CORRECTION

L'intitulé du sujet pourrait faire penser à un chapitre de cours, mais c'est une dissertation qui est à rédiger. Comme toujours dans ces cas le choix du plan devient crucial pour personnaliser son travail. Aussi, il pourrait être tentant de choisir un plan thématique qui opposerait par exemple la question du ou des titulaires du pouvoir exécutif et celle de leurs fonctions respectives. Mais les nombreuses expériences des années 1870-1875 conduiraient à des paragraphes répétitifs où seraient passés en revue mécaniquement les régimes. Au contraire, un plan historique permet de constater que pendant dix ans la France a hésité entre divers régimes politiques avant de s'en remettre à la conception du régime parlementaire du président Grévy à partir de 1879. Cela permettra de présenter les raisons pour lesquelles l'institutionnalisation du pouvoir exécutif est longtemps restée provisoire et contestée avant qu'un consensus ne se dégage.

Si la période 1870-1879 est agitée et fait de la France un laboratoire d'expériences constitutionnelles, la période 1879-1940 revêt une certaine unité ; des mécanismes s'enracinent. Le chef de l'État s'efface et le président du conseil est souvent en difficulté. L'objectif de cette seconde partie de la dissertation sera de faire la balance entre les facteurs qui limitent le rôle de l'exécutif et les quelques tentatives de proposer une autre répartition des pouvoirs au sein de la République.

CORRIGÉ

La période historique 1870-1940 débute le 4 septembre 1870 par la proclamation de la République par le Gouvernement provisoire de la défense nationale qui met fin au Second Empire et se termine avec l'acte dit loi constitutionnelle du 10 juillet 1940 qui investit le maréchal Pétain du pouvoir constituant. Mais la IIIe République n'a effectivement débuté qu'avec les trois lois constitutionnelles de 1875 ; entre 1870 et 1875 la République est proclamée, mais les constituants ne mettent en place que des institutions provisoires. Quant à la date du 10 juillet 1940, elle constitue la fin de la IIIe République si l'on veut bien admettre l'irrégularité de la délégation du pouvoir constituant au maréchal Pétain. Le référendum du 21 octobre 1945 a confirmé démocratiquement cette fin.

La pratique du pouvoir exécutif a considérablement varié entre 1870 et 1940. Deux périodes doivent être distinguées. D'abord, de 1870 à 1879 se succèdent diverses conceptions de l'exécutif qui ne parviendront pas à se pérenniser. Les constituants souhaitent contrôler l'exécutif, voire le soumettre complètement, sans y parvenir vraiment. La IIIe République ne s'installera dans la durée qu'avec les textes constitutionnels de 1875, mais la seconde période ne commencera vraiment qu'avec le discours du président Grévy aux chambres en 1879. Se mettront en place des règles coutumières qui réduiront considérablement les pouvoirs du chef de l'État et ne parviendront pas à imposer un gouvernement fort et stable.

Ainsi, à une phase d'incertitude sur la place du pouvoir exécutif au sein de la République succèdera une période où des choix s'imposeront, mais en faveur d'une présidence effacée et d'une fonction gouvernementale instable. Autrement dit, pour l'exécutif, le temps des incertitudes (I), aura précédé le temps de la subordination (II).

I. LE TEMPS DES INCERTITUDES (1870-1879)

L'Assemblée nationale élue le 8 février 1871 est divisée quant au régime politique à instaurer. Elle renonce pendant quatre ans à adopter une constitution définitive et se limite à des textes successifs qui mettent en place des institutions provisoires. Un consensus n'apparaîtra qu'en 1875. Il permettra par trois lois constitutionnelles de fonder les institutions de la IIIe République, mais l'exécutif ainsi mis en place sera immédiatement contesté.

A. Un exécutif provisoire

Après la reddition de Napoléon III et la proclamation de la République le 4 septembre 1870 les hommes du Gouvernement provisoire acceptent l'armistice le 28 janvier 1871. Au sein de l' Assemblée nationale élue le 8 février 1871 les monarchistes sont largement majoritaires, mais divisés entre légitimistes et orléanistes. Ils espèrent tous le rétablissement de la monarchie, mais ne s'accordent pas sur ce qu'elle serait. Un consensus implicite s'impose néanmoins entre eux et les républicains pour mettre en place des institutions d'attente. Le régime politique mis en place donne la prééminence à l'Assemblée. Le pouvoir exécutif est secondarisé.

La France devient un laboratoire d'expériences pour le pouvoir exécutif. L'Assemblée tient à s'assurer de sa prééminence dans la République. Ce n'est que par une résolution du 17 février 1871 qu'elle nomme Thiers chef du pouvoir exécutif de la République française. L'exécutif est monocéphale ; il n'est pas mis en place un chef du gouvernement. Néanmoins un décret du 2 septembre 1871 officialisera la fonction de vice-président du conseil des ministres. S'installe un régime d'assemblée où le chef de l'exécutif est nommé et révoqué par l'Assemblée. La *« constitution Rivet »* du 31 août 1871 attribue, à titre personnel, au chef du pouvoir exécutif le titre de président de la République. Il est responsable devant l'Assemblée ; mais ses ministres le sont également. Les conditions juridiques de l'affaissement de l'exécutif auraient pu être réunies, il n'en fut rien. L'ascendant de Thiers sur les citoyens et l'Assemblée se développe rapidement. Sa présence à l'Assemblée ne cesse de le renforcer. La *« constitution de Broglie »* du 13 mars 1873 donnera lieu au *« cérémonial chinois »* qui lui retire son influence sur la Chambre et sur la politique intérieure. Dorénavant les messages du président sont lus à la tribune par un ministre et le débat est différé au lendemain ; les interpellations ne concernent plus que les ministres. Enfin, le président peut parfois être entendu sur la politique intérieure ou extérieure, mais selon une procédure très contraignante. Ce texte réussit à restreindre le pouvoir personnel que Thiers avait réussi à gagner malgré la loi Rivet. Dès lors, la pratique politique et la lettre de la *« constitution de Broglie »* coïncident ; l'Assemblée est en mesure de s'imposer. L'exécutif est rapidement mis dans l'impossibilité d'être autre chose que l'instrument de l'Assemblée. Thiers, désavoué, démissionne le 24 mai 1873.

Après la chute de Thiers et l'échec d'une tentative de restauration de la monarchie, Mac-Mahon est élu président de la République. Cette présidence renforce à nouveau l'exécutif. La loi du 20 novembre 1873 lui confie le pouvoir exécutif pour 7 ans. L'exécutif est toujours provisoire, mais il bénéficie désormais d'un mandat dont la durée est fixée. Cela pouvait conforter l'idée d'institutions destinées à rester provisoires encore longtemps. Mais un amendement Wallon du 30 janvier 1875, voté à une voix de majorité par les modérés monarchistes et républicains, prévoit l'élection du chef de l'État par *« le Sénat et la Chambre réunis en*

Assemblée Nationale ». Cela transforme le septennat personnel de Mac-Mahon en une présidence impersonnelle. La République qui avait été proclamée le 4 septembre 1870 est enfin fondée.

Les trois lois constitutionnelles de 1875 vont fixer les pouvoirs de l'exécutif, mais la conception qu'aura Mac-Mahon de la présidence sera vite très contestée.

B. Un exécutif contesté

La Constitution de la IIIe République se compose de trois lois : la loi du 24 février 1875 relative au Sénat, la loi du 25 février 1875 sur l'organisation des pouvoirs publics et la loi du 16 juillet 1875 concernant les rapports des pouvoirs publics. L'Assemblée nationale voulait un exécutif fort pouvant faire contrepoids à une chambre populaire en s'appuyant sur une haute assemblée conservatrice. Mais le souvenir du 2 décembre 1851 empêchera l'élection du chef de l'État au suffrage universel. Les textes lui confient cependant des pouvoirs étendus. Il désigne les ministres, négocie et ratifie les traités, nomme aux emplois publics, adresse des messages au parlement, proroge ou dissout la Chambre avec l'accord du Sénat.

Mais rapidement les contradictions de la société politique et de l'institution présidentielle éclatent. Le Maréchal Mac-Mahon entre en conflit avec la Chambre républicaine élue en 1876. Les monarchistes avaient soutenu sa candidature à l'Assemblée en 1873 car ils connaissaient ses convictions royalistes ; or, la restauration n'étant plus à l'ordre du jour, le président se met à exploiter les nombreuses possibilités des textes constitutionnels de 1875. Il prend l'habitude de ne nommer que des ministres ayant sa confiance. Après les élections générales de 1876, gagnées par les républicains, il refuse d'appeler un chef du gouvernement choisi dans cette majorité et nomme un conservateur. Cela confirme la tendance à faire évoluer le régime vers un certain parlementarisme dualiste. Une crise s'installe rapidement. Dufaure, qui était à la tête du gouvernement, est contraint à démissionner et est remplacé par Jules Simon qui tente de concilier la confiance du président et celle de l'assemblée. Il n'y parviendra pas et devra démissionner après avoir reçu le 16 mai 1877 une lettre critique de Mac-Mahon. Le président tentera alors d'imposer à l'Assemblée de Broglie qui avait des conceptions inconciliables avec elle. Devant ce dernier échec, Mac-Mahon prononce la dissolution de la Chambre. La nouvelle Chambre se trouvant à nouveau républicaine, il se trouve contraint à choisir, comme le lui avait prédit Gambetta, entre se soumettre ou se démettre. Il passera, successivement, par les deux attitudes.

Après la crise du 16 mai 1877, le parlement retrouve son autorité. Il est le centre d'impulsion de la politique nationale. Le chef de l'État, perdant de l'autorité, glisse vers l'irresponsabilité ; ses ministres ne sont plus responsables devant lui. Dès lors, s'impose le canevas du parlementarisme de la IIIe République.

Mac-Mahon avait fait un usage malheureux de ses prérogatives, il avait agité le spectre du pouvoir personnel ; Jules Grévy allait mettre en place le rôle de l'exécutif secondarisé destiné à perdurer jusqu'en 1940.

II. LE TEMPS DE LA SUBORDINATION (1879-1940)

Les lois constitutionnelles de 1875 ne faisaient pas référence à un chef du gouvernement. Celui-ci s'est progressivement imposé.

Confronté à une instabilité gouvernementale chronique l'exécutif confirmera l'effacement de la fonction présidentielle et l'incapacité du gouvernement à dépasser l'instabilité politique chronique.

A. Une fonction présidentielle effacée

Le président Grévy adresse le 6 février 1879 un message au parlement dans lequel il déclare qu'il n'entrera pas en conflit avec la volonté des chambres. Il officialise le glissement qui s'est opéré depuis la crise du 16 mai 1877. Les partisans de la *« constitution Grévy »* se recrutent notamment parmi les partisans de l'amendement Grévy de 1848 soucieux de faire triompher l'interprétation de la constitution la plus défavorable aux pouvoirs du chef de l'État. Le pouvoir présidentiel devient purement nominal. Dans tous les actes juridiques qu'il signe, dans tous les discours qu'il prononce, le chef de l'État doit suivre l'avis formulé par ses ministres qui ne sont plus ses subordonnés. Il devient souvent leur simple porte-parole. Le contreseing présidentiel symbolise l'appropriation du pouvoir présidentiel par les ministres ; ministres qui deviennent les ministres des chambres.

La signature du chef de l'État donne sa forme indispensable à la volonté ministérielle mais n'exprime nullement la volonté présidentielle. Le parlement est souverain, il détermine la loi qu'elle soit ordinaire, organique, ou constitutionnelle ; représentant du peuple il ne trouve sa limite que dans le renouvellement de la législature. L'exécutif perd tout droit de veto législatif, abandonne le droit de dissolution. Il ne dispose du pouvoir réglementaire que par l'article 3 de la loi du 25 février 1875 qui lui donne mission de *« surveiller et d'assurer l'exécution des lois »*.

Poussée à l'extrême cette analyse a conduit au cliché d'un chef de l'État réduit à *« inaugurer les chrysanthèmes »*. En fait, le président de la République a toujours bénéficié d'une marge de liberté fluctuante que lui laissait une conjoncture souvent difficile. S'est officialisée la pratique de Mac-Mahon et de Grévy qui désignaient les ministres des affaires étrangères et de la guerre ; ou du moins veillaient à ne pas nommer des opposants à leurs conceptions. Les présidents de la République ont souvent barré la route gouvernementale à leurs ennemis ; tel Grévy frappant d'exclusive Gambetta et Clémenceau, quoique sa volonté d'éliminer le premier soit probablement davantage le résultat du fractionnement des républicains que sa capacité institutionnelle à mettre en place un arbitrage présidentiel.

Outre cette fonction d'arbitrage dans la composition du gouvernement, certains présidents de la République ont pu conduire un temps une certaine action gouvernementale. C'est le cas de Grévy, Carnot, Poincaré, Doumergue et Millerand. Mais toutes les tentatives d'un chef d'État pour imposer ses vues ont été marquées par l'échec ; aucun n'a pu modifier durablement la répartition des pouvoirs au sein de l'exécutif, ou envers le législatif. Au reste, ces libertés d'action se firent rares sur la fin de la IIIe République. Après Millerand plus aucun chef d'État ne réussit à mener une action personnelle. Pendant l'affaire Dreyfus le chef de l'État ne parvint pas à exercer des arbitrages ; il fut même refusé à Casimir Périer d'avoir connaissance des dépêches des diplomates.

Finalement le président de la IIIe République était face à un cruel dilemme : soit s'en tenir à une fonction présidentielle effacée, soit tenter de prendre des positions hardies et quasi inéluctablement être contraint au départ. De 1879 à 1940 la Chambre des députés a contraint à la démission Jules Grévy après le scandale des décorations, Casimir Périer puis Alexandre Millerand. Cette démission conclue la tentative la plus sérieuse d'imposer une interprétation présidentielle de la Constitution. Millerand prenait régulièrement le risque de s'opposer aux présidents du conseil soutenus par la Chambre bleu horizon ; aussi bien Briand ou Poincaré. Il développait les interventions personnelles. Il proposa même une révision constitutionnelle dans son Discours d'Evreux de 1923. Après l'élection du Cartel des gauches en mai 1924 il sera sommé par la Chambre de se soumettre ou de se démettre. Le président était devenu un acteur politique de premier plan, il ne pouvait plus se retrancher derrière l'irresponsabilité politique. Il fut contraint de démissionner le 11 juin 1924.

A ces rares exemples près la IIIe République aura imposé une fonction présidentielle effacée. Mais l'exécutif a également souffert de l'instabilité gouvernementale.

B. Une fonction gouvernementale instable

Dans la hâte, et dans une volonté de préserver l'avenir, les constituants n'avaient envisagé le gouvernement dans le texte de 1875 qu'au détour de l'article 6 de la loi du 25 février 1875 qui prévoyait que les ministres seraient solidairement responsables de la politique générale du gouvernement. Mais s'imposera dès le début de la IIIe République la nécessité d'un chef du gouvernement pour coordonner l'action de l'exécutif. Il est d'abord appelé vice-président du conseil car le Chef de l'État ne cessera jamais de présider le conseil des ministres. Mais il devient vite le président du conseil dans l'appellation officielle. Un décret du 13 février 1912 vise explicitement le président du conseil en matière réglementaire.

Ce silence de la Constitution sur une fonction indispensable oblige le chef de l'État à une procédure de nomination du chef du gouvernement quelque peu byzantine. Un premier décret nomme la personnalité choisie par le chef de l'État à un poste ministériel. Ce décret est contresigné par le président du conseil démissionnaire. Intervient ensuite un second décret qui nomme, sans faire mention de son titre de ministre, cette personnalité président du conseil ; le contreseing est apporté par le prédécesseur. Enfin, les ministres sont nommés par des décrets contresignés par le président du conseil nouvellement nommé. C'est au prix de cette procédure que les textes de 1875 sont respectés, et que le président du conseil démissionnaire en vient à contresigner la nomination de son successeur.

Il manque au chef du gouvernement des moyens d'action, notamment financiers et administratifs, pour coordonner l'action gouvernementale. Il est aussi extrêmement rare que le président du conseil n'ait pas également en charge un portefeuille ministériel ; il en a besoin pour asseoir son autorité sur des services étoffés. Il faudra attendre un texte de 1934 pour que soit reconnu un poste budgétaire précis pour ses services. L'article 23 de la loi de finances du 24 décembre 1934 crée *« les services administratifs de la présidence du Conseil »* qui sont l'ancêtre du Secrétariat général du gouvernement. Le président du conseil ne cessera cependant pas, quand la situation nationale ou internationale sera préoccupante, de bénéficier de pouvoirs accrus ; tels les gouvernements Clémenceau dès novembre 1917 ou Poincaré en août 1926.

Apparaissent vite des difficultés pour distinguer les compétences au sein de l'exécutif ; surtout en raison de l'imprécision de la Constitution opposée à une pratique favorisant le gouvernement. Certes le pouvoir réglementaire et l'initiative législative sont reconnus au chef de l'État, mais sous la réserve du contreseing ministériel. Cela renforce les ministres au détriment du chef de l'État, mais pas nécessairement le chef du gouvernement, car ce dernier ne contresigne que les mesures de son département. Il apporte un nombre très limité de contreseings sur les lois et les décrets ; ce qui ne favorise pas sa coordination et permet à certains ministres d'être très influents à son détriment. Or, l'étendue des pouvoirs du président du conseil dépend aussi de l'influence et de l'ascendant qu'il réussit à obtenir sur ses ministres.

Après la Première guerre mondiale la pratique des décrets-lois va modifier cette répartition des pouvoirs au sein de l'exécutif et permettre l'essor du président du conseil. Il contresignera tous les décrets-lois, ainsi que les rapports au chef de l'État à leur sujet. Ces rapports seront l'occasion d'officialiser son empreinte sur la politique gouvernementale.

Avec la IIIe République, au-delà du pouvoir réglementaire d'exécution de la loi, apparaît un pouvoir réglementaire autonome. La jurisprudence du Conseil d'État a accepté un pouvoir réglementaire de l'exécutif, hors application d'une législation : pour la police administrative dans le célèbre arrêt Labonne rendu le 8 août 1919 par le Conseil d'État et pour l'organisation des services publics dans l'arrêt Babin du 4 mai 1906. Le Conseil d'État de la première partie du XXe siècle a ainsi largement facilité le développement de l'action de l'exécutif hors de la simple exécution de la loi. La pratique des décrets-lois, utilisée la première fois pour assurer le ravitaillement du pays à la fin de la première guerre mondiale dans le cadre de la loi du 10 février 1918, qui était destinée à un bel avenir jusqu'à la veille de la seconde guerre mondiale, a aussi aidé cette extension du pouvoir réglementaire de l'exécutif.

L'exécutif français de 1879 à 1940, confronté au multipartisme compétitif, à l'instabilité gouvernementale sécrétée par le parlement, à l'impossibilité de reconnaître une présidence de la République susceptible d'arbitrer les crises, est sorti très dévalorisé de la IIIe République. Certes, le président du Conseil s'est le plus souvent imposé comme le chef effectif du pouvoir exécutif, mais sans disposer des moyens politiques et administratifs nécessaires. Le parlement a cependant révélé son incapacité à assurer seul une continuité dans la politique nationale et a contraint le gouvernement par les décrets-lois à conduire une politique chaotique, peu homogène, car soumise à des appuis parlementaires hésitants et très versatiles.

J-P. V.

NEUVIÈME SÉANCE

LA IVe RÉPUBLIQUE

L'étude de la IVe République présente un double intérêt :

– ce régime constitue une illustration des difficultés de fonctionnement d'un régime parlementaire avec multipartisme ;

– il fournit des éléments essentiels pour la compréhension de la Ve République : bien des solutions adoptées en 1958 ont pour but d'éviter les défaillances constatées antérieurement.

Difficultés de fonctionnement d'un régime parlementaire avec multipartisme.

La IVe République débute sous de bons augures, dans la mesure où le « tripartisme » (alliance des communistes, des socialistes et du mouvement républicain populaire) fournit une bonne assise au gouvernement. Mais, dès 1947, cette coalition éclate. La représentation proportionnelle produit son plein effet en favorisant la multiplication des formations politiques. En 1957, l'Assemblée nationale compte quinze groupes parlementaires. L'institution des apparentements, en 1951 , n'a pas suffi à entraver cette tendance.

Les techniques de rationalisation du parlementarisme que comporte la Constitution (investiture du président du conseil, encadrement de la motion de censure et de la question de confiance) s'avérent impuissantes et la loi constitutionnelle du 7 décembre 1954 ne fait qu'enregistrer leur échec. Les réformes, plus ambitieuses, proposées ensuite, n'iront pas à leur terme (par exemple le projet déposé le 16 janvier 1958 par le gouvernement Gaillard).

L'instabilité gouvernementale atteint des sommets avec vingt ministères en douze ans, et même 22 si l'on tient compte de ceux qui ont été renversés le jour même de leur présentation (R. Schuman en 1948 et H. Queuille en 1950). Les gouvernements partent sans même avoir été renversés dans les conditions constitutionnelles (majorité absolue). La réapparition des décrets-lois, que la Constitution a pourtant entendu interdire, accentue la ressemblance avec les dernières vingt années de la IIIe République.

Cette situation a pour effet de discréditer le régime aux yeux de l'opinion publique.

Le paradoxe de la IVe République est sans doute d'avoir, malgré ces dysfonctionnements très graves, réalisé une œuvre importante en matière économique et sociale, qui a permis le redressement du pays, et d'avoir mis en place le système d'alliances sur lequel repose toujours la politique extérieure de la France (intégration européenne et alliance atlantique). Mais les gouvernements ne pourront trouver de majorité sur la question de l'indépendance de l'Algérie : les troubles en Algérie font apparaître la faiblesse du système politique et provoquent son effondrement.

Facteur essentiel d'explication de la Ve République

Un régime politique se réfère toujours implicitement à celui qui l'a précédé, pour en sublimer les aspects positifs, ou, plus souvent, pour en corriger les défaillances. Cette règle se vérifie particulièrement avec la Ve République. La restauration de l'État, le statut et les pouvoirs du président de la République, la réhabilitation de la seconde chambre, la limitation du domaine de la loi et la constitutionnalisation des décrets-lois sous le nom d'ordonnances, les procédures en matière de contrôle politique et de vote des lois s'expliquent par la volonté d'empêcher le retour aux pratiques de la IVe République. Certaines des réflexions qui ont eu pour but de réformer la IVe République trouvent leur point d'aboutissement dans la Constitution de 1958.

Dissertation

La responsabilité politique sous les IIIe, IVe et Ve Républiques

INDICATIONS DE CORRECTION

Le sujet appelait un effort de définition. La responsabilité politique étant une relation de confiance-défiance, il convenait de déterminer les partenaires de cette relation : responsabilité de qui et devant qui.

de qui : en régime parlementaire, la responsabilité politique est celle du gouvernement, mais sous la Ve République on a pu parler d'une responsabilité politique du Président devant le peuple, malgré l'article 68 de la Constitution (« le Président de la République n'est responsable des actes accomplis dans l'exercice de ses fonctions qu'en cas de haute trahison. »). Le caractère comparatif du sujet devait conduire à écarter la responsabilité du chef de l'État, celle-ci n'ayant ni existé juridiquement ni même été sérieusement invoquée sous les IIIe et IVe Républiques. D'autre part, même sous la Ve République, la responsabilité du Président est une construction doctrinale plus qu'une réalité juridique puisqu'il n'existe dans les textes aucune procédure explicite qui l'exprime.

Il était donc logique de s'en tenir à la responsabilité du gouvernement (même si la question de la responsabilité politique du Président pouvait être évoquée notamment dans l'introduction ou à titre accessoire).

devant qui : la responsabilité politique du gouvernement joue normalement devant le Parlement. Elle peut être analysée comme un moyen d'action des assemblées sur l'exécutif, sa contrepartie étant la dissolution.

Elle a été comprise en ce sens par les textes constitutionnels de 1875, 1946 et 1958. Mais tant sous la IIIe République, de 1875 à 1877, que sous la Ve République, la pratique a montré que le gouvernement pouvait aussi être responsable devant le chef de l'État. C'est cette situation que l'on désigne par les expressions de parlementarisme dualiste ou parlementarisme orléaniste.

Il convenait de ne pas écarter ce deuxième aspect, en raison de l'importance qu'il a pris sous la Ve République.

Ainsi le sujet à traiter pouvait-il être précisé en disant qu'il s'agissait de la responsabilité politique du gouvernement devant les assemblées et le chef de l'État sous les IIIe, IVe et Ve Républiques.

Bien entendu, le plan

1re partie : IIIe et IVe Républiques
2e partie : Ve République

était à proscrire comme ne conduisant pas à la comparaison demandée mais à une simple juxtaposition de développements.

Un plan :

1re partie : responsabilité devant le Parlement
2e partie : responsabilité devant le chef de l'État

eut été trop déséquilibré. La responsabilité devant le chef de l'État n'a existé qu'à certaines périodes et relève du fait plus que du droit. Un tel plan eut par ailleurs donné une importance excessive à cette forme de responsabilité.

C'est pourquoi il a paru plus judicieux d'organiser les développements autour des techniques, puis des fonctions de la responsabilité politique.

CORRIGÉ

La responsabilité politique est un rouage essentiel du régime parlementaire qui permet de vérifier que l'exécutif et le législatif vont de concert, suivant la formule de Montesquieu. Dans la conception classique, elle représente un moyen d'action du parlement sur le gouvernement. La dissolution aux mains de l'exécutif en est la contrepartie. Le gouvernement ne peut exister, se maintenir et agir que s'il dispose de la confiance des chambres.

Cette règle a existé et existe sous les IIIe, IVe et Ve Républiques, comme dans tous les régimes parlementaires.

Mais, tant sous la IIIe, de 1875 à 1877, que sous la Ve République, la pratique a montré que le gouvernement pouvait aussi être responsable devant le chef de l'État. C'est une situation que l'on désigne par l'expression de parlementarisme dualiste ou orléaniste, par opposition au parlementarisme moniste où la responsabilité joue seulement devant le parlement. Cette situation est éminemment tributaire du contexte institutionnel et politique et singulièrement du rôle attribué au président de la République, de son autorité et du soutien qu'il trouve dans l'opinion. A la relation exclusive parlement-gouvernement se substitue alors une relation plus complexe organisée suivant deux axes qui peuvent être concurrents : l'axe gouvernement-parlement et l'axe gouvernement-président.

Sous la Ve République, on a pu, en outre, évoquer la responsabilité politique du président devant le peuple, malgré l'article 68 de la Constitution qui paraît exclure une telle situation : « Le président de la République n'est responsable des actes accomplis dans l'exercice de ses fonctions qu'en cas de haute trahison ». On a pu soutenir que cette formule traditionnelle écartait toute responsabilité devant le parlement mais pas nécessairement devant le peuple. L'élection du président au suffrage universel direct a fourni des arguments à l'appui de cette thèse. Cette responsabilité jouerait, par exemple, à l'occasion d'un référendum ou d'une élection législative provoquée par la dissolution de l'Assemblée nationale, le président étant le signataire du décret de dissolution. L'échec du référendum ou le renvoi d'une majorité hostile au président mettrait alors celui-ci dans l'obligation de démissionner. Si le Général de Gaulle a bien démissionné au soir du référendum du 27 avril 1969, le comportement de ses successeurs n'a eu ni la cohérence, ni la clarté, ni la continuité qui permettraient, dans le silence du texte, d'y voir une règle coutumière. Elle est tout au plus un fait politique, entièrement tributaire de la volonté du président en place.

Si l'on considère l'évolution de la responsabilité politique du gouvernement sous les IIIe, IVe et Ve Républiques deux faits peuvent retenir l'attention. Le premier, sur le plan des techniques ou de l'aménagement juridique, consiste dans le perfectionnement progressif des modalités de mise en œuvre, par souci de rationalisation du parlementarisme (I). Le second concerne les fonctions de la responsabilité, essentiellement variable suivant le contexte politique et institutionnel (II).

I. LES MODALITÉS TECHNIQUES

Les mécanismes de la responsabilité politique ont été progressivement perfectionnés dans leurs modalités. Ils constituent un des points d'application principaux de la rationalisation du parlementarisme. Sous la IIIe République, la simple affirmation du principe laisse place à bien des incertitudes. Sous la IVe et la Ve Républiques des formules précises s'efforcent de régler par avance les difficultés qui pourraient survenir et de prévenir les abus qu'un usage trop fréquent de la responsabilité pourrait entraîner, avec leurs conséquences sur la stabilité gouvernementale.

Cette évolution affecte la responsabilité devant le parlement. La responsabilité devant le chef de l'État ne fait l'objet d'aucune disposition explicite qui en réglerait l'exercice.

A. La responsabilité devant le Parlement

Sous la IIIe Républiques, la responsabilité politique du gouvernement est affirmée par l'article 6 de la loi constitutionnelle du 25 février 1875 relative à l'organisation des pouvoirs publics : « Les ministres sont solidairement responsables devant les chambres de la politique générale du gouvernement ... ». Cette formule de principe n'est assortie d'aucune indication concernant les modalités de mise en cause de cette responsabilité et devait entraîner un vif débat sur le point de savoir si cette responsabilité devait jouer devant les deux chambres ou devant la seule chambre élue au suffrage universel. Cette seconde option trouvait un argument solide dans le fait que le Sénat, à la différence de la chambre des députés, ne pouvait être dissout. Étant hors d'atteinte de l'exécutif, il pouvait paraître plus conforme à l'équilibre parlementaire qu'il ne puisse porter atteinte à l'existence du gouvernement. Mais une stricte lecture du texte qui mentionne « les chambres » conduisait à la solution inverse. C'est elle qui triomphe, et en 1883 le Sénat exerça pour la première fois cette prérogative. Il en fera usage neuf fois au total, la dernière en 1938 aux dépens d'un gouvernement dirigé par Léon Blum.

Sous la IVe République le souci de rationalisation conduit à distinguer les hypothèses de mise en jeu de la responsabilité et à réglementer les conditions de leur usage. La minutie des articles 49 et 50 de la constitution du 27 octobre 1946 contraste avec la généralité de l'article 6 de la constitution du 25 février 1875 précitée. L'article 48 pose le principe de cette responsabilité en ajoutant qu'elle ne s'exerce pas devant la seconde chambre, le Conseil de la République. Deux configurations sont envisagées par les articles 49 et 50, la question de confiance et la motion de censure.

La question de confiance ne peut être posée que par le président du conseil et après délibération du conseil des ministres. Un délai de 24 heures doit être respecté entre la question et le vote qui doit avoir lieu au scrutin public. La confiance ne peut être refusée qu'à la majorité absolue des députés. La motion de censure, à l'initiative des députés, obéit aux mêmes conditions de délai, de forme et de majorité. Ces dispositions ont été conçues pour rendre plus difficile le maniement de ces procédures et mieux garantir la stabilité gouvernementale. Elles n'y sont pas parvenues.

C'est sans doute pourquoi les rédacteurs de la constitution de la Ve République ont encore renforcé les exigences qui les entourent. Le principe de la responsabilité devant le parlement est établi par l'article 20 alinéa 3, qui renvoie pour les conditions aux articles 49 et 50.

L'article 49 mentionne quatre hypothèses, les trois premières seulement pouvant conduire à la démission du gouvernement.

La première hypothèse est celle où le premier ministre, après délibération du conseil des ministres engage la responsabilité du gouvernement sur son programme ou éventuellement sur une déclaration de politique générale. Cette procédure peut être mise en œuvre au lendemain de la constitution du gouvernement ou à tout moment qu'il choisit. La confiance est refusée à la majorité des suffrages exprimés. On peut imaginer que le gouvernement n'en fera usage qu'avec prudence et veillera à ne pas inutilement s'exposer à la défiance de l'Assemblée nationale.

La seconde hypothèse est celle de la motion de censure, à la disposition de l'assemblée. Elle est entourée de conditions qui visent à empêcher le harcèlement du gouvernement : elle doit être signée par un dixième au moins des membres composant l'assemblée, les signataires ne pouvant en proposer une nouvelle au cours de la même session (sauf le cas prévu dans la troisième hypothèse) ; un délai de réflexion de 48 h. doit s'écouler entre son dépôt et le vote ; mais surtout elle ne peut être adoptée qu'à la majorité des membres composant l'assemblée, de sorte que les absents et les abstentionnistes sont réputés favorables au gouvernement.

La troisième hypothèse prend place dans le cours de la procédure législative : le gouvernement peut poser la question de confiance sur le vote d'un texte, lorsqu'il lui attache une particulière importance. Le texte est considéré comme adopté, à moins que l'opposition ne dépose dans les 24 h. une motion de censure et que celle-ci ne soit adoptée dans les conditions rigoureuses indiquées ci-dessus, auquel cas le gouvernement devrait démissionner.

L'article 49 mentionne en son dernier alinéa une quatrième hypothèse qui consiste en la possibilité pour le premier ministre de demander au Sénat l'approbation d'une déclaration de politique générale. Mais un éventuel (et bien improbable !) vote négatif n'entraîne pas pour le gouvernement l'obligation de démissionner. On verra surtout dans cette procédure un moyen pour le gouvernement d'apporter, à toutes fins utiles, la preuve qu'il dispose de l'appui de la seconde chambre.

B. La responsabilité devant le chef de l'État

La responsabilité devant le chef de l'État correspond à une situation de fait. Elle n'est pas régie par des dispositions juridiques explicites. On peut la faire dériver du pouvoir de nomination des ministres remis au chef de l'État.

Sous la IIIe République, de 1875 jusqu'à la crise du 16 mai 1877, le président de la République estime que, nommé par lui, le gouvernement lui doit des comptes et s'autorise à le révoquer. Le pouvoir de nommer entraîne celui de révoquer. Ainsi en 1877, le président Mac Mahon renvoie le ministère Jules Simon qu'il estime trop conciliant avec la chambre des députés. Le conflit qui en est résulté avec le parlement, arbitré par les élections législatives du 14 octobre 1877 suivant la dissolution prononcée le 25 juin, oblige le président à renoncer à cette prétention. L'histoire constitutionnelle de la IIIe République prend un nouveau cours.

Sous la Ve République, le rôle accru du président, fort de la légitimité que lui confère le suffrage universel, le conduit à considérer que les pouvoirs de nomination qu'il tient de l'article 8 de la Constitution se doublent d'un pouvoir de révocation. Les lettres de démission des premiers ministres en portent l'éclatant témoignage lorsqu'elles font apparaître que leur démission n'a pas été volontaire mais sollicitée ou provoquée. Toutefois cette possibilité est tributaire du contexte politique. En période de cohabitation, elle disparaît alors que le gouvernement et le président appartiennent à des camps opposés et que le gouvernement peut s'appuyer sur une majorité parlementaire à l'Assemblée nationale. S'ils n'échappent pas à la critique du président, premier ministre et gouvernement sont à l'abri de toute révocation.

Ceci fait bien apparaître la véritable nature de cette responsabilité qui relève du fait politique et non de la règle de droit. Il est cependant nécessaire d'ajouter que si elle n'est inscrite dans aucune disposition, la Constitution ne l'interdit pas pour autant.

L'aménagement de plus en plus précis de la responsabilité devant le parlement n'évite donc pas la résurgence d'un parlementarisme dualiste à la faveur des circonstances politiques, lorsque le président de la République bénéficie lui-même d'un fort soutien populaire et parlementaire.

II. LES FONCTIONS

Les fonctions de la responsabilité politique du gouvernement sont tributaires du contexte institutionnel et politique et évoluent avec lui. Sous les IIIe et IVe Républiques elle apparaît comme la condition de l'existence du gouvernement : elle commande son entrée en fonction et son maintien. Sous la Ve République, elle demeure une condition de l'existence du gouvernement, mais elle est aussi une arme entre ses mains, mise au service de l'efficacité.

Sous le premier aspect elle manifeste bien le contrôle et l'emprise du parlement sur le gouvernement. Sous le second, elle se prête à une sorte de renversement puisque les procédés de la responsabilité politique servent l'influence du gouvernement.

A. Une arme au service du parlement

Sous les IIIe et IVe Républiques le gouvernement est tenu de s'assurer, lors de son entrée en fonction, de la confiance explicite de la chambre élue au suffrage universel. Le vote d'investiture est politiquement indispensable sous la IIIe et juridiquement obligatoire sous la IVe. Cette relation de confiance est nécessaire à l'existence du gouvernement. Elle devra être vérifiée aussi fréquemment qu'il apparaîtra souhaitable, à l'initiative du gouvernement lui-même ou de l'assemblée.

La chambre des députés (et le Sénat) sous la IIIe, l'Assemblée nationale sous la IVe n'hésitent pas à sanctionner le gouvernement. L'emprise que les chambres acquièrent par ce moyen conduit certains gouvernements à partir avant même d'être renversés ou sans avoir été renversés à la majorité constitutionnelle. Sous la IVe République, sur 20 ministères, 6 seulement ont été renversés dans les conditions exigées par la constitution.

La responsabilité politique joue donc pleinement contre le gouvernement qu'elle contribue à affaiblir.

Les raisons de cette situation sont à rechercher dans le contexte partisan. La IIIe République a été caractérisée par la faiblesse et l'incohérence du système de partis. La multiplication des groupes parlementaires commande la formation de coalitions. Celles-ci connaîtront une certaine solidité dans la première phase de la IIIe République, surtout de 1899 à 1914. Mais après 1918 le caractère composite des gouvernements et les divisions au sein de la chambre des députés entraînent une forte instabilité gouvernementale. La durée moyenne des gouvernements est de six mois. La responsabilité politique n'est plus le lien qui soude l'exécutif et le législatif et leur permet de travailler ensemble, mais l'instrument d'une guérilla permanente entre les deux pouvoirs. Ses effets négatifs sont accentués par la défaillance des mécanismes juridiques qui auraient pu permettre au gouvernement de résister : l'affaiblissement du chef de l'État après la crise du 16 mai 1877 prive le ministère d'un appui potentiel. S'y ajoute l'impossibilité de faire usage de la dissolution, en raison de la nécessité d'obtenir l'avis conforme du Sénat et parce que, depuis 1877, elle est plus ou moins considérée comme un coup de force contre les assemblées, un procédé antidémocratique.

La IVe République connaît à partir de 1947 une situation comparable, en ce sens que le multipartisme, favorisé par l'utilisation du scrutin proportionnel, prend possession de l'Assemblée nationale ; les gouvernements sont tributaires de coalitions instables. Les conditions mises au vote des motions de censure, le renforcement du rôle du président du conseil, la modification du système électoral avec les apparentements ne produiront aucun effet.

Le contraste est grand avec la Ve République.

B. Un moyen d'action entre les mains du gouvernement

La situation est profondément différente sous la Ve République. Les dispositions juridiques qui régissent la responsabilité sont assez proches de celles de la constitution de 1946, tout au moins pour la question de confiance et la motion de censure classique. Mais les conditions politiques ont changé. Elles se caractérisent par l'existence d'une majorité parlementaire disposée à soutenir le gouvernement.

Le gouvernement est fréquemment l'objet de motions de censure. Elles sont pour l'opposition – minoritaire – un moyen de manifester sa combativité et de saisir l'opinion de problèmes qu'elle estime importants. Mais les chances de succès sont dérisoires parce que la majorité fait bloc. La seule motion de censure qui a été adoptée, le 2 novembre 1962, faisait précisément suite à une cassure de la majorité provoquée par le projet de référendum sur l'élection du chef de l'État au suffrage universel direct.

L'usage de la question de confiance a essentiellement pour objet de démontrer à l'opinion que le gouvernement est suivi , à moins qu'il ne serve à consolider la coalition majoritaire lorsque des hésitations ou des réserves se sont manifestées en son sein.

Enfin, la motion de censure sur le vote d'un texte (l'article 49-3) permet non seulement de précipiter et conclure le débat parlementaire, mais aussi de contraindre la majorité à donner un accord qu'elle entendait encore marchander, car il est exclu qu'elle prenne le risque de s'associer à une motion de censure, encore moins d'en déposer une.

Que le gouvernement appartienne ou non au même camp politique que le président de la République, les procédures de la responsabilité politique sont un instrument au service de l'action gouvernementale.

Naturellement, l'affaiblissement ou la disparition du phénomène majoritaire rendraient à ces procédures leur signification traditionnelle.

J. C. M.

DIXIÈME SÉANCE

LE PRÉSIDENT DE LA Ve RÉPUBLIQUE

En présentant la Constitution devant le Conseil d'État, le 27 août 1958, M. Michel Debré déclare que le président de la République est « la clé de voûte » des institutions. Cette expression souligne l'importance particulière que l'on a voulu donner à cette fonction. Bien que la Constitution ait retenu le schéma d'un régime parlementaire, le statut et les pouvoirs du chef de l'État, dont il est traité dans la Constitution avant le gouvernement et le parlement, sont de nature à lui conférer une autorité inhabituelle dans ce type de régime, de sorte que l'interprétation donnée au régime tourne autour de son rôle.

Elu au suffrage universel direct depuis la réforme constitutionnelle du 6 novembre 1962, il en retire une légitimité qui justifie une intervention active dans la vie politique. L'article 5 de la Constitution fait de lui un arbitre (du fonctionnement régulier des pouvoirs publics et de la continuité de l'État) et un garant (de l'indépendance nationale, de l'intégrité du territoire, du respect des accords de Communauté et des traités). En fait son rôle va au-delà d'un arbitrage, même au sens actif du terme. Il définit les orientations de la politique gouvernementale, en accord avec le programme qu'il a défendu devant les électeurs.

Mais il ne peut assumer pleinement cette fonction de direction politique que s'il se trouve à l'Assemblée nationale une majorité prête à le suivre. Si tel n'est pas le cas, comme en période de cohabitation (de mars 1986 à mars 1988, puis à partir de juin 1993), le centre du pouvoir se déplace vers le premier ministre et le gouvernement, et le président ne dispose plus que d'un pouvoir limité d'empêcher, ainsi que d'une influence en matière de politique étrangère et de défense que la pratique des institutions tend à lui laisser.

Aussi les attributions que la Constitution confère au président enferment-elles une densité de pouvoir différente suivant la figure de jeu dans laquelle on se trouve (présidentialisme majoritaire ou cohabitation).

Il convient de connaître parfaitement ses attributions et les modalités de leur exercice (pouvoirs exercés avec ou sans contreseing, pouvoirs exercés avec ou sans proposition ou consultation). On ne les rappelera pas ici.

Le sujet de dissertation proposé incite à réfléchir sur le rôle du chef de l'État à travers sa « responsabilité politique ».

Dissertation

La responsabilité politique du chef de l'État sous la Vᵉ République

INDICATIONS DE CORRECTION

Le travail ne peut se limiter à l'analyse de l'article 68 de la Constitution qui permettrait de conclure à l'irresponsabilité politique du président, sauf hypothèse de haute trahison. La dissertation ne pourrait qu'être très brève par insuffisance compréhensible de connaissances. Au reste, la réalité de la responsabilité sous la Vᵉ République est bien plus complexe. Comme toujours dans ces cas où le sujet paraît très restrictif par rapport au programme de référence, il faut savoir élargir sa réflexion. La question de la responsabilité politique du président va bien au-delà de l'article 68 ; la lecture de la constitution, l'examen de la pratique politique le prouvent.

Aussi, il sera nécessaire d'étayer une argumentation nuancée mais suffisamment explicite en faveur de la responsabilité politique du président ou de prendre le parti inverse. En tous cas, il convient de mettre à jour la responsabilité manifeste qui découle de l'article 68 et de la fréquente tentative du président de se faire réélire qui entraine une seconde responsabilité *a posteriori*. Cette première approche sera surtout textuelle, mais il faudra y ajouter une investigation dans la pratique du régime. Elle conduit à comparer la conception de la fonction présidentielle des présidents successifs de la Vᵉ République ; à se demander si les élections législatives ou les votes référendaires ne permettent pas parfois d'induire un engagement de responsabilité présidentielle.

Dans tous les cas il faut faire la part entre les responsabilités virtuelles et leur effectivité ; se demander quelles sanctions l'exécutif peut effectivement encourir.

CORRIGÉ

Le renforcement éclatant des pouvoirs du chef de l'État sous la Ve République met au premier plan la question de sa responsabilité politique. Or la Constitution de 1958, suivant la tradition parlementaire, a posé le principe de la responsabilité du gouvernement devant le parlement et est restée bien plus réservée sur celle du chef de l'État. Ce dernier, selon l'article 68 n'est *« responsable des actes accomplis dans l'exercice de ses fonctions qu'en cas haute trahison »*. Au surplus, la révision de 1962 ne s'est pas accompagnée d'une modification des dispositions de l'article 68 concernant le président.

Une telle solution conforme à la tradition du régime parlementaire serait plus singulière dans un régime politique où le chef de l'État assume la direction de la politique nationale et entérine la plupart des décisions vitales pour le pays. Aussi, la Ve République a réussi à faire apparaître des hypothèses de responsabilité présidentielle hors du cas prévu à l'article 68.

Le président de la République peut être conduit à rendre compte de sa gestion auprès des électeurs, mais en principe à sa seule initiative. La Ve République a mis à jour concurremment une responsabilité manifeste et une responsabilité latente du président de la République. L'une déduite directement du texte constitutionnel (I), l'autre enracinée par la volonté présidentielle (II).

I. LA RESPONSABILITÉ MANIFESTE

La responsabilité manifeste doit découler du texte constitutionnel. Or, selon l'article 68 de la Constitution : *« Le président de la République n'est responsable des actes accomplis dans ses fonctions qu'en cas de haute trahison »*. La révision constitutionnelle du 27 juillet 1993 sur la responsabilité pénale des ministres du gouvernement n'a pas remis en cause ce principe du premier alinéa de l'article 68. Cependant à cette première responsabilité manifeste, mais exceptionnelle, du chef de l'État s'en rajoute une seconde en cas de tentative de celui-ci de se faire réélire au terme de son mandat.

A. La responsabilité pour haute trahison

Nulle définition de la haute trahison ne figure dans la Constitution, nulle peine n'est formulée, bien que la loi organique du 2 janvier 1959 complète l'article 68, mais uniquement en ce qui concerne la procédure et le rôle des deux assemblées. Il s'agit d'une responsabilité spécifique à rapprocher du détournement de pouvoir ou de procédure. Le droit pénal étant écarté, il est laissé un large pouvoir d'appréciation à la représentation nationale pour apprécier ce délit politique. La mise en accusation intervient, selon l'article 68, « *par les deux assemblées statuant par un vote identique au scrutin public et à la majorité absolue des membres les composant* ». La mise en accusation est un acte explicitement politique, mais la phase qui suit est ambiguë quant à sa nature. Certes il existe un aspect juridictionnel, mais particulier, dès lors qu'il ne peut être procédé à une qualification des faits car la haute trahison ne répond pas à une définition légale. En outre, la juridiction de jugement, la Haute Cour de justice, est composée de « *dignes et loyaux magistrats* », mais il s'agit aussi, et uniquement, de parlementaires.

Ainsi la responsabilité politique manifeste du chef de l'État est érigée en principe constitutionnel, mais à la diligence de la représentation nationale. Le peuple en est exclu. Aucune mise en oeuvre à ce jour à l'encontre du plus haut personnage de l'État n'ayant eu lieu, la pratique politique n'est d'aucun secours. La réforme de la Haute Cour de justice en 1993 n'a pas remis en cause son rôle à l'égard du chef de l'État. Les propositions de révision soumises au Comité consultatif par le président Mitterrand le 30 novembre 1992 s'étaient prononcées pour le maintien de la Haute Cour « *pour le crime de haute trahison commis par le Président de la République* ».

Mais l'observation de la vie politique de la Ve République amène à se demander si l'élection présidentielle n'est pas également l'occasion pour le peuple de se prononcer sur la responsabilité du chef de l'État.

B. La responsabilité en cas de nouvelle candidature à la présidence

Les régimes politiques contemporains qui pratiquent l'élection au suffrage universel pour l'exécutif révèlent la forte inclination des hommes politiques élus à se représenter. Le coup d'État de Louis-Napoléon Bonaparte résulta notamment de la Constitution de 1848 qui excluait la réélection immédiate.

La pratique politique confirme l'avantage souvent décisif que constitue le fait d'être le candidat sortant. Comment ne pas reconnaître que celui-ci amènera les électeurs à porter un jugement sur son action passée ? Souvent son discours électoral insistera sur le besoin que les électeurs lui renouvellent leur confiance ; ce rappel dans les discours du candidat sera plus ou moins accentué. Le général de Gaulle en fera un des points forts de sa campagne de 1965. Valéry Giscard d'Estaing préférera en 1981 annoncer de nouvelles orientations pour la France des années 80 sans oublier d'insister sur les acquis de son septennat, son bilan. François Mitterrand développera en 1988 les réalisations dont le projet figurait dans les *« 110 propositions »* de 1981. Cette idée que le président sortant est confronté à son bilan aboutira à l'établissement, en 1982, d'un bilan du septennat de Valéry Giscard d'Estaing, élaboré par une commission présidée par François Bloch-Lainé, et publié à la Documentation française. La commission tout en relevant la souplesse de la Constitution de 1958 qui a permis d'allier la prééminence présidentielle et le maintien du parlementarisme avec la stabilité gouvernementale a constaté à cette occasion l'extrême *« concentration du pouvoir »* au bénéfice du chef de l'État.

La réélection est devenue une composante de la responsabilité politique du chef de l'État. Inévitablement le vote des électeurs porte autant sur l'action passée du candidat que sur ce qu'il propose. En tous cas les deux sont liés, et peu aisés à dissocier dans le choix final. A ce jour un seul président a été battu lorsqu'il sollicitait un second mandat. L'échec de Giscard d'Estaing a pu apparaître comme la sanction de la politique suivie pendant son septennat. Le peuple se prononce sur la manière dont le chef de l'État a exercé ses fonctions ; le refus de le réélire peut être assimilé autant à une sanction de la politique du septennat qu'à un refus du programme proposé. La réélection, elle, confirme la confiance.

Mais cette situation d'un candidat sortant n'est pas systématique. Le chef de l'État peut décéder en cours de mandat (Georges Pompidou en 1974), renoncer à se représenter, voire démissionner. Mais hors ces hypothèses, il devra au cours de son premier mandat tenir compte du fait qu'il va probablement se représenter. Cela ne peut que commander en cours de mandat une manière de servir. Mais cette responsabilité politique ne peut jouer à tout moment. Elle est encadrée par les textes constitutionnels ; les dates qui résultent de leur application peuvent être bouleversées par une démission par exemple, suivie d'une nouvelle candidature. Il reste que lorsque cette responsabilité trouve à s'exercer elle existe de manière manifeste. C'est bien le mandat présidentiel qui est en jeu, même *a posteriori*. Il s'agit d'une véritable responsabilité globale : on ne distingue plus entre les actes qui sont soumis aux contreseings et les autres.

A cette responsabilité politique manifeste devant la représentation nationale, et éventuellement devant le peuple, s'ajoute sous la Ve République des hypothèses de responsabilité latente engendrées par le texte constitutionnel.

II. LA RESPONSABILITÉ LATENTE

Déjà sous la IIIe République l'idée d'irresponsabilité du chef de l'État n'était pas absolue. Sur vingt-trois septennats entamés, cinq s'étaient achevés sur une démission fondée sur des raisons politiques. Mais jamais cette responsabilité latente n'avait été mise en jeu par une initiative populaire. Même si l'opinion avait pu contribuer à faciliter le départ de certains chefs d'État.

La durée du mandat présidentiel a contribué à conduire rapidement le général de Gaulle a rechercher le contact avec l'opinion publique par des votations autres que présidentielles. Un programme politique ne peut aisément porter sur sept ans ; des crises, de nouveaux problèmes, vont inéluctablement surgir. La tentation émerge de transformer des élections législatives, ou des votes référendaires, en moyens de renouveler la confiance au premier personnage de l'État, ou de mettre en cause sa responsabilité. De plus, engager sa responsabilité devant les citoyens ne fait pas courir le seul risque d'un contrôle ; cela peut être une source de pouvoir. Ne serait-ce que par la menace du chef de l'État de se retirer si le peuple ne lui donne pas les moyens de sa politique.

A. La transformation du référendum en question de confiance

La pratique de la Ve République révèle que tous les référendums ont été d'initiative présidentielle ; seul celui sur la Nouvelle-Calédonie de 1988 s'en distingue. Michel Rocard a bénéficié, en effet, de l'initiative effective de proposer au chef de l'État de soumettre au référendum un projet de loi relatif à l'autodétermination de la Nouvelle-Calédonie. Pour tous les autres référendums de la Ve République la première référence au référendum à venir a toujours été le fait du chef de l'État, le premier ministre relayant ensuite l'initiative en lui donnant sa forme juridique : il propose officiellement le référendum au chef de l'État, qui n'a plus qu'à l'accepter par un décret.

Les référendums ont toujours été pendant la période gaullienne l'occasion d'un engagement direct, solennel, du chef de l'État bien que la Constitution n'en souffle pas le moindre mot. Lors de l'affaire algérienne, de la révision constitutionnelle de 1962, de la tentative de révision de 1969, le général de Gaulle a explicitement lié son sort à l'acceptation des projets soumis au vote des français. En 1962 et en 1969, le président s'est servi de l'article 11 pour tenter de réviser la Constitution. Ces deux consultations référendaires ont permis au chef de l'État, malgré le caractère non conforme à la Constitution reconnu par la majorité des juristes, d'éviter de consulter le parlement dont l'accord paraissait douteux. Le référendum gaullien n'a guère été un moyen d'obtenir plus aisément l'adoption d'un texte jugé primordial, il est devenu un moyen d'arbitrer entre les pouvoirs publics, d'obtenir un renouvellement périodique de la confiance. Tous les référendums du général de Gaulle, et pas seulement ceux de 1962 et 1969, apparaissent comme une question de confiance posée au corps électoral. Le général de Gaulle invite chaque fois à répondre à sa personne. Même pour dépasser la crise de mai 1968, le chef de l'État avait annoncé un référendum qui sous l'influence de son premier ministre sera reporté. Le général de Gaulle menace de considérer sa tâche terminée, et de démissionner, s'il n'obtient pas une majorité *convenable*. Le référendum de 1969 montre que le résultat n'est pas toujours acquis d'avance. Le résultat négatif d'avril 1969 ne se précisa que plus on approchait de la votation ; il n'était pas prévisible au départ.

Après le départ du général de Gaulle l'aspect question de confiance du référendum s'atténue sensiblement. Le référendum du 23 avril 1972 sur l'élargissement de la Communauté économique européenne n'est pas un projet présidentiel fondamental pour les institutions comme en 1962 et en 1969, ou essentiel au régime comme en 1962. Georges Pompidou tente de donner un caractère apparemment impersonnel à la question posée. Il ne lie pas son mandat à un vote positif des électeurs. Cependant il escompte bien en tirer un profit. Le fort abstentionnisme correspondant à une démobilisation du corps électoral et à des consignes d'abstention des socialistes apparaît comme un très net échec pour le président qui se trouve privé de l'appui électoral escompté, mais cela ne constitue pas pour autant un désaveu formel.

Giscard d'Estaing, qui préfère la démocratie représentative, n'usera pas de la procédure référendaire.

François Mitterrand a une opinion beaucoup plus favorable face au référendum. Certes il a critiqué en son temps les utilisations qu'il jugeait plébiscitaires du général de Gaulle, mais non le principe même référendaire. Aussi il a proposé des référendums à plusieurs reprises avec des succès divers. Il ne parviendra pas à imposer la révision de l'article 11 en 1984, ni celle de la saisine du Conseil constitutionnel en 1990. Le 20 septembre 1992 le traité sur l'Union européenne a été ratifié par les Français sans que le chef de l'État mette en cause sa responsabilité ; il s'est limité à appeler à un vote favorable massif. Malgré une participation élevée, l'écart fut très faible entre les partisans et les adversaires du traité. Les divers référendums proposés par le président Mitterrand ont toujours porté sur un sujet nettement délimité et n'ont jamais donné lieu à un engagement de responsabilité implicite sur le résultat de l'éventuelle consultation. Cela tranche avec la pratique gaullienne. Cependant, seuls le référendum *« d'initiative gouvernementale »* sur la Nouvelle-Calédonie de 1988 et celui de 1992 sur l'Union européenne ont abouti entre 1981 et 1993.

Mais le référendum peut il être autre chose qu'une question de confiance présidentielle dès lors que le chef de l'État s'y implique ? Les successeurs du général de Gaulle ont toujours espéré des référendums un résultat qui les conforterait ; aussi bien en 1972, en 1992, que pour la tentative de 1984. Même le référendum de 1988 a pu apparaître comme un moyen de renforcer l'exécutif, mais cette fois plutôt le chef du gouvernement.

Cet effet pernicieux du référendum n'est-il pas un *dérapage* inévitable dès lors que l'opposition a toujours essayé de transformer l'appel au peuple en un échec personnel du chef de l'État ou à enrayer le processus annoncé. Comme si un consensus de la classe politique, involontaire, ne pouvait faire autrement que de transformer les référendums dus à l'initiative de l'exécutif en mise en question du chef de l'État. On pourrait en conclure que le référendum français relève davantage de la tradition bonapartiste et plébiscitaire, que de la tradition républicaine ; ce serait faire peu de cas du fait qu'il est entré dans les moeurs de la République : la participation y est très large dès lors qu'un enjeu est aisé à cerner. La faible participation au référendum sur la Nouvelle-Calédonie en 1988 s'explique davantage par le fait que la procédure est apparue inutile à beaucoup ; les décisions pouvaient être prise par la seule voie parlementaire et, surtout, les enjeux semblaient déjà fixés, comme les mesures à prendre. A l'inverse, le référendum du 20 septembre 1992 sur l'Union européenne a mobilisé les électeurs malgré des sondages laissant présager fin août une faible participation.

Si le référendum peut tourner à la question de confiance posée au peuple, il peut en être de même pour les élections législatives.

B. L'engagement présidentiel lors des élections législatives

Depuis 1958 le chef de l'État est toujours intervenu pour soutenir les candidats qui se reconnaissaient de lui. Il a toujours indiqué aux électeurs quel était le *« bon choix »*. Si la votation est l'occasion de mettre en cause la responsabilité des parlementaires, c'est aussi l'action présidentielle et gouvernementale qui est jugée. En outre, par le biais de la dissolution le chef de l'État peut provoquer le vote des électeurs et obtenir un vote de confiance si sa majorité l'emporte. Les législatives de 1962, de 1968, de 1981 et de 1988, ont renforcé l'autorité présidentielle. Mais, comme le référendum, elles ne sont pas sans risque et peuvent devenir une arme à double tranchant mettant en cause la responsabilité du chef de l'État. Elles peuvent aussi constituer comme en 1981, ou en 1988, le *« troisième tour des élections présidentielles »*.

Le général de Gaulle affirme avant chaque élection qu'il abandonnera le pouvoir en cas d'échec de ses partisans. Il demande une large majorité pour soutenir sa politique. Mais, si le président se veut l'incarnation de la volonté nationale, il ne peut éviter dans la pratique de prendre appui sur un parti qui le reconnaisse pour chef. A l'évidence il engage sa responsabilité politique ; un échec ne peut qu'entraîner sa démission. Au contraire, le vote des citoyens ne préjuge nullement du destin du premier ministre. Georges Pompidou est reconduit après les élections législatives de 1962, mais il doit cesser ses fonctions après celles de juin 1968 dont il a assuré le succès. Le dialogue de l'opinion publique avec l'exécutif passe d'abord par le chef de l'État, et non par le chef du gouvernement.

Avec la présidence Pompidou une évolution se dessine. Lors des élections de 1973 le président ne met pas en jeu la durée de ses fonctions. Le chef de l'État est contraint de devenir le chef politique engagé qui mène personnellement ses troupes à la bataille électorale. Le chef de l'État ne met plus expressément en question sa fonction, mais s'engage dans la campagne électorale auprès de son premier ministre avec une virulence unique à ce jour. Il met un point d'honneur à arrêter les investitures de l'U.D.R. pour les élections législatives.

Le président Giscard d'Estaing utilise une toute autre technique en 1978. Face à des élections qui s'annoncent aussi disputées que celles de 1973, il opte pour la position de retrait assumée explicitement et rappelle que le chef de l'État n'a pas dans le texte constitutionnel les moyens de s'opposer à l'application du programme commun. Se dégage l'idée que le chef de l'État doit s'accommoder de la majorité élue par le peuple. Les citoyens décident.

Le président Mitterrand ne mettra pas en jeu la durée de ses fonctions lors de la campagne des élections législatives de juin 1981, ni lors de celles de 1988. Il indique le bon choix, mais montre une réserve envers le débat politique partisan qu'assume le premier ministre. Il observera la même attitude face aux élections législatives plus incertaines de 1986. Le face à face entre les candidats du second tour en mars 1986 permet de remarquer que François Mitterrand observe la même attitude que Valéry Giscard d'Estaing lors de son discours de Verdun-sur-le-Doubs du 27 janvier 1978. La mise en cause de la responsabilité politique du chef de l'État s'atténue lors des élections législatives. Les titulaires de la fonction suprême essaient d'occulter son existence lors de l'élection des députés. L'attitude du chef de l'État pendant la campagne électorale de 1986 a montré que la position de strict retrait permettait le repli du chef de l'État sans mettre en jeu la pérennité de sa fonction. Le président distingue le vote législatif et sa légitimité présidentielle. L'un ne remet pas nécessairement l'autre en cause.

A l'approche des élections législatives de 1993 François Mitterrand laisse son premier ministre conduire la campagne électorale pour l'exécutif ; il encourage néanmoins des initiatives individuelles qui aspirent à le distinguer du parti socialiste. Se confirme et s'amplifie l'attitude qui avait été la sienne en 1986 ; se perpétue, dans les discours au moins, que la durée du mandat présidentiel ne dépend aucunement des résultats des élections législatives. Les incertitudes sur l'état de santé du chef de l'État ayant été en grande partie levées à la fin 1992, le chef de l'État peut envisager pleinement une éventuelle cohabitation. Dès lors, la responsabilité latente du chef de l'État lors des élections législatives est abandonnée.

La pratique de la Ve République a étendu quelque peu les possibilités de responsabilité politique du chef de l'État auprès des électeurs. Mais ce mouvement s'est largement atténué après le départ du général de Gaulle. Finalement la responsabilité politique manifeste ou latente prête beaucoup au pragmatisme et aux circonstances. Le régime politique s'est accommodé à deux reprises de la cohabitation, ce qui incline à penser dorénavant que ne s'impose désormais avec force que la responsabilité septennale du président sortant en cas de tentative de se faire réélire. En cours de fonction le chef de l'État est devenu largement *intouchable*, bien qu'il ne puisse éviter un dialogue permanent avec le peuple qui l'a élu.

J-P. V.

Le processus Mitterrand [illegible] la question de ses relations [illegible] 1981 [illegible] 1988 [illegible] 1986 [illegible] le début [illegible] politique [illegible] élections [illegible] 1986. [illegible] les comptes [illegible] la même attitude [illegible] de la responsabilité politique [illegible] les députés. [illegible] chef de l'État [illegible] la position [illegible] chef de l'État [illegible] de sa fonction [illegible] sa légitimité [illegible]

[illegible] François Mitterrand [illegible] campagne [illegible]

[illegible]

ONZIÈME SÉANCE

LE GOUVERNEMENT SOUS LA Ve RÉPUBLIQUE

Selon la Constitution de 1958 le gouvernement détermine et conduit la politique de la nation, dispose de l'administration et de la force armée, est responsable devant l'Assemblée nationale. Le premier ministre quant à lui dirige l'action gouvernementale, est responsable de la défense nationale, assure l'exécution des lois, exerce le pouvoir réglementaire et le pouvoir de nomination sous réserve des compétences en ces deux domaines du président de la République. Cette double énumération permet de cerner deux difficultés. La première est finalement accessoire : la différenciation entre le gouvernement et le premier ministre est relative dans la pratique en raison de l'autorité du premier ministre sur son gouvernement et de la subordination des ministres. La seconde est essentielle ; il est délicat de cerner les pouvoirs du gouvernement en raison d'une pratique constitutionnelle qui, sauf hypothèse de cohabitation, a conduit à déplacer vers la présidence de la République des prérogatives qu'aurait pu exercer Matignon. Il importe donc, ici plus qu'ailleurs, de bien connaître le décalage entre le texte et la répartition effective du pouvoir exécutif au sommet de l'État. Ce décalage est par nature évolutif.

Néanmoins le gouvernement de la Ve République reste l'héritier de la IIIe et de la IVe Républiques. C'est un organisme hiérarchisé dont le chef est nommé par le président de la République dans le cadre d'un pouvoir discrétionnaire largement conçu. Il ne faut cependant pas oublier qu'explicitement, ou implicitement, un gouvernement doit bénéficier du soutien parlementaire sinon il ne pourrait agir. Une hiérarchie gouvernementale apparaît à la lecture du décret de nomination du gouvernement. Il peut exister des ministres d'État, des ministres, des ministres délégués, des secrétaires d'État. Si les ministres sont en principe égaux, il y a cependant une hiérarchie fonctionnelle implicite ; certains ont fréquemment plus de poids, par exemple le ministres des finances ou le ministre des affaires étrangères. Lors de la désignation des membres du gouvernement le premier ministre a un pouvoir de proposition important, mais c'est le président qui arrête la liste gouvernementale. Au surplus, sur proposition du premier ministre il possède un pouvoir de révocation des ministres reconnu explicitement par l'article 8 de la Constitution.

Si la Ve République a repris la tradition républicaine d'un gouvernement collégial solidaire et hiérarchisé, elle a néanmoins posé des règles nouvelles d'incompatibilité gouvernementale. Les fonctions ministérielles sont incompatibles avec tout mandat parlementaire et toute fonction publique ou privée. La première prohibition diverge du *modèle* classique du régime parlementaire. Les ministres choisis hors des chambres ont toujours été rares. Or, la Ve République a obligé les parlementaires à démissionner s'ils accédaient à un ministère et a largement recruté le personnel ministériel hors des assemblées. Il faut, enfin, noter que la France a toujours attribué la présidence du conseil des ministres au chef de l'État, procéder à un examen minutieux du partage des compétences entre le président et le premier ministre dans les domaines du pouvoir réglementaire et des nominations (art. 13 et 21) et mesurer la conception extensive de l'exécution des lois sous la Ve République facilitée par la fixation d'un domaine législatif et d'un domaine réglementaire.

Il serait illusoire de penser maîtriser la question de l'exercice du pouvoir gouvernemental sous la Ve République sans avoir procédé à un apprentissage précis de l'histoire constitutionnelle de la Ve République. La répartition du pouvoir au sein de l'exécutif est surtout le résultat d'une pratique constitutionnelle qui a largement varié entre l'Elysée et Matignon. Pour justifier cette dernière remarque il suffit de s'interroger sur le rôle de la nomination et de la démission du premier ministre. Cela nous entraînera bien au-delà de la lecture des dispositions du texte constitutionnel de 1958.

Une dissertation est proposée :

– Nomination et démission du premier ministre sous la Ve République.

Dissertation

Nomination et démission du premier ministre sous la Ve République

INDICATIONS DE CORRECTION

Il convient d'éviter de juxtaposer les règles constitutionnelles relatives à la nomination à celles concernant la démission du premier ministre sous la Ve République. Le sujet implique la connaissance de la vie politique et des circonstances qui entourent les nominations ou les changements de chefs du gouvernement. S'il est, bien sûr, indispensable de procéder à une analyse textuelle de l'article 8 de la Constitution, la valeur essentielle du travail dépendra de la connaissance précise des conditions de nomination ou de démission de quelques premiers ministres représentatifs.

Mais le sujet serait trop pointu s'il n'impliquait que l'analyse textuelle de la Constitution et des événements historiques immédiats qui entourent ces nominations et ces démissions. La dissertation doit faire apparaître la signification de ces deux moments dans la vie de la République. Il est possible d'argumenter qu'ils témoignent de la prééminence présidentielle, mais qu'un examen cas par cas permet d'avancer qu'ils correspondent à des mécanismes de rééquilibrage au sein du pouvoir exécutif sécrétés par la pratique politique de la Ve République.

CORRIGÉ

La Ve République met fin au discrédit du pouvoir exécutif sous les IIIe et IVe Républiques. Les dirigeants souhaitent concilier la restauration de l'État avec l'affermissement de l'exécutif. Cette réhabilitation de l'exécutif bénéficie surtout au président de la République qui détient la prérogative discrétionnaire de choisir la personnalité destinée à devenir premier ministre. C'est un pouvoir propre présidentiel énuméré à l'article 19 de la Constitution de 1958. A l'inverse, la Constitution ne prévoit pas de révocation du chef du gouvernement par le chef de l'État.

On pourrait en déduire que ces deux temps forts de la vie politique ne coïncident pas avec la même influence du chef de l'État. La pratique constitutionnelle a conduit à tempérer fortement cette simplification. De nombreux facteurs interfèrent sur l'étendue du choix présidentiel : la cohésion de la majorité parlementaire qui soutient le chef de l'État, les parts respectives de ses composantes, les liens entre les personnalités politiques ou l'image des premiers ministres virtuels auprès de l'opinion publique. De plus, la discordance des majorités présidentielle et parlementaire remet en cause les schémas traditionnels de la Ve République.

La démission et la nomination du premier ministre ont toujours été sous la Ve République des indicateurs déterminants de l'étendue du pouvoir présidentiel (I) et des volontés de réaménagement de la répartition des pouvoirs au sein de l'exécutif (II).

I. NOMINATION ET DÉMISSION DU PREMIER MINISTRE : UNE EXPRESSION DU POUVOIR PRÉSIDENTIEL

« Le Président de la République nomme le Premier ministre. Il met fin à ses fonctions sur la présentation par celui-ci de la démission du Gouvernement. Sur la proposition du Premier ministre, il nomme les autres membres du Gouvernement et met fin à leurs fonctions ».

Cet article 8 de la Constitution est le révélateur du compromis institutionnel initial. La classe politique abandonne au général de Gaulle l'idée constamment affirmée depuis le discours de Bayeux que le gouvernement émane du chef de l'État et non de la représentation parlementaire. Ce dernier renonce de son coté à révoquer le premier ministre, se limitant simplement à sa nomination.

Le schéma initial posé, il appartenait à la pratique constitutionnelle de lui donner un contenu. Il s'est imposé que le destin du premier ministre de la Ve République était presque toujours entre les mains du chef de l'État. Celui-ci choisit l'homme qu'il entend placer à la tête du gouvernement par la seule vertu de son pouvoir discrétionnaire, mais le départ du premier ministre révèle des situations beaucoup plus variées.

A. La nomination du premier ministre

Le choix des hommes a toujours été pour les chefs d'État de la Ve République l'objet d'une attention privilégiée. Tous les présidents ont insisté sur leur liberté dans le choix du premier de leurs collaborateurs. Mais les motivations et le processus du choix ont permis de délimiter le pouvoir effectif attribué au président de la République.

Dès 1958 il s'agit de nier les précédents fâcheux du régime des partis si souvent dénoncés. Cette volonté s'exprime dans la dissociation entre le chef du gouvernement et la majorité parlementaire. Le choix final du premier ministre résulte d'une délibération solitaire et non d'une négociation entre l'exécutif et les partis politiques. Dès 1959 le général de Gaulle choisit Michel Debré comme premier ministre plutôt que Jacques Soustelle, alors que ce dernier était le leader le plus caractéristique de la majorité dégagée par les élections législatives qui venaient de se dérouler.

Parfois la nomination du chef du gouvernement apparaît comme la volonté directe du chef de l'État de mettre au premier plan une personnalité peu connue du grand public, voire du parlement. Ce sera le cas pour la nomination de Georges Pompidou en 1962, de Couve de Murville en 1968, de Pierre Messmer en 1972 ou de Raymond Barre en 1976 ; Pompidou n'était pas parlementaire, Couve de Murville venait juste d'obtenir un mandat de député et Raymond Barre n'appartenait pas au principal groupe de la majorité. Souvent le chef de l'État doit tenir compte des clivages politiques : Michel Debré n'était pas un illustre inconnu en 1958, Jacques Chaban-Delmas faisait figure de parlementaire chevronné en 1969, comme Jacques Chirac en 1974.

François Mitterrand reconduira largement la tradition des présidents précédents en faisant alterner des premiers ministres ayant une assise politique certaine (Pierre Mauroy, Michel Rocard) et des personnalités qu'il contribuera à mettre au premier plan de la vie politique (Laurent Fabius, Edith Cresson ou Pierre Bérégovoy).

Finalement la nomination du premier ministre n'est directement dictée par des considérations strictement politiques que dans les périodes de cohabitation. Ce sera le cas pour la nomination de Jacques Chirac en 1986 ou d'Edouard Balladur en 1993. En ce cas on retrouve le principe parlementaire qui veut que le chef de l'État nomme l'homme politique qui a conduit la campagne des élections législatives. François Mitterrand dans les deux cas a choisi l'homme qui s'imposait, sans tenter de contrarier la majorité issue des élections. Un président contraint à la cohabitation pourrait cependant être tenté d'imposer un premier ministre de consensus entre la majorité et la minorité parlementaires.

Reste à traduire juridiquement le choix présidentiel. C'est un décret signé du seul chef de l'État qui nomme le premier ministre. A l'inverse de la IVe République le contreseing du chef du gouvernement démissionnaire n'est plus requis. Ce décret est distinct de celui nommant les autres membres du gouvernement à la différence de ce qui se passait sous la République précédente. L'opération juridique qui fait que le chef du gouvernement tire son origine d'un acte distinct de celui qui fixe la composition du gouvernement accrédite l'idée d'un choix personnel et discrétionnaire du président. La Constitution n'impose même pas les consultations préalables d'organes constitutionnels qui lieraient ou influenceraient l'acte du chef de l'État.

Ce premier ministre procédant directement du président de la République ne sollicite pas toujours la confiance de l'Assemblée nationale dès la constitution de son équipe. En effet, à partir de 1966, les premiers ministres renonceront fréquemment à engager leur responsabilité devant l'Assemblée après leur nomination par le président. Cette interprétation facultative de l'article 49.1 de la Constitution contribue à faire du chef de l'État la source unique du gouvernement. La nomination présidentielle suffit à assurer la légitimité du gouvernement. Le parlement peut être contraint à travailler avec lui sans avoir apporté un soutien exprès lors de sa nomination.

Certes le président Mitterrand engagera ses gouvernements à se présenter devant l'Assemblée nationale au début de son premier septennat, mais par la suite la majorité devenant relative à l'Assemblée, certains ne s'y conformeront plus.

Ainsi sous réserve de la motion de censure, *a posteriori*, le président est totalement maître du choix de son premier ministre. Lié à la volonté du président par sa nomination le premier ministre l'est-il également pour son départ ?

B. Le départ du premier ministre

Le terme *démission* recouvre une variété de situations. Il ne faut pas assimiler systématiquement la démission et le départ du premier ministre de Matignon. La première n'implique pas toujours le second. A l'inverse, la démission peut aboutir au départ effectif qui peut être volontaire, mais aussi dissimuler une révocation.

D'abord, la démission n'implique pas toujours le départ du premier ministre. Déjà, celui-ci peut menacer de démissionner sans mettre sa menace à exécution. Ce fut le cas à plusieurs reprises pour Michel Debré pendant les événements d'Algérie. Mais à ces démissions avortées s'ajoutent des démissions qui correspondent au jeu des institutions. La tradition républicaine veut que le chef du gouvernement remette sa démission au chef de l'État après une élection présidentielle. Mais il peut arriver, comme en 1965, que le premier ministre soit finalement prorogé dans ses fonctions. La même coutume s'applique en matière d'élections législatives.

La démission peut également être présentée par un premier ministre à la suite de l'adoption d'une motion de censure à l'encontre du gouvernement. Ce fut le cas le 5 octobre 1962 pour le gouvernement Pompidou sans que cela se traduise par un départ, le général de Gaulle ayant demandé à son premier ministre d'expédier les affaires courantes en attendant le verdict des électeurs, dès lors qu'il avait prononcé la dissolution de l'Assemblée en réplique à la censure parlementaire. Pour le chef de l'État l'attitude des députés ne semblait pas remettre en cause le lien de confiance établi entre les deux autorités de l'exécutif.

Lorsque la démission débouche sur le départ du premier ministre, cela ne signifie pas que la décision soit imputable au chef du gouvernement. Le texte constitutionnel ne prévoit pas la possibilité de la révocation présidentielle du premier ministre, mais dans sa célèbre conférence de presse du 31 juillet 1964 le général de Gaulle a expressément rappelé qu'il détenait ce pouvoir.

Tous les départs de premiers ministres ne sont pas des révocations, ils peuvent être la conséquence de l'échec de la majorité à des élections, tels les départs de Raymond Barre en 1981 ou de Laurent Fabius en 1986. Mais régulièrement apparaissent des hypothèses où le premier ministre démissionne car le chef de l'État le lui a demandé. A ce propos sont souvent révélatrices les brèves lettres échangées entre les deux hommes au moment du départ du chef du gouvernement. En 1968, Georges Pompidou présente sa démission comme la conséquence de la volonté présidentielle de former un nouveau gouvernement ; Jacques Chaban-Delmas sera plus explicite encore en 1972, de même que Michel Rocard en 1991. Les observateurs ont pu noter que le départ d'Edith Cresson en 1992 n'avait pas donné lieu à la publication de ces traditionnels échanges épistolaires, ce qui rendait la révocation encore plus manifeste.

La démission de Jacques Chirac en 1976 a été présentée explicitement comme décidée par lui. Bien que les analystes se demandaient si sa marginalisation par la présidence ne l'avait pas entraînée. Le président a les moyens de pousser à la démission un premier ministre qui ne bénéficie pas d'un soutien évident auprès de l'opinion publique et des parlementaires. Seule la situation de cohabitation permet au premier ministre de contester les orientations que développe le président sans courir le risque d'être contraint à la démission.

Ainsi, le plus souvent, le premier ministre est responsable de son action devant l'autorité présidentielle. La confiance initiale peut lui être retirée. Dès lors la Vᵉ République a mis en place une dynamique de la répartition du pouvoir au sein de l'exécutif qui peut susciter son adaptation.

II. NOMINATION ET DÉMISSION DU PREMIER MINISTRE : UNE MANIFESTATION DU RÉAMÉNAGEMENT DES POUVOIRS AU SEIN DE L'EXÉCUTIF

Continuité et renouvellement sont les principes directeurs que perpétue le régime politique de la Vᵉ République. Mais cette explication permanente révèle ses limites et nécessite de se pencher sur les relations au sein de l'exécutif. La pratique de la nomination et de la démission s'inscrit dans cette logique. Elle permet la pérennité de l'ascendant du pouvoir exécutif dans la République au prix d'un rééquilibrage fréquent des pouvoirs au sein de l'exécutif.

A. Les nécessités du renouvellement

Des facteurs institutionnels et politiques expliquent les changements de premiers ministres.

Le chef de l'État bénéficie de la durée alors que le gouvernement est contraint au moyen terme, voire au court terme. Le président est indéfiniment rééligible et bénéficiaire d'un long mandat de sept ans, alors que le premier ministre ne détient qu'un mandat précaire et encourt le risque d'une révocation. Aussi chaque mandat présidentiel coïncide avec le recours à deux ou trois premiers ministres ; déjà quatre pour le second septennat de F. Mitterrand. La présence de G. Pompidou à Matignon pendant six ans reste une exception. Le premier ministre ne peut donc que jouer le rôle de soupape de sûreté.

Mais si la décision de contraindre le premier ministre à démissionner est une prérogative présidentielle, le choix du moment est souvent affaire de circonstances politiques. La conjoncture joue un rôle capital sur la durée du mandat du chef du gouvernement. Michel Debré quitte Matignon en 1962 à la fin de l'affaire algérienne, Georges Pompidou à la suite des événements de mai 1968, Pierre Mauroy après l'amorce d'une politique de rigueur. Si la plupart des changements de premier ministre sont expliqués par une orientation politique nouvelle souhaitée par le chef de l'État, le changement peut être accéléré par les difficultés rencontrées par le chef du gouvernement ; il en sera ainsi pour Edith Cresson en 1992.

Parfois le changement du premier ministre s'explique moins par des considérations politiques ou institutionnelles que par la recherche d'un nouvel équilibre au sein de l'exécutif.

B. Le rééquilibrage de l'exécutif

Le premier ministre est placé dans une situation qui favorise la croissance de ses pouvoirs. Il est la seule autorité disposant à la fois d'une vue permanente et globale de l'action de l'État et du contrôle direct de l'ensemble de l'appareil politico-administratif. Aussi, l'émergence d'une dyarchie est toujours sous-jacente dans le système politique.

La montée du premier ministre se fait souvent grâce à l'appui d'une majorité parlementaire qu'il parvient à discipliner en sa faveur. Il peut être ainsi tenté de trouver une autre légitimité à son action. Le parlement peut la lui donner, mais la révocation de Chaban-Delmas en 1972 alors qu'il avait bénéficié d'une large confiance de l'Assemblée quelques semaines auparavant montre qu'un premier ministre ne peut se maintenir contre la volonté présidentielle en période de fait majoritaire.

Si le premier ministre tente de revaloriser sa fonction, voire progressivement de s'ériger en autorité concurrente du chef de l'État en s'appuyant sur la majorité parlementaire ou sur l'opinion, il met en action une modification de la répartition des pouvoirs au sein de l'exécutif. Rien n'est plus périlleux pour le premier ministre, car la seule manière pour le président de rétablir l'unité de direction est de contraindre le chef du gouvernement à la démission et d'en choisir un autre plus effacé jouissant d'une autorité personnelle plus restreinte. Souvent les premiers ministres n'ont jamais été aussi influents qu'à la veille de leur départ : Georges Pompidou au lendemain de mai 1968, Jacques Chaban-Delmas avec la mise en place de la « nouvelle société », Raymond Barre décidant de plus en plus la politique économique de la France. Dès que le chef de l'État entrevoit le risque, il décide d'y mettre fin. Le changement de premier ministre permet de rétablir la prééminence du chef de l'État.

Aussi aucun premier ministre n'a pu éviter ce rééquilibrage de l'exécutif (sauf en période de cohabitation) en faveur du président. Au reste, les chefs du gouvernement dès leur entrée en fonction indiquent rapidement qu'ils ne s'opposeront jamais à la volonté présidentielle si le président souhaitait se séparer d'eux.

Ce rééquilibrage est donc une loi de la Ve République en période de convergence des majorités présidentielle et parlementaire. Il faut que la cohabitation s'installe pour que le chef de l'État ne puisse plus empêcher la montée de l'autorité du premier ministre à son détriment. Quoique la fin de la première cohabitation ait coïncidé avec une remontée de la popularité du président Mitterrand dans l'opinion publique, sinon dans l'autorité politique effective.

Le réaménagement de l'exécutif par le remplacement du premier ministre ne peut intervenir qu'au bénéfice du président tant que majorité présidentielle et majorité parlementaire coïncident. Mais la pratique de la démission-révocation n'a jamais abouti à faire du président le chef suprême de l'exécutif par la suppression de la fonction de premier ministre ; ce qui limite le rapprochement entre le régime français et le régime présidentiel. La pratique de la nomination et de la démission du chef du gouvernement en période de fait majoritaire ont montré que les deux autorités exécutives forment à la tête de l'État un couple indissociable qui ne peut agir pleinement que dans la confiance réciproque ; mais un couple inégal, au sein duquel le président l'emporte.

J-P. V.

DOUZIÈME SÉANCE

LE PARLEMENT

La structure du parlement s'inscrit dans la tradition : il comporte deux chambres : l'Assemblée nationale et le Sénat. Leur réunion en Congrès du Parlement n'a lieu que pour la révision de la Constitution (article 89). Ce bicaméralisme est inégalitaire, en ce sens que l'Assemblée nationale, élue au suffrage universel direct, peut seule renverser le gouvernement (motion de censure et question de confiance) et que, si le gouvernement le souhaite, elle peut imposer son point de vue en matière législative (à l'exception des lois organiques relatives au Sénat).

Sous les IIIe et IVe Républiques le parlement était le lieu privilégié du débat politique. Sous la Ve République, la politique de la nation n'est pas élaborée dans l'enceinte parlementaire. Elle est définie par le président de la République et (ou) le gouvernement. Il est significatif qu'un gouvernement nouvellement nommé ne s'estime plus obligé de présenter son programme devant l'Assemblée nationale et de le faire approuver.

Si le parlement n'a plus l'initiative de la politique, il ne faut pas pour autant négliger son importance : il constitue un indispensable contre-pouvoir. Il permet l'expression des différentes tendances politiques ; il oblige à faire la clarté sur l'action du gouvernement et de l'administration (information et contrôle) ; son influence dans l'élaboration des lois n'est pas négligeable. Il demeure un instrument privilégié de la démocratie politique. La subalternisation du parlement n'est donc pas la suppression du parlement.

Un rééquilibrage s'impose cependant. C'est l'une des idées forces du rapport du comité consultatif constitutionnel réuni à l'initiative du président de la République et remis le 15 février 1993.

L'apparition d'une majorité parlementaire de soutien au président de la République et au gouvernement constitue un fait déterminant pour l'appréciation du rôle du parlement. Une majorité parlementaire forte et unie constitue pour le gouvernement un appui décisif. Il ne lui est plus aussi nécessaire de faire usage des procédures rationalisées que la Constitution a multipliées tant en matière législative qu'en matière de contrôle politique.

Parmi les nombreuses questions qui doivent être bien connues, on citera :

– le rôle du Sénat dans les institutions,

– le statut des parlementaires (modalités électorales, inéligibilités et incompatibilités, responsabilité pénale),

– l'organisation interne du parlement (diverses catégories de commissions, délégations, groupes parlementaires, conférences des présidents, bureau et présidence, sessions, ordre du jour),

– les procédures de contrôle politique (motion de censure, question de confiance, moyens d'information),

– l'élaboration et le vote de la loi (initiative, ordre du jour prioritaire, pouvoir d'amendement, irrecevabilités, commission mixte paritaire, déclaration d'urgence, vote bloqué, procédure de l'article 49-3 ...),

– le statut de la loi (domaine de la loi, place de la loi dans l'ordre juridique, diverses catégories de lois).

Le premier sujet de dissertation proposé porte sur la responsabilité politique :

« ... l'article 49 de la Constitution a-t-il permis au parlement sous la Ve République de manifester sa confiance au gouvernement ? »

Le second sur les rapports entre gouvernement et parlement :

« les conflits entre le législatif et l'exécutif sous la Ve République ».

Le rôle du parlement est également évoqué dans les deux sujets proposés dans la séance sur les normes juridiques (voir ci-après p. 227 et s.).

1er sujet de dissertation

L'article 49 de la Constitution a-t-il permis au parlement sous la Ve République de manifester sa confiance au gouvernement ?

INDICATIONS DE CORRECTION

L'intitulé du sujet présente quelques difficultés et doit être relu soigneusement pour bien en délimiter la portée. Il ne faut pas réduire la dissertation à l'article 49.1. Les quatre alinéas de cet article, à divers titres, permettent au gouvernement de bénéficier d'un témoignage de confiance ; même par le biais de l'article 49.2 si la motion de censure est rejetée. Il faut remarquer que l'article 49.1 peut correspondre à des engagements de responsabilité du gouvernement de nature très différente. Enfin, il ne faut pas oublier le mécanisme original de l'article 49.3, ni la possibilité gouvernementale de demander au Sénat l'approbation d'une déclaration de politique générale.

A cette difficulté de délimitation du sujet s'ajoute la formulation interrogative. Il faut être à même de conduire une analyse textuelle précise des alinéas de l'article 49, avec les débats qui les entourent, mais surtout nourrir l'argumentation de quelques exemples précis qui témoignent de la connaissance de la pratique de cet article entre les pouvoirs, sans oublier le rôle éventuel du chef de l'État. Les gouvernements n'ont pas toujours interprété de la même façon, ni recouru avec autant d'intensité, à ces demandes de confiance parlementaire.

CORRIGÉ

La Ve République a connu diverses attitudes successives du parlement face au chef de l'État et à son gouvernement. On ne peut assimiler le débat parlementaire sur la question algérienne entre 1958 et 1962 avec celui des périodes de large fait majoritaire ; de même la IXe législature (1988-1993), avec une majorité relative en faveur du gouvernement, a mis en place un rôle parlementaire inédit. Cela a été facilité par la mise en place de nouvelles techniques d'information, de travail législatif et de contrôle. Mais la pratique de la Ve République qui accorde l'ascendant à l'exécutif postule que celui-ci bénéficie d'une confiance parlementaire affirmée. Dès 1959 les parlementaires acceptent que le gouvernement soit, avant tout, celui du chef de l'État. Apporter son concours de principe au gouvernement est la concrétisation de la confiance faite au président de la République.

Aussi l'article 49 de la Constitution est au centre de la manifestation constitutionnelle de la confiance parlementaire au gouvernement. Ses quatre alinéas permettent tous, à divers titres, de témoigner cette confiance. Même le deuxième alinéa qui concerne la motion de censure est indirectement, lorsqu'elle est rejetée, ce qui est généralement le cas, le moyen de dégager la majorité qui la refuse et soutient ainsi le gouvernement. Mais ce sont surtout les alinéas 1, 3 et 4 qui permettent au parlement, à l'initiative du gouvernement, d'apporter un soutien à l'exécutif lors de la formation du gouvernement ou au cours de ses fonctions.

L'histoire constitutionnelle de la Ve République révèle que la prééminence présidentielle a conduit l'exécutif à rendre le plus souvent implicite la confiance parlementaire lors de la formation d'un nouveau gouvernement (I), mais que cette confiance a parfois dû par la suite être beaucoup plus explicite pour permettre l'action du gouvernement en fonction (II).

I. LA CONFIANCE FACULTATIVE LORS DE LA FORMATION DU GOUVERNEMENT

Avec l'article 8 de la Constitution la classe politique concède au général de Gaulle que le gouvernement émane du président de la République et non de la représentation parlementaire. Mais l'article 49.1 de la Constitution pouvait atténuer cette idée et éviter ainsi que ne soit éclipsée la représentation parlementaire. Le texte se voulait impératif, mais il a été interprété comme étant facultatif par les dirigeants de la Ve République.

A. Un texte impératif

Le respect de l'impératif de l'article 49.1 résulte pendant le premier septennat du général de Gaulle autant du droit que de la volonté des dirigeants.

L'article 49 est l'un des points cruciaux du texte de 1958. Les différents stades de son élaboration accréditent la volonté des constituants de rester dans le cadre parlementaire. Cette responsabilité gouvernementale se retrouve dans le vote des pleins pouvoirs constituants le 3 juin 1958. A la lecture des interventions au comité consultatif constitutionnel la question de l'investiture est peu soulevée et semble aller de soi. De plus, la proposition du Conseil d'État de remplacer *« engage »* par *« peut engager la responsabilité du Gouvernement »* n'a pas été retenue dans le texte proposé par Michel Debré au comité ministériel consultatif.

En outre, l'article 49.1 distingue entre l'engagement de responsabilité sur le programme qui est nécessairement relatif à la formation du gouvernement et l'engagement de responsabilité sur une déclaration de politique générale qui ne devrait intervenir qu'après un certain exercice des fonctions. La distinction textuelle postule une différence de moment entre les deux engagements de responsabilité, bien qu'ils soient chacun le moyen pour l'Assemblée nationale de témoigner ou non sa confiance. Cette différenciation doctrinale textuelle reste cependant *« fragile »*, le Conseil constitutionnel ayant donné le même sens aux deux acceptions par une décision du 12 janvier 1977.

Dès les débuts de la Ve République l'exécutif, suivant les textes, semble se rallier à une interprétation impérative de l'article 49.1. Michel Debré se présente devant l'Assemblée nationale quelques jours après sa nomination, Georges Pompidou fera de même en avril et décembre 1962. La pratique est donc parfaitement établie pendant le premier septennat du général de Gaulle. Entre 1959 et 1965 on note juste le début d'une utilisation indifférenciée du vote sur *« un programme »* et du vote sur *« une déclaration de politique générale »*. Mais à partir de 1966 se révèle une ambiguïté sur le principe même du recours à l'article 49.1. La pratique devient facultative, et plus conforme à la volonté du général de Gaulle pour qui le parlement a cessé d'être la source d'où procèdent la politique et le gouvernement.

B. Une interprétation laxiste

De 1966 à 1981 le parlement n'a qu'exceptionnellement le loisir de témoigner sa confiance explicitement au gouvernement lors de sa constitution. Sous le second septennat du général de Gaulle et les septennats de G. Pompidou et de V. Giscard d'Estaing, l'article 49.1 n'ouvre plus qu'une faculté. Au reste, les successifs chefs de gouvernement rappellent, lorsqu'ils sollicitent un vote, qu'ils n'y sont pas contraints. Certes tous les gouvernements se présentent devant l'Assemblée nationale plus ou moins rapidement, mais ils ne demandent pas souvent un vote conforme à l'article 49.1. Ainsi, Pierre Messmer sollicite un vote, le 2 avril 1973, sur une déclaration de politique générale en ayant bien soin de préciser qu'il s'agit seulement de mettre l'Assemblée nationale en mesure d'exercer sans tarder ses responsabilités de contrôle de la politique gouvernementale.

Ne pas solliciter un vote devient l'expression de l'assentiment du premier ministre au fait qu'il ne procède que du chef de l'État. Le programme du candidat Mitterrand en 1981 insistait sur l'impératif de l'article 49.1 et la nécessité de renforcer le rôle du parlement. L'évolution du soutien majoritaire aux gouvernements qu'il nommera, une fois devenu chef de l'État, de 1981 à 1992, ne permettra pas toujours de respecter ce souhait. Dans un premier temps les nouveaux gouvernants confirment la position qu'ils exprimaient dans l'opposition ; l'application stricte doit devenir la doctrine officielle du nouveau septennat. Mais en 1981 le vote n'a été sollicité que pour le second gouvernement Mauroy, car le *« gouvernement de transition »* qui a été désigné pour la période séparant l'élection du chef de l'État de l'élection de la nouvelle Assemblée ne s'est pas présenté devant la chambre ; le principe de la dissolution annoncé avant les élections présidentielles s'est imposé immédiatement. Mais par la suite l'application stricte de l'article 49.1 est bien la doctrine officielle du septennat ; y compris, bien sûr, pour le gouvernement de cohabitation formé par Jacques Chirac le 20 mars 1986.

Avec le second septennat de François Mitterrand la majorité devient relative à l'Assemblée nationale. Les gouvernements Rocard de 1988, Cresson de 1991 et Bérégovoy de 1992 ne sollicitent pas de vote de l'Assemblée nationale. La réalité des rapports de force au parlement a mis en sommeil la volonté affichée de 1981 d'imposer le respect de l'impératif de l'article 49.1. Au reste les déclarations sans vote faites par ces gouvernements sont présentées explicitement comme des déclarations de politique générale et non de présentation d'un programme. Il faudra attendre la nouvelle cohabitation pour que l'Assemblée nationale se prononce à nouveau, en 1993, dès la formation du gouvernement.

La pratique de la Ve République a donc conforté une controverse sur le recours à l'article 49.1 lors de la formation du gouvernement. Pour certains la controverse serait de pur principe en raison du fait majoritaire. C'est partiellement vrai, mais l'application qui a prévalu de l'article 49.1 depuis 1958 minore le rôle des parlementaires en mettant encore davantage en exergue la prépondérance présidentielle. Enfin, et surtout, l'opposition peut déposer une motion de censure pour expliciter sa défiance, mais c'est oublier que le calcul de majorité est différent selon l'article 49.1 et l'article 49.2. La majorité absolue des membres de l'Assemblée n'est requise que pour la motion de censure. Si la majorité parlementaire est très faible (les élections législatives de 1967 ou la majorité relative de 1988) la question peut devenir cruciale.

Si le concours parlementaire est devenu largement facultatif au moment de la mise en place d'un gouvernement, il reste nécessaire pour la vie du gouvernement.

II. LA CONFIANCE NÉCESSAIRE POUR LA VIE DU GOUVERNEMENT

Dès lors que l'Assemblée nationale n'adopte pas une motion de censure, elle apporte son concours à la vie du gouvernement, bon gré mal gré. Le témoignage explicite de la confiance n'est pas nécessaire, il suffit que l'exécutif ne soit pas mis hors de situation de conduire la politique nationale.

Ces considérations ont souvent amené à relativiser la question de la présentation ou non du gouvernement devant l'Assemblée après sa constitution ; cette dernière acceptant de travailler avec lui, l'acceptait implicitement. Au reste, face à une majorité arithmétique assurée la question pouvait être relativisée. Mais la VIe (1978-1981) et la IXe législature (1988-1993) ont modifié les termes du débat ; surtout la dernière citée qui a contraint le gouvernement à s'accommoder d'une majorité à géométrie variable. Les gouvernements de ces législatures ont été conduits, beaucoup plus que par le passé, à chercher à associer fortement le parlement à une politique qu'il puisse accepter sans trop rechigner. Le gouvernement dispose à cet effet de diverses procédures constitutionnelles ; les unes permettent au parlement de témoigner sa confiance, les autres de conforter l'exécutif par une présomption de confiance.

A. Le témoignage de la confiance

Le gouvernement pourrait se limiter le plus souvent au soutien de l'Assemblée nationale. Mais il peut être tenté de rechercher l'assentiment des deux chambres, ou quelquefois de s'appuyer sur le Sénat pour faire pression sur l'Assemblée. De ce point de vue l'intégration des deux chambres dans la majorité parlementaire constitue un gage de force pour l'exécutif. Cette confiance gagne parfois à être témoignée explicitement. Les deux chambres peuvent par un vote sur une déclaration de politique générale consolider un gouvernement. Mais l'adoption ou la non adoption d'une telle déclaration a des conséquences différentes selon l'assemblée considérée.

Par l'article 49.1 le premier ministre peut demander à l'Assemblée de réitérer sa confiance ; qu'elle l'ait déjà manifestée explicitement lors de la formation du gouvernement ou qu'elle l'ait témoignée implicitement depuis en ne votant pas la censure. Ici n'est donc pas envisagé le cas où le chef du gouvernement utilise le vote sur la déclaration de politique générale, en cours de fonctions, comme substitut à l'absence de vote sur le programme politique lors de la formation de l'équipe gouvernementale. L'article 49.1 dispose véritablement d'une double face depuis 1958.

Au cours des fonctions du gouvernement l'article 49.1 peut servir aussi bien à rassembler la majorité parlementaire en période de troubles et d'incertitudes qu'à témoigner de la solidité de la majorité.

Il faut isoler les engagements de responsabilité qui concernent essentiellement un point spécifique de la politique gouvernementale, pour lesquelles la confiance est directement apportée quant au domaine visé. Pierre Mauroy fait adopter deux déclarations sur le *« programme énergétique du gouvernement »* en 1981, Michel Rocard une déclaration sur les événements du Golfe le 16 janvier 1991. Dans ce dernier cas le vote favorable d'une partie de l'opposition confirme que le gouvernement recherchait exclusivement la confiance sur la question soulevée. La même attitude observée par Pierre Bérégovoy à propos du G.A.T.T. et de ses conséquences sur l'agriculture française ne parviendra pas à convaincre l'opposition d'apporter un vote de confiance au gouvernement le 25 novembre 1992.

Enfin, le célèbre engagement de responsabilité sur une déclaration de politique générale de Jacques Chaban-Delmas le 24 mai 1972 reste spécifique. Il s'agissait moins de galvaniser les forces de la majorité que de renforcer Matignon face à la présidence de la République. Le premier ministre ayant cependant précisé à l'Assemblée la triple signification du vote d'approbation demandé *« sur la cohésion de la majorité, sur la valeur de ce qui a été fait hier et de ce qui sera fait demain, sur l'unité d'action de la majorité et du gouvernement »*.

Mais sous la Ve République le gouvernement peut également solliciter du Sénat un vote sur sa politique.

Le Sénat ne peut mettre en cause la responsabilité du gouvernement par une motion de censure à sa propre initiative. Cependant le premier ministre *« a la faculté »* de demander au Sénat l'approbation d'une déclaration de politique générale conformément à l'article 49.4 de la Constitution. Cet article ne mentionne pas la nécessaire délibération du conseil des ministres, mais on imagine mal un chef du gouvernement en période de fait majoritaire qui passerait outre à l'appréciation présidentielle. L'aspect facultatif incontestable de l'article 49.4 rend peu probable qu'un gouvernement prenne le risque d'un désaveu devant le Sénat ; face à un vote aléatoire il renoncera à solliciter ce vote. Il ne risque cependant qu'un désaveu politique, car la Constitution est muette sur les conséquences d'un tel vote négatif sur la vie du gouvernement.

Pendant les deux présidences du général de Gaulle, même partiellement sous la présidence Georges Pompidou, le Sénat a été considéré comme une chambre d'opposition. Dès lors le Sénat a été ignoré jusqu'en 1975, il ne lui a jamais été demandé de témoigner sa confiance au gouvernement. Le Sénat sort de son isolement le 10 juin 1975 grâce au premier ministre Chirac qui sollicite l'approbation d'une déclaration de politique générale obtenue facilement. Raymond Barre recourra également à cette procédure. Jacques Chirac procédera de même pendant la première cohabitation. Malgré un Sénat d'opposition Michel Rocard obtiendra un vote favorable des sénateurs sur la politique envers les pays de l'Est en 1989 et à propos des événements du Golfe en 1991.

Mais le témoignage constitutionnel du soutien du Sénat à l'exécutif ne peut qu'être intermittent, lié aux forces politiques en présence au sein de la haute assemblée, ou très circonstanciel sur une question appelant une réaction d'unité nationale. Mais l'exécutif se contente parfois de bénéficier de la présomption de la confiance parlementaire.

B. La présomption de la confiance

Moins solennelles qu'un vote, diverses procédures parlementaires permettent au gouvernement de revendiquer l'appui implicite du parlement.

Bien qu'il ne soit pas fait dans la Constitution allusion à la notion de question de confiance, c'est bien l'article 49.3 qui en est le plus proche. Il permet au gouvernement de s'assurer qu'il bénéficie toujours de la confiance de l'Assemblée. La procédure lie le sort du gouvernement à l'attitude des parlementaires qui peuvent refuser la confiance implicite en explicitant leur défiance ; *« le texte est considéré comme adopté, sauf si une motion de censure... est votée »*. L'utilisation de l'article 49.3 est susceptible de sanctions constitutionnelles et diffère de l'éventualité soulevée par l'article 49.4 de la Constitution. Jusqu'au septennat du président Valéry Giscard d'Estaing la procédure est peu utilisée en raison de l'existence d'une forte majorité parlementaire de soutien à l'exécutif.

La fonction première de l'article 49.3 est de permettre par une procédure drastique de faire adopter des textes vitaux pour le gouvernement qui craint que la majorité ne les accepte pas. Ici la préoccupation est toute autre. Le recours à l'article 49.3 peut parfois être la conséquence de la recherche par le gouvernement de la manifestation du soutien explicite du parlement plus que celle de l'adoption d'un texte. Quelques engagements de responsabilité conformément à l'article 49.3 correspondent à cette double recherche : obtenir un vote d'un texte sectoriel important pour la politique gouvernementale, mais surtout rassembler à un moment précis la majorité. Ainsi Pierre Mauroy utilise l'article 49.3 le 23 mai 1984 pour le projet de loi sur l'enseignement privé.

L'article 49.3 interrompt le débat, et en l'absence du dépôt d'une motion de censure, confirme qu'il n'y a pas une majorité qui s'oppose au gouvernement. Mais il est une autre possibilité pour le gouvernement de bénéficier d'une présomption de confiance, tout en favorisant le débat parlementaire : le mécanisme des diverses déclarations sans vote au sein des assemblées. Le gouvernement peut présenter devant l'assemblée des *« déclarations du gouvernement »* distinctes de celles prévues à l'article 49 de la Constitution. Ces déclarations peuvent être suivies ou non d'un débat. Elles sont prévues par les règlements des assemblées. En aucun cas elles ne peuvent être suivies d'un vote. Elles portent souvent sur des problèmes d'actualité. Il faut les distinguer de celles de l'article 49.4 de la Constitution concernant le Sénat qui peuvent être suivies d'un vote ; même si ce vote n'engage pas constitutionnellement la responsabilité du gouvernement.

Les gouvernement Mauroy et Fabius ont été les premiers à développer considérablement ces déclarations. Elles prennent un sens nouveau à partir de 1958. Elles sont régulièrement utilisées à l'Assemblée nationale peu après la formation des gouvernements qui renoncent désormais à utiliser la contrainte de l'article 49.1. Certaines concernent la *« politique générale du gouvernement »,* mais d'autres portent sur des points précis : l'immigration, l'intégration, la situation au Moyen-Orient ou la politique de la ville.

Ce recours à des déclarations – avec ou sans débat – sans vote, peu après la nomination du gouvernement, n'a cependant pas été inauguré par Michel Rocard. Il avait été pratiqué ainsi de manière continue par tous les gouvernements de 1966 à 1973. Rares sont les motions de censure déposées après ces déclarations.

La Ve République a montré que l'article 49 a surtout permis au parlement d'apporter son concours à l'exécutif lorsqu'il le souhaitait. Une seule motion de censure a été adoptée, en 1962, et l'Assemblée nationale a dû accepter l'application facultative de l'article 49.1 lors de la formation du gouvernement. Singulièrement un article qui devait être un instrument de contrôle efficace dans la tradition du régime parlementaire est devenu une procédure constitutionnelle pouvant aider l'action gouvernementale.

J-P. V.

2e sujet de dissertation

Les conflits entre le législatif et l'exécutif sous la Ve République

INDICATIONS DE CORRECTION

La Ve République a le plus souvent connu le fait majoritaire qui a assuré la discipline de la majorité parlementaire qui accordait un soutien sans faille à l'exécutif. Cependant, en diverses hypothèses, des tiraillements sont intervenus entre l'exécutif et sa majorité. Une motion de censure a été votée en 1962. En 1981 et 1988 à la suite des élections présidentielles il y a même eu pendant quelques jours une opposition radicale entre la majorité parlementaire et, à la fois, le président de la République et le gouvernement.

Le sujet permet également des développements sur des conflits imaginables à partir de l'état des textes constitutionnels et des hypothèses de confrontation entre un président et une assemblée nouvellement élue. Les deux cohabitations que nous avons connues ne sont pas les seules possibles.

Dès lors, il y a quelques passages obligés de la dissertation. L'intervention des conflits peut varier largement ; le conflit peut freiner le travail de l'exécutif ou le remettre radicalement en cause. Il ne faut pas oublier la seconde chambre et ses possibilités, les virtualités de l'obstruction parlementaire ; cela nécessite la parfaite connaissance du fonctionnement des assemblées. Enfin, le conflit ne peut avoir la même nature s'il oppose un président ou un premier ministre au parlement et s'il met aux prises un exécutif uni et le parlement.

CORRIGÉ

Sous la Ve République l'exécutif a le plus souvent encadré l'activité du législatif, dès lors que celui-ci fournissait une confiance de principe qui assurait la vie du gouvernement. Cela a entrainé un recul du rôle législatif des parlementaires. Mais un autre fonctionnement des institutions est possible ; au reste, quelques périodes de la Ve République l'ont montré. Si le pouvoir législatif rivalise avec le pouvoir exécutif, c'est que la logique du fait majoritaire s'est estompée. Le législatif en vient à disputer le premier rang à l'exécutif. Mais cet antagonisme qui met un terme à la traditionnelle soumission à l'exécutif suppose un conflit latent, qui peut devenir un conflit ouvert, entre la représentation nationale et l'exécutif.

Le conflit est latent lorsque l'harmonie politique entre l'Elysée et Matignon persiste, même amoindrie, mais que le fait majoritaire ne s'impose plus au parlement. Cette hypothèse se différencie de celle où une majorité est assurée à l'Assemblée nationale, mais où des affrontements plus ou moins explicites se développent entre les deux têtes de l'exécutif ; par exemple entre Valéry Giscard d'Estaing et Jacques Chirac de 1974 à 1976. Le conflit latent entre l'exécutif et le législatif qui nous retient ici coïncide avec une absence de majorité absolue soutenant le gouvernement à l'Assemblée nationale. Le gouvernement n'est pas mis en péril, mais il est freiné dans son action. Ce conflit latent peut exister également en période de cohabitation si l'opposition de l'Assemblée nationale et du Sénat décide l'obstructionnisme systématique (I).

Le conflit devient ouvert lorsque le législatif décide d'affronter l'exécutif : soit la majorité a changé en cours de législature, et le gouvernement est mis en minorité, ce qui contraint quasi inévitablement le chef de l'État à faire trancher le conflit par le peuple ; soit, à la suite d'élections, le législatif se méfie du chef de l'État et tente de le soumettre (II).

I. LA POSSIBILITÉ DE CONFLITS LATENTS

Le conflit latent entre le législatif et l'exécutif n'annihile pas toute action de ce dernier. Seulement une logique de rivalité systématique se met en place selon des schémas qui peuvent être très différents, mais qui se réduisent à des incidences d'obstruction législative ou de *statu quo* des textes constitutionnels.

A. Les trois hypothèses

Selon la première hypothèse l'Elysée et Matignon sont en harmonie politique, mais ne peuvent s'appuyer que sur une majorité relative à l'Assemblée nationale ; ce qui peut être aggravé par la présence d'un Sénat d'opposition. Dès lors le gouvernement doit manoeuvrer en permanence avec les prérogatives du parlementarisme rationalisé pour dégager une majorité pour chaque texte délicat ; ce qui le met entre les mains des groupes charnières de l'Assemblée nationale. Il doit également veiller à ne pas amener l'opposition à un blocage du processus législatif. La situation de majorité relative s'est imposée de 1988 à 1993.

Dans la seconde éventualité l'Elysée et Matignon sont toujours en harmonie politique et ils disposent d'une majorité absolue à l'Assemblée, mais l'opposition a opté pour l'obstruction systématique qui varie cependant dans sa vigueur selon les textes proposés. Dans cette hypothèse c'est l'opposition, quoique minoritaire, qui sous-tend le conflit latent. Ce cas de figure s'est imposé avec des intensités fluctuantes entre 1981 et 1986.

Reste une autre hypothèse où l'Elysée et Matignon ont été contraints à la cohabitation et où le gouvernement n'a pas les coudées aussi franches qu'il le voudrait, car l'opposition a choisi l'obstruction au parlement, et tout particulièrement dans la seconde chambre au sein de laquelle elle détient la majorité. Cette hypothèse s'est réalisée entre 1986 et 1988.

Ainsi le conflit latent entre l'exécutif et le législatif peut avoir des incidences variées tant constitutionnelles que législatives. Les deux assemblées, concurremment ou alternativement, peuvent freiner l'adoption de la législation que le gouvernement juge essentielle à son action.

B. L'obstruction législative

Les initiatives de la majorité peuvent être un frein à l'adoption de la la législation défendue par le gouvernement. Les difficultés de Raymond Barre pour faire adopter les budgets des années 1979 à 1981 montrent que la transaction politique qui s'est instaurée entre l'exécutif et le R.P.R. ne fonctionne pas sans des tentatives d'obstruction de ce parti, qui allie le fait de ne pas voter la censure et la volonté de marquer nettement à l'Assemblée les critiques qu'il apporte à la politique gouvernementale. Cela contraint le gouvernement à faire un très large appel aux ressources des articles 44.3, 49.3 et 45.4 de la Constitution.

A partir de 1988 l'exécutif bénéficie à nouveau de l'unité entre l'Elysée et Matignon, mais l'Assemblée nationale n'assure qu'une majorité relative, le Sénat se situe dans l'opposition résolue. Le gouvernement doit désormais accorder une attention soutenue aux groupes non inscrits de l'Assemblée, bénéficier de certains votes calibrés qui dégagent de justesse une majorité. Chaque voix compte désormais. Les discussions budgétaires de 1991 et 1992 obligeront également E. Cresson et P. Bérégovoy à trouver des majorités à géométrie variable.

Si le conflit latent peut dépendre de l'attitude d'une partie de la majorité, il peut également être suscité, ou entretenu, par l'opposition. L'arrivée de la gauche au pouvoir en 1981, puis la cohabitation de 1986-1988, ont permis d'évaluer les techniques d'obstruction dont peut bénéficier l'opposition. Le règlement de l'Assemblée, soit dans ses dispositions, soit dans ses lacunes, permet de manier l'obstruction législative. Ses diverses possibilités apparaissent à deux reprises : à partir de 1981 pour freiner les réformes gouvernementales, puis à partir de 1986 à l'encontre du gouvernement de cohabitation de M. Chirac. Certes des tentatives d'obstruction étaient apparues auparavant, mais elles étaient moins spectaculaires et le plus souvent ponctuelles.

L'opposition peut essayer d'empêcher le gouvernement d'avoir la maîtrise du déroulement de l'ordre du jour, l'obliger à retarder de jours en jours, de semaines en semaines, les réformes ; elle peut avoir la tentation de prouver que la puissance du gouvernement en place n'est que relative. A cet effet les parlementaires peuvent utiliser les procédures de la question préalable, de l'exception d'irrecevabilité ou de la motion de renvoi en commission. Ils peuvent multiplier les incidents de séances par les rappels au règlement ou les suspensions de séances, les demandes répétitives de vérification du quorum qui permettent de retarder un vote, la multiplication des scrutins publics et, enfin, l'utilisation à outrance du mécanisme de l'amendement. Les assemblées réglementent cependant la question préalable, l'exception d'irrecevabilité et la motion de renvoi en commission.

De son coté le Sénat peut retarder un vote, l'engagement de responsabilité sur un texte ne s'y appliquant pas. Avec l'appui de son règlement intérieur celui-ci est en mesure de maîtriser le déroulement de ses séances.

Mais le freinage de l'activité gouvernementale peut viser aussi la révision de la Constitution ; sur ce point le texte constitutionnel semble accorder un droit de veto au Sénat.

C. Le *statu quo* constitutionnel

Le Sénat n'a pu empêcher le général de Gaulle en 1962 de faire réviser la Constitution par le biais de l'article 11 en suscitant beaucoup de contestations politiques et juridiques, le Conseil constitutionnel s'étant finalement déclaré *a posteriori* incompétent pour apprécier la constitutionnalité de la loi référendaire du 6 novembre 1962. Le général de Gaulle a pu montrer que l'article 11 permettait de mettre en oeuvre une révision de la Constitution à la seule diligence du président.

Mais après le retrait du général de Gaulle le Sénat retrouvera la plénitude de son droit de veto constitutionnel. Dès lors aucune révision ne réussira sans son accord. Au reste, il défendra plutôt le *statu quo* constitutionnel. Le Sénat empêchera diverses révisions sous la Ve République ; mais pas toutes. Ce n'est pas un veto à toute adaptation du texte, mais un frein à divers projets touchant à la répartition des pouvoirs ou à certains principes généraux. En 1984, il parvient à enrayer une procédure de révision de l'article 11 de la Constitution dès son enclenchement par le président, avant même le vote sur le texte, en adoptant immédiatement une question préalable. En 1990, il bloque un projet présidentiel de révision visant à instituer un contrôle de constitutionnalité par voie d'exception.

Parfois le Sénat émet un vote favorable mais à une majorité qui fait craindre au gouvernement qu'il ne recueille pas la majorité qualifiée au Congrès. C'est ainsi que Georges Pompidou en 1973 renoncera à réviser la durée du mandat présidentiel.

Cependant en 1988 le président Mitterrand a semblé ne pas exclure de revenir à la pratique de l'article 11 du général de Gaulle dans un entretien accordé à la revue *Pouvoirs*.

Les conflits latents peuvent déboucher sur des conflits ouverts autrement plus préoccupants pour l'exécutif.

II. LE RISQUE DE CONFLITS OUVERTS

La défense de la primauté présidentielle passe par le soutien d'une majorité parlementaire. Le régime de la Ve République tel qu'il est conçu et établi depuis ses origines ne peut s'en passer. Certes, il peut s'accommoder provisoirement d'un conflit latent ; mais que ce conflit débouche sur une motion de censure, qu'une élection législative porte à l'Assemblée une majorité opposée à la majorité présidentielle et s'installe un conflit ouvert. Dès lors la rivalité entre l'exécutif et le législatif peut se muer en un affrontement du parlement avec le président et son gouvernement comme à l'automne 1962, ou en une méfiance envers le seul chef de l'État si l'Assemblée nationale est tentée de refuser la cohabitation et d'imposer *« son »* premier ministre pour la rendre impossible ou très conflictuelle.

A. Le législatif affronte l'exécutif

L'adoption d'une motion de censure est devenue très improbable sous le régime politique de la Ve République ; même la IXe législature n'a entretenu que de *« faux-suspenses ».* La crise politique et institutionnelle de l'automne 1962 fournit un exemple de contestation de l'exécutif dans son ensemble par le législatif qui débouche sur une motion de censure indirectement adressée au président de la République. Une crise qui se terminerait par la censure du gouvernement sans que le chef de l'État soit visé est peu probable car ce dernier au premier signe grave d'une désaffection parlementaire envers le seul gouvernement le changerait. La censure a de très fortes chances en cours de mandat, et dans une hypothèse de départ de conjonction des majorités présidentielle et parlementaire, d'associer implicitement les deux têtes de l'exécutif. A ce titre la crise de 1962 est un archétype. Elle a permis de témoigner de l'avantage que confère à l'exécutif le droit de dissolution en cas d'affrontement avec la majorité de l'Assemblée nationale. Le conflit ouvert est tranché par les citoyens.

Même avec une majorité très faible un gouvernement a très peu de chances d'être censuré sur des questions ponctuelles ; seul le glissement dans l'opposition explicite d'un groupe parlementaire de la majorité peut le permettre. Cependant jusqu'à nos jours le système de scrutin des élections législatives a facilité la discipline des partis. S'est perpétué le système majoritaire à deux tours qui pousse aux alliances. Seule l'élection législative de 1986 a connu la proportionnelle, mais elle a cependant perpétué les clivages habituels et est parvenue à dégager de justesse une majorité.

Si l'on veut bien mettre à l'écart l'article 16, qui correspond à une situation bien particulière, c'est l'article 12 de la Constitution qui constitue le pouvoir de réaction essentiel du chef de l'État. Certes, il ne s'agit que de l'un des pouvoirs propres énoncés à l'article 19 de la Constitution, mais il ne nécessite pas, à l'inverse de l'article 11, une proposition pour être mis en oeuvre. Il suffit de consulter le premier ministre et les présidents des assemblées. Mais la Ve République a également connu *« la dissolution préventive »* face à une majorité *a priori* hostile. En ce cas, le chef de l'État provoque des élections législatives dans la foulée des élections présidentielles afin de traduire au plan parlementaire la majorité présidentielle qui s'est dégagée. Cela a été le cas en 1981 et en 1988.

Mais le conflit peut opposer l'Assemblée nationale au seul président de la République.

B. Le législatif s'oppose au chef de l'État

Cette fois une élection législative s'est traduite par la défaite des partisans du chef de l'État. La contradiction entre les majorités présidentielle et parlementaire entraîne l'incertitude sur l'attitude des dirigeants et de la classe politique. Mais il est un premier clivage simple : soit la majorité parlementaire accepte des contacts et c'est déjà la recherche d'un *modus vivendi* qui est la porte ouverte à la *« cohabitation »*, soit elle refuse immédiatement le contact avec le président et s'installe dans une perspective de *« séparation »* qui ouvre une crise pendant laquelle est recherchée la démission du chef de l'État.

Il faut se demander si au lendemain d'une élection législative gagnée par l'opposition le régime politique se trouve face à une alternative ou s'il est confronté à une situation où tout est envisageable. En fait la continuité de l'État, les impératifs de la cohérence de la politique nationale, l'attitude des partis face à l'opinion publique devenue observatrice, poussent à considérer que la nouvelle majorité parlementaire ne peut qu'être conduite quasi immédiatement à choisir entre cohabiter ou *a contrario* rejeter le principe même d'une cohabitation. Le temps devient un facteur décisif dans le choix de la *« séparation »*. Toute incertitude de départ fait glisser vers une perspective de cohabitation.

Il faut être circonspect sur les chances effectives d'une majorité d'obtenir le départ du président dans le cadre logique de nos institutions. La nouvelle majorité peut pratiquer la *« grève des ministères »* en suivant le précédent qui avait provoqué le départ d'Alexandre Millerand sous la IIIe République. Mais cette attitude ne peut durer très longtemps. Bien sûr le chef de l'État nommerait un premier ministre, voire des premiers ministres successifs, susceptibles de dégager une majorité. Déjà le chef de l'État pourrait créer la confusion dans la majorité en choisissant des personnalités d'ouverture jouissant d'une cote de popularité très favorable auprès de l'opinion et des parlementaires ; éventuellement des membres de la majorité qui passeraient outre à l'interdit de leur parti, ce qui rendrait difficile une position de refus des directions des partis de soutenir un gouvernement de conciliation. Mais si ces derniers étaient renversés une solution devrait être recherchée auprès des électeurs ; mais pas nécessairement par la dissolution qui aurait de grandes chances de reconduire la même majorité, voire de l'amplifier.

Les cohabitations inaugurées en 1986 et 1993 ont confirmé que le chef de l'État était conduit à tirer la leçon des élections législatives et à nommer un premier ministre représentatif de la nouvelle majorité : en fait l'homme politique que la classe politique attendait. Mais, bien sûr, les autres hypothèses restent envisageables.

Finalement la Ve République est parvenue à gérer plusieurs conflits latents sans qu'ils débouchent en un conflit ouvert. Une motion de censure en 35 ans confirme que l'exécutif réussit à désamorcer les antagonismes. Certes, en 1981 et 1988 il les a devancés par des dissolutions préventives, mais dans les autres cas le conflit sur la politique du gouvernement est resté latent à l'Assemblée, aucune majorité ne se dégageant pour renvoyer la représentation nationale devant les électeurs dès lors que la motion de censure risquait d'entraîner quasi inexorablement la dissolution.

Aussi, les périodes de conflits latents se répètent, mais n'ont pour conséquences que de freiner la législation qui devient plus lente et plus prudente, bref moins novatrice.

J-P. V.

[illegible]

[illegible] pour envoyer la représentation [illegible]

[illegible]

TREIZIÈME SÉANCE

LES NORMES JURIDIQUES

L'étude des normes juridiques est essentielle pour la poursuite des études au delà de la première année du DEUG-droit. Cette partie du cours revêt donc une importance toute particulière.

L'étudiant devra connaître les différentes catégories de normes qui composent notre système juridique, leur nature, leurs caractères et leur force juridique ainsi que leur mode d'élaboration. Ces normes sont hiérarchisées. Les moyens qui permettent de sanctionner cette hiérarchie doivent aussi être connus, en particulier les différents recours juridictionnels et leur maniement.

Devront être particulièrement étudiés :

– la suprématie des normes constitutionnelles et les recours qui permettent de la garantir : contrôle de constitutionnalité des lois (lois ordinaires et organiques) et des règlements des assemblées, vérification de la conformité des traités à la Constitution, modalités de saisine du Conseil constitutionnel, portée des décisions du Conseil constitutionnel, étendue du contrôle exercé, position particulière des lois référendaires,

– la supériorité des lois sur les actes administratifs : le domaine de la loi et celui du règlement, pouvoir réglementaire autonome et pouvoir réglementaire subordonné,

– le principe de légalité et sa sanction juridictionnelle : le recours pour excès de pouvoir devant le juge administratif, les diverses catégories de lois et les particularités concernant leur élaboration (loi ordinaire, loi organique, loi référendaire, loi de finances, loi d'habilitation, loi de ratification d'ordonnances, loi autorisant la ratification d'un traité),

– les différentes catégories d'actes administratifs : règlements et actes individuels, la hiérarchie existant à l'intérieur de la catégorie des actes administratifs et sa sanction juridictionnelle,

– la place des traités internationaux dans l'ordre juridique français : traité et constitution, le contrôle de compatibilité exercé par le Conseil constitutionnel – traité et loi, le principe de supériorité du traité sur la loi (article 55 de la Constitution), l'absence de contrôle de la part du Conseil constitutionnel, le contrôle exercé par la Cour de Cassation (Ch. mixte, cafés Jacques Vabre, 24 mai 1975) et par le Conseil d'État

(Assemblée, arrêt Nicolo, 20 octobre 1989), – l'importance prise par cette question avec le développement du droit communautaire,

– le cas particulier des ordonnances : les ordonnances de l'article 92 de la Constitution, les ordonnances de l'article 47 de la Constitution, les ordonnances de l'article 38 (procédure d'élaboration, autorité juridique)

– le cas particulier des décisions de l'article 16 (décision de mettre en vigueur l'article 16 et de mettre fin à son application, décisions prises en vertu de l'article 16).

Sont proposés une dissertation et un exercice pratique.

La dissertation porte sur : la loi. Le sujet, central, exige un réel effort de délimitation et de synthèse.

L'exercice choisi se réfère à un épisode de la vie politique française. En 1986, le gouvernement a souhaité procéder à un certain nombre de réformes par la voie des ordonnances de l'article 38. Cette procédure a toutefois été infructueuse, dans des conditions qui prêtent à discussion, en raison du refus de signature du président de la République. Ainsi le texte des ordonnances a-t-il dû être repris sous la forme de projet de loi.

Dissertation

La loi

INDICATIONS DE CORRECTION

Le sujet ne recélait aucune ambiguïté, mais il appelait un effort de délimitation. L'intitulé recouvre un vaste ensemble de questions qui ont été traitées dans le cours. On pouvait se demander s'il convenait de traiter de l'élaboration de la loi (sous l'angle de la procédure législative, des rôles respectifs du parlement et du gouvernement dans ce processus, de ceux du Sénat et de l'Assemblée nationale et même du peuple intervenant en application de l'article 11 de la Constitution). On pouvait aussi comprendre le sujet dans sa dimension historique, ce qui pouvait conduire à le traiter sous l'angle de l'évolution que l'on peut constater de la IIIe à la Ve République en ce qui concerne la définition de la loi (formelle – matérielle) et sa place dans l'ordonnancement juridique.

Une règle d'interprétation dérivant du bon sens et tenant compte du temps limité fixé pour composer veut que, en présence d'un intitulé très large, on s'oriente vers une délimitation stricte, tandis qu'en présence d'un intitulé étroit, une conception appréhendant tous les aspects du sujet doit être préférée.

L'application de cette règle devait amener à comprendre le sujet de la manière suivante :

– la loi telle qu'elle est, c'est-à-dire une fois sa conception achevée. Ceci écarte les éléments relatifs à son élaboration, auxquels on pouvait faire une allusion dans l'introduction,

– la loi aujourd'hui, ce qui écarte une conception historique du sujet : la comparaison entre les IIIe, IVe et Ve Républiques ne pouvait donc être l'élément central – la majeure – du sujet, même si cette comparaison devait trouver place à l'intérieur de développements organisés suivant une autre logique. Ainsi, le plan :

– la loi sous les IIIe et IVe Républiques
– la loi sous la Ve République

devait être rejeté.

L'essentiel de l'introduction devait être consacré à la délimitation du sujet.

A l'issue de cette réflexion, deux grandes questions demeuraient donc : celle du domaine de la loi et celle de l'autorité de la loi, qui pouvaient fournir les deux parties du plan.

CORRIGÉ

La loi est définie par la Déclaration des Droits de l'Homme et du Citoyen de 1789 comme « l'expression de la volonté générale ». Ce principe, à la base du droit public français, a conduit sous les IIIe et IVe Républiques à la suprématie de la loi, qui coïncidait avec la toute puissance du parlement dont elle émane.

L'instauration, avec la Constitution de 1958, d'un contrôle de constitutionnalité de la loi, et la limitation de son domaine ont modifié son statut traditionnel. La loi n'en occupe pas moins dans l'ordre juridique français une place prééminente. Elle demeure un élément essentiel de la protection des libertés. Elle intervient dans les domaines principaux de l'action publique. Quel que soit le rôle joué par le gouvernement dans l'initiative et l'élaboration de la loi, la sanction donnée par les représentants du peuple demeure l'acte politiquement essentiel.

Dans sa brièveté, l'intitulé du sujet suggère un vaste ensemble de questions touchant aussi bien à l'élaboration de la loi qu'à sa définition, à son domaine et à son autorité, ou encore à l'évolution que la loi a connue en droit français, notamment depuis les IIIe et IVe Républiques.

Un choix s'impose. On considérera la loi aujourd'hui, c'est-à-dire sous la Ve République, et telle qu'elle est, c'est-à-dire une fois sa conception achevée, une fois qu'elle a été votée par le parlement.

Ce choix permettra de concentrer l'exposé sur deux questions principales : celle du domaine de la loi (I) et celle de l'autorité de la loi (II).

I. LE DOMAINE DE LA LOI

L'une des innovations les plus importantes apportées par la Constitution de 1958 réside dans la limitation du domaine de la loi. Sous les IIIe et

IVe Républiques, celle-ci pouvait être définie comme l'acte du parlement voté suivant la procédure législative. Cette définition, qui faisait appel à un critère organique et formel, avait pour conséquence que le législateur pouvait intervenir en toute matière.

Point d'aboutissement des réflexions engagées sous la IVe République (loi du 17 août 1948, avis du Conseil d'État du 6 février 1953), la Constitution de 1958 indique les matières qui sont du domaine de la loi. Celle-ci se définit donc par son contenu matériel. Cette limitation correspond à un effort de rationalisation du parlementarisme, qui tend, dans le contexte des institutions actuelles de la France, à réduire le rôle du parlement, en réaction contre la situation des IIIe et IVe Républiques.

Au terme de ces dispositions constitutionnelles, de la pratique à laquelle elles ont donné lieu et de l'interprétation du Conseil constitutionnel, il apparaît que le domaine de la loi est réservé mais non assigné.

A. Un domaine réservé ...

Les dispositions pertinentes sont les articles 34 et 37 de la Constitution. Ce dernier indique que les matières autres que celles qui sont du domaine de la loi ont un caractère réglementaire. Ainsi est établie une distinction tranchée entre le domaine de la loi et celui du règlement.

L'article 34 distingue deux catégories de matières : celles dont la loi fixe les règles et celles dont la loi détermine les principes fondamentaux. A titre d'exemple la loi fixe les règles concernant les droits civiques et les garanties fondamentales accordées aux citoyens pour l'exercice des libertés publiques, la nationalité, l'état et la capacité des personnes, les régimes matrimoniaux, les successions et les libéralités, la détermination des crimes et délits ainsi que les peines qui leur sont applicables, la procédure pénale, la création de nouveaux ordres de juridiction et le statut des magistrats, l'assiette, le taux et les modalités de recouvrement des impositions de toute nature, le régime électoral des assemblées parlementaires et des assemblées locales, la création de catégories d'établissements publics, les nationalisations d'entreprises. Toujours à titre d'exemple, elle détermine les principes fondamentaux de l'organisation de la défense nationale, de la libre administration des collectivités locales, de l'enseignement, du régime de la propriété, des droits réels et des obligations civiles et commerciales, du droit du travail, du droit syndical et de la sécurité sociale.

Font également partie du domaine de la loi la déclaration de guerre (article 35), la prorogation de l'état de siège au-delà de 12 jours (article 36), l'autorisation de ratifier certains traités (article 53), le statut des magistrats (article 64), les modalités de la libre administration des collectivités territoriales (article 72), l'organisation particulière des territoires d'outre-mer (article 74).

D'autre part la Constitution mentionne les cas où il doit être recouru à la procédure de la loi organique (statut des magistrats, inéligibilités et incompatibilités applicables aux parlementaires, délégation de vote des parlementaires, règles d'organisation et de fonctionnement du Conseil constitutionnel, du conseil économique et social ...).

Enfin l'article 34 comporte, in fine, une clause d'extension qui prévoit que le domaine de la loi pourrait être précisé et complété par une loi organique. Cette possibilité est restée juqu'ici lettre morte.

La distinction opérée par l'article 34 entre les matières dont la loi fixe les règles et celles dont elle détermine les principes fondamentaux n'a pas résisté à l'épreuve de la pratique juridique. Même dans les premières la loi ne peut entrer dans tous les détails, de sorte qu'il subsiste une part pour le règlement d'application, et que finalement les notions de règle et de principe se confondent. La jurisprudence du Conseil constitutionnel a dégagé un critère de délimitation entre le domaine de la loi et celui du règlement qu paraît plus réaliste et plus opératoire : dans les matières de l'article 34 appartient toujours au législateur ce qui relève de la mise en cause des règles ou des principes, tandis que ce qui relève de la mise en œuvre revient au pouvoir réglementaire. En d'autres termes, il y a en toute matière, quoiqu'à des degrés variables, collaboration du législateur et de l'exécutif. (Conseil constitutionnel, décision du 27 novembre 1959, prix des baux à ferme et du même jour R.A.T.P.)

Il n'en demeure pas moins que la Constitution de 1958 a mis fin à la compétence générale du législateur. La compétence normative est partagée entre le parlement et le gouvernement.

Le domaine législatif est réservé en ce sens que le pouvoir réglementaire ne peut y intervenir sans habilitation expresse du parlement.

Cette possibilité qui « constitutionnalise » les anciens décrets-lois est ouverte par l'article 38 de la Constitution. Au terme de cette disposition le gouvernement peut prendre des mesures qui sont du domaine de la loi pour l'exécution de son programme. Des conditions particulières entourent l'élaboration des ordonnances. Une autorisation législative est nécessaire. Elle n'est donnée que pour une durée limitée. Le gouvernement est tenu de déposer, dans un délai fixé par la loi d'habilitation, un projet de loi tendant à la ratification de ces ordonnances. A défaut elles deviennent caduques. Mais les ordonnances entrent en vigueur dès leur publication avec la valeur d'actes réglementaires en attendant que la ratification les érige en loi (sauf caducité ou défaut de ratification).

L'intervention du gouvernement est donc enfermée entre la loi d'habilitation et la loi de ratification.

B. ... mais non assigné

La lecture des dispositions constitutionnelles amène à penser qu'il existe en droit français une définition matérielle de la loi. Tel serait le cas si le domaine de la loi était aussi un domaine assigné.

L'intention des constituants était certainement de contenir le parlement et d'éviter tout empiètement du législateur sur le domaine réglementaire. C'est pourquoi le gouvernement dispose des moyens de protéger le domaine réglementaire. Mais la pratique, entérinée par le Conseil constitutionnel, a introduit une plus grande souplesse et autorise les extensions consenties de la compétence législative.

Le gouvernement dispose des moyens de faire respecter le domaine réglementaire soit au moment de l'élaboration de la loi, soit à l'encontre d'une loi qui serait intervenue dans le domaine réglementaire.

L'article 41 de la Constitution permet au gouvernement de s'opposer à l'examen de toute proposition de loi ou amendement parlementaire qui ne serait pas du domaine de la loi, ou qui serait contraire à une délégation accordée en vertu de l'article 38. S'il y a désaccord entre le gouvernement et le président de l'assemblée où l'examen du texte a lieu, le Conseil constitutionnel est appelé, sur demande de l'un ou de l'autre, à statuer sur le caractère règlementaire ou non de la disposition litigieuse. Il dispose pour ce faire d'un délai de 8 jours, car il importe de ne pas ralentir la procédure législative en cours.

Mais il arrive que le gouvernement n'use pas de cette possibilité et même qu'il introduise lui-même dans le texte des dispositions à caractère réglementaire.

Lorsqu'une loi est intervenue après 1958 dans le domaine réglementaire, l'article 37.2, 2e phrase, prévoit que les dispositions à caractère réglementaire peuvent être modifiées par décrets si le Conseil constitutionnel a déclaré qu'elles ont un caractère réglementaire. Si la loi en question était intervenue avant 1958, ses dispositions peuvent être modifiées par décret, en application de l'article 37.2, 1re phrase, après avis du Conseil d'État, qui se trouve ainsi également investi d'une compétence en matière de répartition des domaines entre loi et réglement. Le gouvernement peut donc empêcher un empiètement du parlement ou y mettre fin.

Mais souvent, il est lui-même à l'origine de tels empiètements. Les extensions consenties de la compétence législative sont devenues habituelles.

On pouvait penser que le gouvernement serait jaloux de son domaine et n'accepterait pas que le parlement intervienne en matière réglementaire. Ce n'est pas ce qui s'est passé : les projets de loi présentés par le gouvernement contiennent très souvent des dispositions de nature réglementaire que l'on a insérées par souci de cohérence ou d'économie de moyens ou pour les faire bénéficier de l'autorité de la loi.

Cette pratique très courante a trouvé grâce devant le juge constitutionnel. Ce dernier a considéré qu'un tel empiètement, pourtant contraire aux articles 34 et 37 de la Constitution, ne pouvait pas être sanctionné par la voie du contrôle de constitutionnalité, c'est-à-dire par le jeu de l'article 61 de la Constitution. En d'autres termes, si le gouvernement n'a pas soulevé l'irrecevabilité de l'article 41 en cours de procédure législative, le vice ne peut plus être relevé (décision du 30 juillet 1982, blocage des prix et des revenus).

Il est vrai que le gouvernement pourra toujours ensuite faire usage de l'article 37.2, 2e phrase.

Cette évolution limite la portée de la « révolution juridique » opérée par les articles 34 et 37 de la Constitution.

II. L'AUTORITÉ DE LA LOI

La loi, expression de la volonté générale, comme l'affirme la Déclaration de 1789, conserve une position éminente dans l'ordre juridique. Si son domaine a été limité au profit du règlement, elle n'en revêt pas moins une autorité supérieure à celle des actes du pouvoir exécutif.

Cette autorité doit être appréciée aussi par rapport aux autres catégories de normes que l'on trouve dans l'ordre juridique. La mise en place d'un contrôle effectif de la constitutionnalité pose la question des rapports loi-constitution. L'importance des normes internationales et communautaires a conduit nos juridictions à des solutions nouvelles en ce qui concerne les rapports entre loi et traité.

On peut apprécier la position de la loi par rapport aux normes de droit interne, puis par rapport aux normes de droit international et communautaire.

A. La loi et les normes de droit interne

La subordination de la loi à la Constitution peut être effectivement sanctionnée depuis 1958. Celle-ci institue un véritable contrôle de constitutionnalité, exercé par une juridiction unique : le Conseil constitutionnel.

Il s'agit d'un contrôle a priori, en ce sens que les textes de loi peuvent être déférés au Conseil constitutionnel après avoir été votés par les deux assemblées, mais avant leur promulgation. La saisine n'était possible, au terme de la Constitution, que pour quatre autorités : le président de la République, le premier ministre, le président de l'Assemblée nationale et le président du Sénat. La loi constitutionnelle du 29 octobre 1974 a ouvert cette possibilité à 60 députés ou 60 sénateurs : c'était donner à l'opposition une arme nouvelle dans le combat qu'elle mène contre la majorité. Très rare jusqu'en 1974, la saisine du Conseil constitutionnel est devenue habituelle ensuite et tous les textes importants sont portés devant la Haute Juridiction.

Si le contrôle de la loi ordinaire est facultatif, en revanche les lois organiques, comme les règlements des assemblées, sont automatiquement déférés au Conseil constitutionnel, ce qui s'explique par la nature de leurs dispositions qui sont en rapport avec l'organisation et le fonctionnement des pouvoirs publics. Quant aux lois référendaires, elles échappent au contrôle de constitutionnalité, la Haute Juridiction ayant estimé que, en tant que juge d'attribution, elle n'était pas compétente pour se prononcer sur les lois qui sont « l'expression directe de la souveraineté nationale » (décision du 6 novembre 1962).

Le contrôle du Conseil constitutionnel ne vise pas seulement le respect des procédures d'élaboration de la loi, mais aussi le contenu matériel de celles-ci. Il est d'autant plus efficient que le Conseil se réfère non seulement aux articles de la Constitution, mais aussi au préambule de celle-ci dans lequel se trouvent inclus la Déclaration des Droits de l'Homme et du Citoyen de 1789 et le préambule de la Constitution de 1946 ainsi que les principes fondamentaux reconnus par les lois de la République mentionnés par ce dernier (décision du 16 juillet 1971, liberté d'association). D'autre part le Conseil exerce aussi son contrôle au regard des lois organiques ainsi intégrées dans le bloc de constitutionnalité (décision du 11 août 1960, redevance radio-télévision). Mais les lois référendaires ne le sont pas et peuvent être modifiées par une loi ordinaire.

L'effet du contrôle est radical puisque les dispositions déclarées contraires ou non conformes à la Constitution ne peuvent pas être promulguées. Elles devront donc être abandonnées ou modifiées par le législateur.

Mais, une fois franchie la barrière du contrôle de constitutionnalité, la loi est à l'abri de tout recours contentieux.

Le règlement, acte de l'exécutif, ne bénéficie pas d'un tel privilège. Il peut toujours être mis en cause devant les tribunaux.

En particulier, les règlements de l'exécutif sont soumis au respect de la loi. Il n'en va différemment que pour ceux des règlements qui ont été pris en une matière qui échappe totalement au domaine de la loi (règlements autonomes). Hors ce cas, les règlements peuvent être déférés, dans les deux mois de leur publication, au juge administratif par la voie du recours pour excès de pouvoir et encourent l'annulation pour illégalité. Leur application à un cas d'espèce peut toujours être écartée si cette illégalité est démontrée (exception d'illégalité). Quant aux actes individuels, ils doivent eux-mêmes respecter les dispositions réglementaires sur lesquelles ils se fondent.

La subordination à la loi des actes des autorités exécutives est donc bien établie.

B. La loi et les normes de droit international et communautaire

L'article 55 de la Constitution pose un principe de supériorité du traité sur la loi : « Les traités ou accords régulièrement ratifiés ou approuvés ont, dès leur publication, une autorité supérieure à celle des lois, sous réserve, pour chaque accord ou traité, de son application par l'autre partie ».

Ce principe n'a pas porté immédiatement son plein effet, en raison des réticences manifestées par les juridictions judiciaires et administratives. Les juges s'en tenaient à l'ancienne distinction entre loi antérieure et loi postérieure au traité. Dans le cas d'une loi antérieure, ils acceptaient d'appliquer le traité, en s'appuyant sur l'intention supposée du législateur : si celui-ci n'a pas élevé d'objection à l'occasion de la ratification ou de l'approbation du traité, c'est qu'il entendait faire prévaloir les dispositions du traité sur celles de la loi. Cet argument ne pouvait évidemment être utilisé dans le cas d'une loi postérieure : ici le juge s'en tenait à sa mission qui est d'appliquer la loi, considérant qu'une autre attitude serait contraire à la séparation des pouvoirs. Une loi pouvait donc écarter les dispositions d'un traité antérieur.

Cette position a évolué. La Cour de Cassation, dans un arrêt du 24 mai 1975 (Ch. crim, cafés J. Vabre) a considéré que le traité de Rome instituant la Communauté économique européenne (datant de 1958) l'emportait sur une disposition à caractère législatif du code des douanes (datant de 1966). Avec un certain retard, le Conseil d'État a adopté la même position, toujours à propos du traité de Rome (Assemblée, 20 octobre 1989, Nicolo).

Cette solution a été étendue à tous les traités internationaux. Elle assure une meilleure insertion du droit international et du droit communautaire dans l'ordre juridique français. Elle trouve appui dans l'article 55 précité, que l'on interprète comme comportant une habilitation faite au juge d'appliquer les traités.

Mais le Conseil constitutionnel continue d'estimer qu'une loi contraire à un traité n'est pas pour autant contraire à la Constitution (décision du 15 janvier 1975, interruption volontaire de grossesse). Aussi refuse-t-il d'examiner l'argument tiré d'une éventuelle contrariété de la loi à un traité. On peut se demander s'il ne serait pas préférable que cette contrariété éventuelle soit décelée avant la promulgation de la loi plutôt que lors de son application par les juges de l'ordre administratif ou judiciaire.

J. C. M.

Exercice pratique

Les ordonnances et la procédure législative

INDICATIONS DE CORRECTION

L'exercice pratique qui suit comporte de nombreuses questions sur les ordonnances et la procédure législative, formulées à partir d'une situation concrète, rapidement évoquée.

Il convient de répondre à ces questions dans l'ordre, d'une manière précise et motivée, en n'omettant pas de faire référence aux textes et à la jurisprudence pertinents.

Chaque question correspond à un certain nombre de points.

INTITULÉ DU SUJET

I. A la fin du mois de septembre 1993, le gouvernement décide de réaliser des réformes mettant en cause des points importants du droit du travail et du régime de la sécurité sociale.

Le 5 octobre 1993, il dépose un projet de loi d'habilitation en vertu de l'article 38 de la Constitution.

La loi d'habilitation est adoptée par le parlement, puis promulguée le 12 octobre 1993. Elle autorise le gouvernement à prendre des ordonnances jusqu'au 30 avril 1994 au plus tard.

Elle prescrit le dépôt des projets de loi de ratification le 30 juin 1994 au plus tard.

Questions

1. Le gouvernement pouvait-il agir par décret ?

(1 point)

2. Le parlement peut-il entre le 12 octobre 1993 et le 30 avril 1994

voter une loi dans les domaines couverts par la loi d'habilitation ?
(1 point)

3. Le Conseil constitutionnel peut-il être saisi de la loi d'habilitation ? Si oui, quelles autorités peuvent le saisir ?
(1 point)

4. Quelle est la valeur juridique des ordonnances avant et après le 30 juin 1994 et quelles conséquences en résultent du point de vue de leur contrôle contentieux ?
Qu'advient-il des ordonnances si le gouvernement omet de déposer un projet de loi de ratification avant l'expiration du délai prescrit ?
(2 points)

5. Qu'advient-il des ordonnances si, le dépôt du projet de loi de ratification ayant eu lieu dans les délais, le parlement
   a) rejette le projet de loi de ratification ?
   b) omet de se prononcer ?
(1 point)

6. Pouvez-vous citer des hypothèses où l'article 38 a été utilisé ?
(1 point)

7. Le président de la République refuse de signer l'une des ordonnances qui ont été prises par le gouvernement.
Estimez-vous que la Constitution lui en donne le droit ?
(ne pas omettre d'indiquer les arguments pour et contre avant de prendre position).
(3 points)

II. Devant le refus du président de la République, le gouvernement, estimant le texte nécessaire à sa politique, décide de le soumettre au parlement sous la forme d'un projet de loi.

Il dépose celui-ci sur le bureau de l'Assemblée nationale.

Questions

1. Le texte ayant été soumis à une commission parlementaire, et celle-ci ayant suggéré avec insistance certains amendements, sur quel texte va porter la discussion en séance ?
(1 point)

2. Un des amendements proposés à l'Assemblée nationale empiète, de l'avis du gouvernement, sur le domaine réglementaire. Un autre aurait pour effet de créer une charge nouvelle au budget de l'État.

De quels moyens le gouvernement dispose-t-il pour s'opposer à l'examen de ces amendements ?

(3 points)

3. Le gouvernement rencontre des difficultés pour faire accepter à sa majorité certains aspects du texte. Quels moyens lui donne la Constitution pour qu'il puisse en maintenir la cohérence et en obtenir l'adoption ?

(3 points)

4. Le texte, ayant finalement été adopté à l'Assemblée nationale, est transmis au Sénat. En cours d'examen, la seconde chambre lui apporte des modifications. Le désaccord entre les deux chambres subsistant à l'issue de la deuxième lecture, décrivez la manière dont ce désaccord peut être résolu pour que les deux chambres parviennent à un texte identique.

(3 points)

RÉPONSES

I

1re question

La compétence du gouvernement et celle du législateur sont définies par les articles 34 et 37 de la Constitution, éclairés par la jurisprudence du Conseil constitutionnel. L'article 34 donne une énumération de matières qui relèvent de la loi. Il dispose notamment que « La loi détermine les principes fondamentaux :

....

du droit du travail, du droit syndical et de la sécurité sociale ».

Comme les questions que le gouvernement souhaite réformer touchent à des « points importants », on en déduira que le recours à un texte de valeur législative est nécessaire.

La jurisprudence du Conseil constitutionnel réserve au législateur une compétence exclusive pour les textes mettant en cause les principes fondamentaux, mais tolère que des textes qui se borneraient à mettre en œuvre ces principes soient pris par le pouvoir réglementaire (décision du 27 novembre 1959, prix des baux à ferme).

Le gouvernement ne pouvait donc pas agir par décret, dans la mesure où les textes envisagés mettaient en cause les principes fondamentaux du droit du travail et de la sécurité sociale.

2e question

Pendant toute la période où le gouvernement peut agir par ordonnances, le parlement ne peut voter de loi dans les domaines couverts par l'habilitation. Cette interdiction se concrétise, au terme de l'article 41 de la Constitution, par l'irrecevabilité de toute proposition ou amendement « contraire à la délégation accordée en vertu de l'article 38 ». Cette irrecevabilité peut être opposée par le gouvernement. En cas de désaccord entre le gouvernement et le président de l'assemblée intéressée, le Conseil constitutionnel statue à la demande de l'un ou de l'autre.

Cette disposition a été expressément établie en réaction contre la pratique de la IVe République qui laissait au parlement la possibilité de légiférer dans un domaine, alors même qu'il en avait confié la charge au gouvernement.

Toutefois, dans une décision du 23 janvier 1987 (conseil de la concurrence), le Conseil constitutionnel a considéré que, si le gouvernement n'utilisait pas l'arme de l'article 41 qui est à sa discrétion, le parlement pouvait légiférer dans le domaine de l'habilitation et jusqu'à l'expiration de la période d'habilitation.

3e question

Du point de vue du contrôle de constitutionnalité, la loi d'habilitation obéit au même régime que la loi ordinaire. La possibilité d'un recours a été reconnue par la décision du Conseil constitutionnel du 12 janvier 1977 (loi autorisant le gouvernement à modifier par ordonnances les circonscriptions pour l'élection des membres de la chambre des députés du territoire français des Afars et des Issas). La Haute Juridiction peut en être saisie, avant promulgation, par le président de la République, le premier ministre, le président de l'Assemblée nationale et celui du Sénat, ainsi que, depuis la réforme constitutionnelle du 29 octobre 1974, par soixante députés ou soixante sénateurs. La loi est contrôlée tant du point de vue de son élaboration que de son contenu.

A l'occasion de l'examen de la loi d'habiliitation, le Conseil constitutionnel peut être amené à poser des principes qui guident le travail du gouvernement et le placent en quelque sorte sous surveillance (cf. décision des 25 et 26 juin 1986, privatisations et décision des 1er et 2 juillet 1986, découpage électoral). Cette technique est d'autant plus efficace que le Conseil constitutionnel peut avoir à connaitre ultérieurement des lois de ratification des ordonnances et vérifier à cette occasion que ses prescriptions ont bien été suivies.

4e question

La date du 30 juin 1994 marque l'expiration du délai laissé au gouvernement pour déposer un (ou des) projet (s) de loi de ratification des ordonnances.

Avant le 30 juin 1994, les ordonnances, actes du gouvernement, conservent la nature d'actes réglementaires. Elles peuvent donc être déférées au Conseil d'État par la voie du recours pour excès de pouvoir dans les deux mois de leur publication. Le Conseil d'État peut éventuellement les annuler s'il observe qu'elles ne sont pas conformes à la loi d'habilitation.

Après le 30 juin 1994, la valeur juridique des ordonnances dépend du comportement du gouvernement.

Si celui-ci s'est conformé à l'obligation de demander la ratification, les ordonnances continuent de s'appliquer en tant qu'actes réglementaires.

En revanche, s'il ne s'est pas conformé à cette obligation, elles deviennent caduques.

Dans la première hypothèse, les ordonnances, à compter de l''expiration du délai laissé au gouvernement pour prendre des ordonnances (ici le 30 avril 1994), ne peuvent plus être modifiées que par la loi dans celles de leurs dispositions qui relèvent du domaine législatif.

5e question

Si le parlement rejette le projet de loi de ratification, les ordonnances deviennent caduques.

S'il les ratifie, elles acquièrent la valeur de la loi.

S'il omet de se prononcer, elles conservent la qualité d'actes réglementaires, avec les conséquences qui s'y attachent du point de vue du contrôle contentieux. Mais elles peuvent bénéficier d'une ratification implicite. Le Conseil constitutionnel a admis dans une décision du 29 février 1972 que la ratification d'une ordonnance « peut résulter d'une manifestation de volonté implicitement mais clairement exprimée par le parlement », reprenant ainsi une solution que le Conseil d'État avait adoptée pour les décrets-lois. Dans une décision postérieure du 23 janvier 1987 (conseil de la concurrence) il va sensiblement plus loin et considère qu' « en principe, il n'est pas exclu que la ratification de tout ou partie des dispositions d'une des ordonnances visées à l'article 38 de la

Constitution puisse résulter d'une loi qui, sans avoir cette ratification pour objet direct, l'implique nécessairement », solution qui ne paraît pas exiger qu'il y ait une intention du législateur, mais simplement un rapport objectif entre la loi en question et l'ordonnance antérieure.

6e question

L'article 38 a été utilisé à de nombreuses reprises par le gouvernement, tantôt parce qu'il pensait pouvoir réaliser plus vite des réformes politiquement importantes, tantôt en raison de la technicité des questions à traiter.

25 lois d'habilitation ont été votées par le parlement entre 1958 et 1992 à quoi s'ajoute la loi référendaire du 13 avril 1962. La procédure des ordonnances a été utilisée pour le maintien de l'ordre et la pacification en Algérie (1960), pour l'application du traité de marché commun (1964, 1965, 1969), pour certains problèmes d'organisation territoriale (St-Pierre et Miquelon en 1976, Mayotte en 1976 et 1979, Nouvelle Calédonie en 1982, 1985, 1989 et 1991) ou liées à l'indépendance de certains territoires (Côte française des Somalis en 1966, Nouvelles Hébrides en 1979), pour la privatisation d'entreprises du secteur public (1986) et pour la délimitation des circonscriptions pour l'élection des députés (1986).

7e question

Au terme de l'article 13 de la Constitution, « le président de la République signe les ordonnances et les décrets délibérés en conseil des ministres ».

L'hypothèse d'un refus de signature n'est pas purement académique puisque, par trois fois, en 1986, le président de la République a refusé de signer des ordonnances : il s'agissait de textes sur la privatisation d'entreprises du secteur public, la délimitation des circonscriptions électorales et l'aménagement du temps de travail.

Ce refus a soulevé un vif débat constitutionnel et la doctrine s'est divisée sur la régularité d'une telle attitude.

Certains ont estimé qu'il lui était loisible de le faire. La thèse du « pouvoir discrétionnaire » s'est appuyée sur des arguments tirés du texte de la Constitution aussi bien que de son esprit. Argument de texte, celui tiré de la comparaison entre promulgation de la loi et signature des ordonnances : l'article 10 de la Constitution indique que le président de la République promulgue les lois « dans les quinze jours qui suivent la transmission au gouvernement de la loi définitivement adoptée ».

L'existence d'un délai signale une obligation. A contrario, l'absence de délai dans l'article 13 ferait de la signature des ordonnances une simple faculté. Argument tiré de l'esprit de la Constitution, celui qui consiste à dire que la Constitution de 1958 doit être interprétée en tenant compte d'une pratique qui donne au président de la République un rôle actif et conduit à une conception extensive de ses attributions.

Cette thèse connaît une version adoucie avec l'idée que le pouvoir de refuser la signature n'existerait qu'en relation avec l'article 5 de la Constitution qui confère au président un rôle de garant de la Constitution : il pourrait s'opposer à des ordonnances dans le cas particulier où celles-ci porteraient atteinte aux principes constitutionnels.

D'autres estiment que le président de la République a une « compétence liée ». Un premier argument peut être tiré de l'usage du présent (« signe les ordonnances. » dans l'article 13 de la Constitution) qui indique souvent une obligation juridique. Mais il est fragile, car on peut trouver de nombreuses hypothèses qui font mentir la règle. Plus sérieux est l'argument tiré de la nature de la procédure en cause : l'article 38 confie au seul parlement le soin d'apprécier l'opportunité de recourir aux ordonnances, y compris l'étendue de leur domaine. L'article 38 est une forme de l'exercice du pouvoir législatif : le parlement peut l'exercer lui-même ou par délégation. Or le président de la République ne participe pas au pouvoir législatif et la Constitution n'a pas entendu lui permettre, hors le cas de l'article 16, d'empiéter sur le pouvoir législatif. L'autoriser à s'opposer à l'entrée en vigueur des ordonnances, c'est en somme lui conférer sur l'exercice du pouvoir législatif un véritable droit de veto. Or un tel droit ne peut être accepté sans que la Constitution ne l'ait prévu. On peut même soutenir que le Constituant a entendu écarter un tel droit en maintenant la formule d'un gouvernement parlementaire.

Il nous semble que cette thèse est plus solidement fondée que la précédente dans la mesure où elle s'appuie sur une analyse de la nature et de la fonction de la procédure mise en place par l'article 38 de la Constitution.

II

1re question

S'agissant d'un projet de loi, la discussion s'engage, devant la première assemblée saisie, sur le texte du gouvernement. Les amendements suggérés par les parlementaires figurent en annexe du rapport établi par la commission.

2ᵉ question

Si un amendement empiète sur le domaine réglementaire, le gouvernement peut, au terme de l'article 41 de la Constitution, opposer l'irrecevabilité. En cas de désaccord entre le président de l'assemblée saisie et le gouvernement, l'un ou l'autre peut demander au Conseil constitutionnel de statuer. Ce dernier dispose pour ce faire d'un délai de huit jours, dont la brièveté s'explique par la nécessité de ne pas retarder la procédure législative en cours.

Si un amendement parlementaire crée une charge nouvelle, il tombe sous le coup de l'article 40 de la Constitution. Il en irait de même pour un amendement qui entraînerait une diminution des ressources publiques.

L'irrecevabilité peut être opposée par le gouvernement, un parlementaire ou le bureau de la commission des finances. En cas de contestation, le président de l'assemblée statue après avoir consulté le président ou le rapporteur général de la commission des finances et le cas échéant le bureau de l'assemblée.

3ᵉ question

Le gouvernement dispose de moyens efficaces pour peser sur le rythme des travaux législatifs aussi bien que sur le contenu de la loi. Pour imposer certaines dispositions du texte, il peut user du vote bloqué ou de la question de confiance de l'article 49.3 de la Constitution.

Le vote bloqué est prévu à l'article 44 de la Constitution. Il permet au gouvernement de regrouper plusieurs dispositions du texte en discussion (sinon même toutes les dispositions) avec les seuls amendements qu'il a proposés ou acceptés et de demander à l'assemblée de se prononcer par un seul vote. Le droit d'amendement des parlementaires se trouve sérieusement amoindri par ce procédé. Cette procédure joue devant l'Assemblée nationale comme devant le Sénat.

L'article 49.3, qui joue uniquement devant l'Assemblée nationale, permet au gouvernement, après délibération du conseil des ministres, de poser la question de confiance sur le vote d'un texte (ou d'une disposition particulière d'un texte). L'opposition doit alors déposer une motion de censure suivant les modalités constitutionnelles. Si cette motion de censure obtient la majorité, le gouvernement doit démissionner. Si elle n'obtient pas la majorité absolue, ou si aucune motion de censure n'a été déposée, le texte est considéré comme adopté, sans que les députés aient voté à son sujet. On notera que la règle de majorité absolue a pour résultat que les abstentionnistes et les absents sont supposés favorables au gouvernement.

Ces deux procédures sont des armes contre l'opposition. Mais elles sont aussi très utiles contre une majorité parlementaire réticente qui hésite à suivre le gouvernement ou entend marchander son appui. Les députés hésitants ou récalcitrants préfèreront soutenir le gouvernement plutôt que de l'exposer à être renversé... et de s'exposer peut-être eux-mêmes à une dissolution.

4e question

Lorsque les deux assemblées ne parviennent pas à se mettre d'accord, le gouvernement, au terme de l'article 45 de la Constitution, peut intervenir en demandant la réunion d'une commission mixte paritaire, après deux lectures dans chaque assemblée, ou une seule si l'urgence a été déclarée. C'est une faculté pour le gouvernement, non une obligation. Il pourrait tout aussi bien laisser les débats s'enliser. La commission mixte paritaire est composée de sept députés et de sept sénateurs désignés spécialement, en fonction du texte en discussion. Elle a pour rôle de rechercher un compromis et de rédiger un texte acceptable sur les points en litige.

Si la commission mixte paritaire parvient à une solution et que celle-ci convient au gouvernement, il peut la soumettre aux assemblées. Les débats qui ont lieu devant chaque assemblée à ce stade sont sévèrement encadrés, en ce sens que seuls les amendements acceptés par le gouvernement sont recevables. Si la solution ne convient pas au gouvernement, il est libre de laisser la navette reprendre.

Si la commission mixte échoue, ou si les assemblées refusent d'accepter le texte qu'elle a élaboré, le gouvernement peut demander à l'Assemblée nationale de statuer en dernier ressort. Sur décision du gouvernement, le dernier mot appartient alors à l'Assemblée nationale.

J. C. M.

QUATORZIÈME SÉANCE

LE CONSEIL CONSTITUTIONNEL

Le contrôle juridictionnel de la constitutionnalité des lois est, en France, un phénomène nouveau. Son développement a mis en évidence le rôle du Conseil constitutionnel.

L'étudiant devra parfaitement connaître les règles qui concernent la composition du Conseil constitutionnel, ainsi que la manière dont il peut être saisi et les principales caractéristiques de la procédure suivie devant lui. Sur ce dernier point, il ne saurait ignorer les projets et propositions de réforme tendant à permettre au citoyen de soulever une question de constitutionnalité (notamment le projet de révision constitutionnelle du 29 mars 1990 et les suggestions du comité consultatif constitutionnel présidé par le Doyen Vedel).

Il devra aussi connaître les attributions du Conseil : en matière électorale et référendaire, en matière d'inéligibilités et incompatibilités parlementaires, en matière de délimitation des domaines de la loi et du règlement, ou encore dans le cadre de l'article 16.

Enfin, il réfléchira au modèle européen de justice constitutionnelle, comparé à celui des États-Unis et à la place des normes constitutionnelles dans l'ordonnancement juridique.

Deux sujets sont proposés : une dissertation et un commentaire.

La dissertation a pour thème : le rôle du Conseil constitutionnel. Elle suppose une parfaite compréhension de l'évolution du rôle du Conseil constitutionnel et des facteurs qui ont permis cette évolution (décision du 16 juillet 1971, liberté d'association, et réforme constitutionnelle du 29 octobre 1974), appuyée sur la connaissance précise de ses diverses attributions.

Le commentaire porte sur les décisions du Conseil constitutionnel des 1er-2 juillet 1986 et 18 novembre 1986.

Dissertation

Le rôle du Conseil constitutionnel

INDICATIONS DE CORRECTION

Le sujet ne comportait pas de difficulté de compréhension particulière. Il convenait simplement de s'en tenir strictement à la question posée et de ne pas déborder sur l'étude du statut du Conseil constitutionnel.

Le recensement des éléments devant trouver place dans le sujet était aisé : la protection du domaine réglementaire et la répartition des compétences entre législateur et gouvernement, les compétences du Conseil en matière électorale et référendaire, comme en matière de statut des élus, la décision du 16 juillet 1971 et l'extension du bloc de constitutionnalité, l'élargissement de la saisine du Conseil à soixante députés ou soixante sénateurs, les méthodes de contrôle de la loi.

L'écueil à éviter était l'énumération pure et simple des diverses attributions du Conseil constitutionnel. En évoquant le rôle du Conseil, le sujet invitait clairement à une qualification de ce rôle.

Un effort d'organisation et de synthèse s'imposait donc, la dissertation n'étant pas l'énoncé de connaissances à l'état brut, mais exigeant un effort de réflexion personnelle qui démontre tout à la fois la maîtrise de ces connaissances et la capacité de les intégrer à leur juste place dans une démonstration.

L'étudiant devait aussi se demander pourquoi ce sujet avait été choisi, ou encore, si l'on préfère, ce qui pouvait en faire l'intérêt. La réponse, là encore, s'imposait : le rôle du Conseil constitutionnel a évolué depuis 1958 d'une manière très significative. Institution marginale au cours de ses premières années d'existence, il est devenu un véritable juge de constitutionnalité dont les décisions influencent le législateur et le gouvernement. Cette évolution n'est peut-être pas achevée, puisque l'on songe à organiser une procédure de saisine « directe » par les citoyens (projet de loi de révision constitutionnelle du 29 mars 1990).

Si le Conseil constitutionnel continue d'être un régulateur du fonctionnement des pouvoirs publics, il est aussi devenu un juge protecteur des libertés. C'est ce deuxième aspect de son rôle qui lui donne sa stature actuelle.

On pouvait trouver là l'idée directrice du devoir, susceptible d'en dicter le plan :

1re partie : le Conseil constitutionnel, régulateur du système politique
2e partie : le Conseil constitutionnel, protecteur des libertés.

La première partie permettait de traiter des interventions du Conseil constitutionnel pour assurer la régularité des élections et des référendums (A) et pour faire respecter certaines règles du statut des élus (B) ainsi que des attributions qu'il détient en matière de répartition des compétences entre le législateur et le pouvoir réglementaire (C).

La seconde partie permettait de montrer que le rôle du Conseil comme protecteur des libertés est une conquête essentielle qui n'est peut-être pas encore tout à fait achevée : on insistera d'abord sur les instruments de cette conquête (enrichissement du bloc de constitutionnalité, perfectionnement des méthodes de contrôle) (A), puis sur les perfectionnements possibles (limites actuelles du contrôle, ouverture de la saisine aux citoyens) (B).

CORRIGÉ

Avec le temps, la création du Conseil constitutionnel et l'aménagement d'un contrôle de la constitutionnalité des lois sont apparus comme l'une des innovations majeures de la Ve République. La France a rejoint ainsi les pays européens qui, après les États-Unis, ont estimé nécessaire de sanctionner la valeur supérieure du texte constitutionnel (République fédérale d'Allemagne, Italie). Par la suite l'Espagne, le Portugal, la Grèce, la Belgique ont rejoint ce groupe.

Les décisions du Conseil constitutionnel mettent fréquemment son rôle en évidence, en particulier lorsqu'il est amené à statuer sur des textes d'une grande importance politique ou qui intéressent les citoyens (lois de nationalisation, réforme du système électoral, lois sur les entreprises de presse ou la communication audiovisuelle, lois concernant l'immigration et le droit d'asile, approbation du traité de Maastricht instituant une Union européenne). Les décisions rendues en matière de constitutionnalité sont nécessairement interprétées comme une approbation ou un désaveu du gouvernement et de sa majorité. C'est pourquoi on a pu dire que le Conseil était un frein aux excès du système majoritaire. Cette thèse est contestable, car, en réalité, le Conseil se borne à rappeler au gouvernement et à sa majorité quels qu'ils soient les rigueurs de la Constitution. Mais il est vrai qu'il intervient dans le jeu des pouvoirs publics : en censurant une disposition législative qui a eu l'agrément du gouvernement et du parlement, il met en cause leur action ; en statuant sur la compatibilité d'un traité avec la Constitution, il se prononce sur l'activité internationale de l'exécutif.

Il n'est pas étonnant que la réforme du Conseil constitutionnel fasse aussi l'objet d'un débat animé, lorsque, en envisageant qu'il puisse être saisi par les citoyens en cas d'atteinte à leurs droits fondamentaux, cette réforme conduit à une nouvelle extension de son rôle.

La Constitution confie au Conseil constitutionnel des attributions diverses : il intervient en matière électorale et référendaire, pour régler certains aspects du statut des élus, pour statuer sur les domaines respectifs de la loi et du règlement, pour le contrôle des lois organiques, des lois ordinaires, des règlements des assemblées et des traités internationaux, pour donner un avis sur la mise en œuvre de l'article 16 de la Constitution et sur les mesures prises en application de cet article. Chacune de ces attributions correspond à des modalités particulières de saisine ou à un régime juridique particulier. De ces attributions apparemment dispersées se déduit le rôle de l'institution. Il intervient d'une part comme un régulateur du système politique (I), d'autre part comme le protecteur des libertés (II).

Le premier de ces aspects dérive des dispositions constitutionnelles et avait été prévu par le constituant. Le second résulte de la décision du 16 juillet 1971 (liberté d'association), combinée avec l'élargissement de la saisine du Conseil (réforme de l'article 61 de la Constitution intervenue le 29 octobre 1974). Si, sous le premier aspect, il a comme interlocuteurs principaux les pouvoirs publics, sous le second, il est d'abord soucieux des citoyens. La physionomie actuelle du Conseil constitutionnel et sa représentation dans l'opinion doivent beaucoup à ce second aspect qui le fait apparaître comme un instrument de l'État de Droit.

I. LE CONSEIL CONSTITUTIONNEL, RÉGULATEUR DU SYSTÈME POLITIQUE

Le Conseil constitutionnel est appelé à intervenir dans le fonctionnement des institutions : lors de la désignation de certains organes constitutionnels et à l'occasion du référendum (A), pour régler des difficultés relatives au statut des élus (B). Enfin comme répartiteur de compétences entre l'exécutif et le législatif.

A. Assurer la régularité des procédures électorales et référendaires

En matière électorale, le Conseil constitutionnel n'est compétent que pour les élections présidentielle et parlementaires. Sans doute parce qu'elles ont été considérées comme moins importantes, les élections européennes et régionales relèvent du Conseil d'État et les élections municipales et cantonales des tribunaux administratifs avec appel au Conseil d'État.

La compétence du Conseil constitutionnel pour l'élection présidentielle s'étend au-delà du contentieux électoral proprement dit. En effet il contrôle l'ensemble du processus électoral : il reçoit les présentations établies par les personnalités habilitées et en vérifie l'authenticité ; il les rend publiques ; il établit la liste des candidats et se prononce sur les réclamations de ceux qui estiment en avoir été irrégulièrement écartés ; il reçoit les déclarations de situation patrimoniale des candidats et veille à la publication au Journal officiel de celle du candidat élu ; il apprécie les circonstances nées du décès ou de l'empêchement d'un candidat pour retarder la date du scrutin ou faire recommencer tout le processus électoral ; il désigne des délégués pour suivre et contrôler le déroulement des opérations de vote et de recensement ; il proclame les résultats de l'élection. Cette proclamation a lieu après que le Conseil ait statué comme juge électoral sur les réclamations qui, dans les 48 h. suivant la clôture du scrutin, ont pu lui être adressées par tout électeur, tout candidat ou encore les préfets.

Pour les élections des députés et sénateurs, le Conseil constitutionnel intervient uniquement comme juge électoral (article 59 de la Constitution), pour trancher les contestations qui ont été émises dans les dix jours de la proclamation des résultats par tout électeur ou tout candidat. Il peut être amené à annuler l'élection, si la sincérité des résultats n'est pas établie – ce qui conduit à organiser une élection partielle –, ou encore réformer les résultats – c'est-à-dire proclamer élu un autre candidat –. Le contrôle juridictionnel ainsi exercé remplace depuis 1958 le système de la vérification des pouvoirs qui laissait les assemblées juger elles-mêmes de l'élection de leurs membres et qui avait donné lieu à des abus.

La compétence du Conseil en matière référendaire l'amène à contrôler l'ensemble des opérations d'organisation du scrutin et à proclamer les résultats, après avoir, comme en matière d'élections présidentielles, examiné les réclamations éventuelles. Il s'est aussi reconnu le pouvoir de vérifier que la question posée satisfait à l'exigence de loyauté et de clarté de la consultation (87-226 DC, 2 juin 1987, Nouvelle Calédonie).

En assurant la régularité des procédures électorales et référendaires, le Conseil constitutionnel garantit le respect de la démocratie et conforte la légitimité des institutions.

B. Trancher certains litiges relatifs au statut des élus

Le Conseil ne dispose pas d'une compétence générale pour veiller au respect du statut des élus mais intervient dans certains cas sur la base de dispositions particulières.

Ainsi il est habilité à prononcer la déchéance d'un parlementaire dont l'inéligibilité se révèle après la proclamation des résultats (article LO 136 du code électoral). Il peut agir de même dans l'hypothèse où il s'avère qu'un député a dépassé le plafond des dépenses électorales autorisé par la loi (Loi organique du 11 mars 1988 et du 15 janvier 1990 codifiées à l'article LO 128 du code électoral), ou encore lorsqu'un député n'a pas déposé son compte de campagne ou lorsque ce compte a été rejeté à bon droit par la commission nationale des comptes de campagne et des financements politiques. Il peut déclarer démissionnaire d'office un parlementaire qui exerce des activités incompatibles (article LO 151 du code électoral).

Pour le mandat présidentiel, la seule intervention prévue est essentielle : elle a lieu en cas de vacance ou d'empêchement du Président en exercice. Il appartient au Conseil de constater la vacance ou le caractère définitif de l'empêchement. De cette décision dépend l'ouverture de l'intérim et la préparation de nouvelles élections.

C. Veiller au respect de la répartition des compétences entre parlement et gouvernement

La Constitution de la Ve République a entendu limiter le domaine de la loi (articles 34 et 37 notamment). Pour que cette limitation soit effective, il importait que le législateur ne puisse sortir du domaine qui lui était à la fois réservé et assigné. Le Conseil constitutionnel s'est vu confier la garde du domaine réglementaire. Cette fonction a absorbé, dans les premières années de la Ve République, l'essentiel de son activité, au point que le Conseil apparaissait comme un auxiliaire du gouvernement, chargé de protéger ce dernier des empiétements du législatif.

L'intervention du Conseil se produit soit dans le courant de la procédure législative, soit en dehors.

Au cours de la procédure législative, il peut être amené, sur saisine du gouvernement ou de l'assemblée intéressée, à statuer sur le caractère législatif ou réglementaire d'une proposition ou d'un amendement (article 41 de la Constitution). Il peut également être conduit à se prononcer sur les propositions ou amendements qui contreviendraient à l'article 40 qui s'oppose à ce qu'une proposition ou un amendement parlementaire ait « pour conséquence, soit une diminution des ressources publiques, soit la création ou l'aggravation d'une charge publique ».

Le Conseil doit statuer, à la demande du gouvernement, sur le caractère réglementaire ou non d'une disposition prise à tort depuis l'entrée en vigueur de la Constitution de 1958 sous la forme législative, de sorte que le gouvernement puisse modifier ce texte par décret (article 37.2 de la Constitution).

L'importance du Conseil constitutionnel comme juge répartiteur des compétences demeure. Mais elle s'est trouvée relativisée par le Conseil lui-même lorsqu'il a jugé que l'empiétement de la loi sur le domaine réglementaire ne constituait pas une inconstitutionnalité susceptible d'être sanctionnée par l'usage de l'article 61 de la Constitution, qui peut conduire à la censure des dispositions incompatibles (82-143 DC, 30 juillet 1982, blocage des prix et des revenus). En d'autres termes, cet empiétement peut être évité par le jeu de l'article 41, mais, si le gouvernement et le parlement ne saisissent pas le Conseil sur cette base, parce qu'ils acceptent l'un et l'autre une extension du domaine législatif au-delà des prescriptions constitutionnelles, alors le texte ne pourra être critiqué sur ce point une fois voté.

La régulation des compétences se manifeste également dans l'interprétation des dispositions concernant les amendements en cours de procédure législative : devant certains abus, le Conseil a précisé que les amendements que peut souhaiter apporter à un texte en discussion le gouvernement ou un parlementaire ne devaient être « ni sans lien avec le texte auquel ils se rapportent, ni dépasser, par leur objet et leur portée les limites inhérentes à l'exercice du droit d'amendement » (86-225 DC, 23 janvier 1987, amendement Séguin).

De même le contrôle des règlements des assemblées parlementaires, qui sont soumis obligatoirement au Conseil, ainsi que les modifications qui les concernent, vise au respect de l'agencement des compétences tel qu'établi par la Constitution.

On peut regretter que le Conseil n'ait pas fait preuve d'une plus grande rigueur quant à l'application de la règle du vote personnel (article 27 de la Constitution) et qu'il ait considéré que le non respect de cette disposition n'affectait pas la validité de la loi (86-225 DC, 23 janvier 1987, diverses dispositions ...). Néanmoins, en vérifiant la régularité d'un acte du président de la République, en l'occurrence une demande de nouvelle délibération de la loi, il a montré que son rôle de régulateur pouvait encore connaître des extensions (85-197 DC, 23 août 1985, Nouvelle Calédonie).

Si nombreuses que soient ses attributions à ce titre, elles ont cédé le pas à celles qui lui permettent d'assurer la protection des libertés.

II. LE CONSEIL CONSTITUTIONNEL, PROTECTEUR DES LIBERTÉS

Cette protection s'exerce par la voie du contrôle des normes : contrôle de la loi ordinaire, de la loi organique et des traités internationaux. Son efficacité dépend des modalités retenues, notamment en matière de saisine.

Le système français comporte sur ce point une forte originalité, en ce que le contrôle a lieu après le vote de la loi et avant sa promulgation. Il s'agit donc d'un contrôle abstrait effectué en dehors de toute application de la loi. En outre la saisine est réservée à un petit nombre d'autorités. Les décisions rendues par le Conseil sont revêtues de l'autorité absolue de chose jugée. Une décision d'inconstitutionnalité s'oppose à la promulgation de la loi.

Pour les traités internationaux, le contrôle, à caractère facultatif, conduit à une déclaration de compatibilité ou d'incompatibilité. Dans cette seconde hypothèse, il est impossible de ratifier le traité, à moins que la Constitution ne soit modifiée, comme ce fut le cas pour le traité de Maastricht (décision du Conseil constitutionnel du 9 avril 1992, révision constitutionnelle du 25 juin 1992, autorisation de ratifier le traité par référendum le 20 septembre 1992).

La protection des libertés constitue une grande conquête du Conseil constitutionnel, même si elle n'est pas encore tout à fait achevée. Nous nous intéresserons d'abord aux instruments qui l'ont permise (A) avant d'examiner les améliorations encore possibles (B).

A. Les instruments de la protection des libertés

Les instruments dont le Conseil s'est doté pour assurer la protection des libertés, et qu'il manie simultanément, sont l'enrichissement du bloc de constitutionnalité et le perfectionnement des méthodes de contrôle.

L'évolution du contrôle de constitutionnalité a été marquée par la décision du 16 juillet 1971 (liberté d'association). Dans cette décision – qui a pu être comparée à ce qu'a été l'arrêt Marbury v. Madison pour la Cour Suprême des États-Unis – le Conseil contrôle la constitutionnalité des dispositions sur la création des associations qui lui étaient soumises non seulement par rapport aux articles de la Constitution mais également par rapport au préambule de celle-ci qui fait référence à la Déclaration des Droits de l'Homme et du Citoyen de 1789 et au préambule de la Constitution de 1946. Or ces deux textes comportent une énumération des droits fondamentaux, alors que le texte de la Constitution ne comporte sur ce terrain que des dispositions éparses (article 2 : égalité devant la loi, article 3 : droit de suffrage, article 4 : libre formation des partis politiques et libre exercice de leurs activités, article 64 : inamovibilité des magistrats du siège, article 66 : liberté individuelle, article 72 : libre administration des collectivités territoriales). Pour importantes qu'elles soient, ces dispositions sont loin de constituer un catalogue complet. La constitutionnalisation de la Déclaration de 1789 et du préambule de 1946 permet de pallier cette lacune.

Il devient alors possible de contrôler la loi, non plus seulement du point de vue de sa régularité formelle (respect des procédures), mais aussi du point de vue des dispositions matérielles qu'elle comporte. Il est possible de sanctionner celles qui sont contraires aux droits fondamentaux, et par conséquent d'obliger le législateur à respecter ceux-ci.

L'enrichissement du « bloc de constitutionnalité » porte sur trois éléments :

– la Déclaration de 1789 elle-même (droits individuels et de participation politique),

– le préambule de la Constitution de 1946 qui comporte l'énoncé de principes politiques, économiques et sociaux « particulièrement nécessaires à notre temps » (droits collectifs et droits sociaux),

– les principes fondamentaux reconnus par les lois de la République que mentionne le préambule de 1946.

A titre d'exemple, le Conseil constitutionnel sera conduit à reconnaître des principes fondamentaux dans la liberté d'association, la liberté d'enseignement et de conscience, les droits de la défense, la garantie de l'existence et de la compétence des juridictions administratives, l'indépendance des professeurs d'Université.

La « découverte » de ces principes illustre parfaitement le rôle créateur du juge, de même que l'interprétation constructive qu'il donne parfois aux dispositions de la Déclaration de 1789 et du préambule de 1946.

Ainsi le juge fait vivre la Constitution.

L'approfondissement des méthodes de contrôle peut être illustré par diverses avancées jurisprudentielles : lorsqu'il est saisi d'un texte, le Conseil constitutionnel se considère comme saisi de l'ensemble du texte et pas seulement des dispositions critiquées par les requérants. En outre, il accepte de soulever d'office certains moyens, ce qui lui permet d'exercer un contrôle complet sur le texte.

La conformité sous réserve est une technique qui lui permet de ne pas censurer une disposition litigieuse au bénéfice de l'interprétation qu'il en donne. Le Conseil indique ainsi aux administrations et aux juges de quelle manière cette disposition doit être comprise et appliquée. On a pu voir dans ce procédé l'expression d'une « fonction législative concurrente » (P. Avril).

La censure constructive s'analyse en une suggestion faite au législateur : elle est accompagnée d'indications sur les conditions qui auraient rendu cette disposition acceptable ... de sorte que le législateur n'aura plus qu'à les reprendre dans un texte ultérieur.

L'erreur manifeste d'appréciation permet de sanctionner des dispositions jugées inacceptables ou disproportionnées (84-181 DC, 10 et 11 octobre 1984, entreprises de presse). S'en rapproche le contrôle exercé pour vérifier qu'une disposition législative n'est pas manifestement inappropriée à l'objectif recherché (90-280 DC, 6 décembre 1990, renouvellement des conseils généraux et régionaux).

Pour autant, le Conseil rappelle fréquemment qu'il ne dispose pas d'un pouvoir d'appréciation identique à celui du parlement, marquant ainsi les limites de son contrôle.

Malgré l'extension du bloc de constitutionnalité et les progrès réalisés dans les techniques de contrôle, des progrès restent encore à faire.

B. Les améliorations possibles

Des limites à l'efficacité du Conseil comme protecteur des libertés subsistent encore.

Le caractère facultatif du contrôle en constitue une. Sans doute les lois organiques, comme les règlements des assemblées, font-ils l'objet d'un contrôle obligatoire. Mais tel n'est pas le cas des lois ordinaires qui représentent la grande masse des textes. La réforme de 1974 a ouvert la saisine à soixante députés et soixante sénateurs, alors qu'elle était jusque-là réservée au président de la République, au premier ministre et aux présidents de l'Assemblée nationale et du Sénat. En fait elle a permis à l'opposition parlementaire de saisir le Conseil, ce dont elle ne se privera pas. Il en est résulté une multiplication du nombre des saisines. Il n'en demeure pas moins que certains textes échappent à l'examen du Conseil.

Pour les traités internationaux la saisine était réservée aux quatre autorités mentionnées plus haut et n'a été ouverte aux parlementaires que depuis la loi constitutionnelle du 25 juin 1992. Peu de traités sont soumis à l'examen du Conseil.

D'autre part l'ordre juridique français comporte de très nombreux textes dont la constitutionnalité n'a jamais été vérifiée (textes antérieurs à 1958, textes postérieurs dont le Conseil n'a pas été saisi). La Haute Juridiction a certes accepté d'examiner la constitutionnalité de ces lois à l'occasion des modifications qui leur sont apportées par une loi nouvelle. Mais la portée pratique de cette jurisprudence est limitée. Enfin elle se refuse à examiner la constitutionnalité des lois référendaires.

Pour que le Conseil constitutionnel remplisse pleinement sa fonction de protecteur des libertés, il conviendrait que le citoyen puisse le saisir, ou, à tout le moins, susciter la saisine, lorsqu'il estime que ses droits constitutionnels ne sont pas respectés. L'aménagement d'un contrôle de constitutionnalité qui puisse être provoqué lors de l'application des textes législatifs (et des traités) constituerait un progrès notable, car certaines conséquences de la loi ne se manifestent qu'au moment de cette application.

Tel était l'objet du projet de révision constitutionnelle du 29 mars 1990.

Le système retenu comportait la possibilité pour un citoyen de soulever au cours d'un procès la question de constitutionnalité de la loi appliquée, de sorte que le juge puisse renvoyer la question préjudicielle au Conseil d'État ou à la Cour de Cassation, suivant qu'il relève de l'un ou de l'autre. A la discrétion du juge, le renvoi n'était prévu que dans le cas d'une difficulté sérieuse, dont la solution commandait l'issue du procès. Dans un deuxième temps, le Conseil d'État ou la Cour de Cassation avait à décider, dans un délai de trois mois, de saisir le Conseil constitutionnel, ce qui supposait que ces juridictions portent une appréciation *prima facie* sur la solidité des motifs invoqués et l'éventuelle inconstitutionnalité du texte. C'est ensuite seulement que le Conseil constitutionnel avait à se prononcer, dans un délai de trois mois, par une décision obligatoire pour le juge de renvoi. Cette décision débordait le cadre du litige et fixait le droit pour l'avenir. Toutefois elle n'avait pas de caractère rétroactif, pour éviter de remettre en cause des situations acquises de bonne foi. En outre la loi contestée ne devait pas avoir été déclarée conforme à la Constitution par le Conseil saisi a priori (dans les motifs et le dispositif de sa décision), afin qu'il n'ait pas à revenir sur des dispositions qu'il avait déjà appréciées explicitement.

Seuls les textes concernant « les droits fondamentaux reconnus à toute personne par la Constitution » étaient passibles de cette procédure, ce qui indiquait parfaitement son inspiration : renforcer la protection des libertés.

Cette réforme a échoué devant le refus du Sénat. Mais elle fait toujours partie de la réflexion sur les réformes à apporter à la Constitution de 1958 et le rapport du comité consultatif constitutionnel du 15 février 1993 la considère comme souhaitable.

L'aménagement d'un tel recours mettrait le Conseil constitutionnel en relation directe avec le citoyen, alors que, pour le contrôle de la constitutionnalité, il ne l'est qu'avec les pouvoirs publics. Il marquerait sans nul doute une étape nouvelle et importante dans l'évolution de l'institution et renforcerait son rôle de garant de l'État de Droit.

J. C. M.

Commentaire de texte

Les décisions du Conseil constitutionnel des 1er-2 juillet et 18 novembre 1986

(Extraits)

Décision du Conseil constitutionnel des 1er-2 juillet 1986.

LE CONSEIL CONSTITUTIONNEL

Vu la Constitution ;

Vu l'ordonnance nº 58-1067 du 7 novembre 1958 portant loi organique sur le Conseil constitutionnel, notamment les articles figurant au chapitre II du titre II de ladite ordonnance :

Le rapporteur ayant été entendu :

1. Considérant que les auteurs de la saisine contestent la conformité à la Constitution de la loi relative à l'élection des députés et autorisant le gouvernement à délimiter par ordonnance les circonscriptions électorales au motif, en premier lieu, qu'une loi organique serait nécessaire, en deuxième lieu, qu'il n'était pas possible de recourir à la procédure de l'article 38 de la Constitution pour modifier les circonscriptions électorales, en troisième lieu, qu'il n'est pas établi que les dispositions de la loi concernant les territoires d'outre-mer aient été adoptées dans le respect des règles posées par l'article 74 de la Constitution et, enfin, que les règles prévues par la loi pour l'établissement des circonscriptions électorales confèrent au gouvernement des pouvoirs excessifs et sont contraires au principe de l'égalité du suffrage ;

...

Sur les moyens tirés de ce que l'habilitation donnée au gouvernement aurait une portée excessive et méconnaîtrait le principe de l'égalité de suffrage :

En ce qui concerne l'article 5 :

15. Considérant que l'article 5 de la loi soumise à l'examen du Conseil constitutionnel est ainsi rédigé : « dans un délai de six mois à compter de la publication de la présente loi, le gouvernement est autorisé à établir par ordonnance le tableau n° 1 annexé au code électoral. Le nombre des circonscriptions créées dans chaque département est fixé par le tableau annexé à la présente loi. Sauf en ce qui concerne les départements dont le territoire comporte des parties insulaires ou enclavées, les circonscriptions sont constituées par un territoire continu. En outre, à l'exception des circonscriptions qui seront créées dans les villes de Paris, Lyon et Marseille et dans les départements comprenant un ou des cantons non constitués par un territoire continu, ou dont la population, au recensement général de la population de 1982, est supérieure à 40 000 habitants, la délimitation des circonscriptions respecte les limites cantonales. Les écarts de population entre les circonscriptions ont pour objet de permettre la prise en compte d'impératifs d'intérêt général ; en aucun cas la population d'une circonscription ne peut s'écarter de plus de 20 % de la population moyenne des circonscriptions du département » ;

Quant au grief tiré de l'atteinte au principe de l'égalité de suffrage :

19. Considérant que les auteurs de la saisine soutiennent que l'article 5 de la loi méconnaît le principe de l'égalité de suffrage rappelé par la Constitution en son article 3 ; qu'en effet, l'article 5 renvoie, dans son deuxième alinéa, à un tableau annexé au texte de la loi qui pose comme postulat que chaque département doit élire au moins deux députés, ce qui entraîne des écarts de représentation très importants ; que l'atteinte au principe de l'égalité de suffrage est aggravée par le fait qu'à l'intérieur d'un même département la population d'une circonscription peut s'écarter, en plus ou en moins, de 20 % de la population moyenne des circonscriptions ; qu'une variation de cette ampleur ne saurait être justifiée par des impératifs d'intérêt général alors surtout que dans les départements comprenant un ou deux cantons dont la population est supérieure à 40 000 habitants, la délimitation des circonscriptions n'est même pas astreinte au respect des limites cantonales ; que les écarts de représentation autorisés par la loi sont excessifs compte tenu du caractère de l'élection ;

20. Considérant qu'aux termes de l'article 2, premier alinéa, de la Constitution, la République « assure l'égalité devant la loi de tous les citoyens sans distinction d'origine, de race ou de religion » ; que l'article 3 de la Constitution dispose, dans son premier alinéa, que « la souveraineté nationale appartient au peuple qui l'exerce par ses

représentants et par la voie du référendum » et, dans son troisième alinéa, que le suffrage « est toujours universel, égal et secret » ; que, selon le deuxième alinéa de l'article 24 de la Constitution « les députés à l'Assemblée nationale sont élus au suffrage direct » ; que l'article 6 de la Déclaration des Droits de l'Homme et du Citoyen de 1789 proclame que la loi « doit être la même pour tous, soit qu'elle protège, soit qu'elle punisse. Tous les citoyens étant égaux à ses yeux sont également admissibles à toutes dignités, places et emplois publics, selon leur capacité et sans autre distinction que celle de leurs vertus et de leurs talents » ;

21. Considérant qu'il résulte de ces dispositions que l'Assemblée nationale, désignée au suffrage universel direct, doit être élue sur des bases essentiellement démographiques ; que, si le législateur peut tenir compte d'impératifs d'intérêt général susceptibles d'atténuer la portée de cette règle fondamentale, il ne saurait le faire que dans une mesure limitée ;

22. Considérant qu'en réservant à chaque département une représentation d'au moins deux députés, le législateur a entendu assurer un lien étroit entre l'élu d'une circonscription et les électeurs ; qu'eu égard d'une part, à la répartition de la population sur le territoire national telle qu'elle résulte du dernier recensement général connu et, d'autre part, au nombre très restreint de départements pour lesquels le choix ainsi fait entraîne un écart de représentation en leur faveur, les dispositions du deuxième alinéa de l'article 5 de la loi ne sont pas, par elles-mêmes, contraires à la Constitution ; qu'elles impliquent, toutefois, que les inégalités de représentation qui en résultent ne puissent être sensiblement accrues par le biais des règles qui président à la délimitation des circonscriptions à l'intérieur d'un même département ;

23. Considérant que, pour la délimitation des circonscriptions à l'intérieur d'un même département, le quatrième alinéa de l'article 5 de la loi autorise le gouvernement agissant par voie d'ordonnance à s'écarter de plus ou de moins de 20 % par rapport à la population moyenne d'un département afin de permettre, dans l'intention du législateur, la prise en compte d'impératifs d'intérêt général ; qu'ainsi qu'il ressort du troisième alinéa de l'article 5 l'écart retenu répond au souci que la délimitation des circonscriptions respecte les limites cantonales ; qu'il a été précisé par le gouvernement au cours des débats parlementaires que l'écart de représentation avait également pour but, dans le cas où il n'y a pas respect des limites cantonales, de tenir compte des « réalités naturelles que constituent certains ensembles géographiques » et « des solidarités qui les unissent ».

24. Considérant que si, en elles-mêmes, les exceptions apportées au principe de l'égalité de suffrage ne procèdent pas, pour chacune d'elles, d'une erreur manifeste d'appréciation, elles pourraient par leur cumul aboutir à créer des situations où ce principe serait méconnu ; qu'en conséquence, les dispositions des alinéas 3 et 4 de l'article 5 de la loi doivent s'entendre comme suit : qu'il convient, en premier lieu, de considérer que la faculté de ne pas respecter les limites cantonales dans les départements comprenant un ou plusieurs cantons non constitués par un territoire continu ou dont la population est supérieure à 40 000 habitants ne vaut que pour ces seuls cantons ; qu'en deuxième lieu, la mise en œuvre de l'écart maximum mentionné à l'alinéa 4 de l'article 5 doit être réservée à des cas exceptionnels et dûment justifiés ; que l'utilisation de cette faculté ne pourra intervenir que dans une mesure limitée et devra s'appuyer, cas par cas, sur des impératifs précis d'intérêt général ; qu'enfin, la délimitation des circonscriptions ne devra procéder d'aucun arbitraire ; que toute autre interprétation serait contraire à la Constitution ;

...

En ce qui concerne l'article L. 125 du code électoral, tel qu'il résulte de l'article 2 de la loi :

28. Considérant qu'aux termes du second alinéa ajouté à l'article L. 125 du code électoral par l'article 2 de la loi soumise à l'examen du Conseil : « Il est procédé à la révision des limites des circonscriptions, en fonction de l'évolution démographique, après le deuxième recensement général de la population suivant la dernière délimitation » ;
29. Considérant que le respect dû au principe de l'égalité de suffrage implique que la délimitation des circonscriptions électorales pour la désignation des députés fasse l'objet d'une révision périodique en fonction de l'évolution démographique ; que la constatation d'une telle évolution peut résulter de chaque recensement général de la population ; que, si l'article 2 de la loi méconnaît ce principe, il ne saurait cependant lier pour l'avenir le législateur ; que, dès lors, en raison de son caractère inopérant, il n'y a pas lieu de le déclarer contraire à la Constitution ;

Sur les autres dispositions de la loi soumise à l'examen du Conseil constitutionnel :

30. Considérant qu'en l'espèce il n'y a lieu pour le Conseil constitutionnel de soulever d'office aucune autre question de conformité à la

Constitution en ce qui concerne les autres dispositions de la loi soumise à son examen,

Décide :

ARTICLE PREMIER. – Sous les strictes réserves d'interprétation énoncées plus haut, la loi relative à l'élection des députés, et autorisant le gouvernement à délimiter par ordonnance les circonscriptions électorales n'est pas contraire à la Constitution.

ART. 2. – La présente décision sera publiée au *Journal officiel* de la République française.

Délibéré par le Conseil constitutionnel dans ses séances des 1er et 2 juillet 1986.

Décision du Conseil constitutionnel du 18 novembre 1986.

LE CONSEIL CONSTITUTIONNEL,

Vu la Constitution ;

Vu l'ordonnance n° 58-1067 du 7 novembre 1958 portant loi organique sur le Conseil constitutionnel, notamment les articles figurant au chapitre II du titre II de ladite ordonnance ;

Le rapporteur ayant été entendu :

...

Sur le fond :

5. Considérant que les députés auteurs de la première saisine, tout comme les sénateurs auteurs de la seconde saisine qui déclarent souscrire à leur argumentation, font valoir que la délimitation des circonscriptions opérée par la loi est arbitraire ; qu'en effet, la délimitation effectuée aurait dû, chaque fois que cela était démographiquement possible, conserver l'ancien découpage ou en respecter l'économie ; qu'il aurait dû en aller ainsi pour ceux des départements qui conservent le même nombre de députés et dont les anciennes circonscriptions étaient démographiquement à peu près équilibrées, pour les départements qui avaient plusieurs circonscriptions se trouvant proches de la moyenne démographique départementale dont seules une ou deux s'en écartaient et pour ceux des départements dans lesquels les axes cardinaux du précédent découpage conservaient leur pertinence géographique et étaient compatibles avec les données démographiques ; que, de plus, l'arbitraire réside dans l'hétérogénéité des critères de délimitation retenus, du point de vue de la démographie, de la géographie, de l'histoire et des données économiques et sociales ; qu'ont été choisies des réponses radicale-

ment différentes à des questions largement identiques ; qu'à l'inverse, le critère tiré de l'intérêt qu'escomptent, sur le plan politique, les auteurs du découpage a été, lui, utilisé avec une parfaite homogénéité ;

6. Considérant qu'aux termes de l'article 2, premier alinéa, de la Constitution, la République « assure l'égalité devant la loi de tous les citoyens sans distinction d'origine, de race ou de religion » ; que l'article 3 de la Constitution dispose, dans son premier alinéa, que « la souveraineté nationale appartient au peuple qui l'exerce par ses représentants et par la voie du référendum » et, dans son troisième alinéa, que le suffrage « est toujours universel, égal et secret » ; que, selon le deuxième alinéa de l'article 24 de la Constitution « les députés à l'Assemblée nationale sont élus au suffrage direct » ; que l'article 6 de la déclaration des Droits de l'Homme et du Citoyen de 1789 proclame que la loi « doit être la même pour tous, soit qu'elle protège, soit qu'elle punisse. Tous les citoyens étant égaux à ses yeux sont également admissibles à toutes dignités, places et emplois publics, selon leur capacité et sans autre distinction que celle de leurs vertus et de leurs talents » ;

7. Considérant qu'il résulte de ces dispositions que l'Assemblée nationale, désignée au suffrage universel direct, doit être élue sur des bases essentiellement démographiques ; que, si le législateur peut tenir compte d'impératifs d'intérêt général susceptibles d'atténuer la portée de cette règle fondamentale, il ne saurait le faire que dans une mesure limitée et en fonction d'impératifs précis ;

8. Considérant qu'il ressort de la loi présentement examinée que, sauf impossibilité d'ordre géographique, les circonscriptions sont constituées par un territoire continu ; que les limites cantonales ont été, d'une manière générale, respectées ; que le territoire de cantons discontinus et de cantons de plus de 40 000 habitants n'a été réparti entre plusieurs circonscriptions que dans un nombre restreint de cas ; que l'écart entre la population d'une circonscription et la population moyenne des circonscriptions d'un même département n'est pas disproportionné de manière excessive ;

9. Considérant cependant que les députés auteurs de la première saisine soutiennent que la délimitation effectuée par la loi, même si elle n'est pas fondamentalement critiquable sur le plan démographique, n'en est pas moins entachée d'arbitraire ;

10. Considérant que la Constitution ne confère pas au Conseil constitutionnel un pouvoir général d'appréciation et de décision identique à celui du Parlement ; qu'il ne lui appartient donc pas de rechercher si les circonscriptions ont fait l'objet de la délimitation la plus équitable possible ; qu'il ne lui incombe pas davantage de faire des

propositions en ce sens, comme peut être amené à le faire le Conseil d'Etat dans l'exercice de ses fonctions administratives ;

11. Considérant, d'ailleurs, que, pour l'examen de situations de fait, le Conseil constitutionnel, saisi d'une loi votée et en instance de promulgation, se prononce dans des conditions différentes de celles dans lesquelles la juridiction administrative est appelée à statuer sur la légalité d'un acte administratif ;
12. Considérant que, quelle que puisse être la pertinence de certaines critiques adressées par les députés auteurs de la première saisine à l'encontre de la délimitation des circonscriptions opérée par la loi, il n'apparaît pas, en l'état du dossier, et compte tenu de la variété et de la complexité des situations locales pouvant donner lieu à des solutions différentes, dans le respect de la même règle démographique, que les choix effectués par le législateur aient manifestement méconnu les exigences constitutionnelles ;
13. Considérant qu'en l'espèce il n'y a lieu pour le Conseil constitutionnel de soulever d'office aucune question de conformité à la Constitution en ce qui concerne les autres dispositions de la loi soumise à son examen,

Décide :

ARTICLE PREMIER. – La loi relative à la délimitation des circonscriptions pour l'élection des députés n'est pas contraire à la Constitution.

ART. 2. – La présente décision sera publiée au *Journal officiel* de la République française.

Délibéré par le Conseil constitutionnel dans ses séances des 17 et 18 novembre 1986.

INDICATIONS DE CORRECTION

Les deux textes à commenter sont relativement longs, bien qu'il s'agisse d'extraits de décisions du Conseil constitutionnel. Mais ils se répètent sur bien des points.

Il convenait d'abord de se demander pourquoi les deux textes avaient été proposés. L'explication était évidente : la lecture de deux textes se suivant à quelques semaines d'intervalle et portant sur la même question permettait d'éclairer plus aisément la procédure engagée et de mieux faire apparaître le dialogue qui se noue entre le Conseil constitutionnel et le législateur.

Ensuite il fallait par une lecture attentive faire apparaître et classer les éléments importants : certains éléments permettaient de restituer les faits et la procédure devant le Conseil. Ils pouvaient servir à alimenter l'introduction.

D'autres éléments se rapportaient aux principes affirmés par le Conseil constitutionnel à l'occasion de l'examen des deux lois qui lui ont été successivement soumises. Il était aisé de dégager ces principes et les tempéraments qui leur sont apportés.

Enfin, à la faveur d'une lecture plus attentive, on pouvait déceler les éléments qui permettaient de qualifier le contrôle exercé par le Conseil constitutionnel. Cette recherche exigeait certes un regard plus expérimenté. Mais les modalités du contrôle de constitutionnalité ont été étudiées en cours d'année.

Ainsi l'introduction permettait de retracer les faits qui sont à l'origine des décisions, de rappeler la procédure suivie et d'indiquer les problèmes soulevés. Une première partie pouvait être consacrée à l'exposé et à la discussion des règles de fond posées dans ces deux décisions par le Conseil constitutionnel. Une seconde partie permettait de montrer et de commenter la nature du contrôle exercé par le Conseil.

En conclusion on pouvait évoquer la portée de la jurisprudence illustrée par ces deux décisions.

CORRIGÉ

Les deux décisions du Conseil constitutionnel dont des extraits sont soumis à examen portent sur le découpage des circonscriptions électorales pour l'élection des députés à l'Assemblée nationale. La première est datée des 1er et 2 juillet 1986, la seconde du 18 novembre 1986 (nous les désignerons dans la suite par décision I et décision II). Leur succession dans le temps permet d'éclairer le processus législatif au sein duquel elles s'insèrent.

La loi du 10 juillet 1985 avait établi pour les élections législatives la représentation proportionnelle avec scrutin de liste dans le cadre départemental. Le gouvernement et la majorité issus des élections de mars 1986 ont entendu revenir au scrutin majoritaire uninominal à deux tours. Il convenait donc de procéder à la délimitation des circonscriptions électorales, au nombre de 577. Le gouvernement ne souhaitait pas modifier le nombre des députés, ce qui eût exigé une loi organique au terme de l'article 25 de la Constitution. Une loi ordinaire était nécessaire puisque l'article 34 de la Constitution réserve au parlement la fixation des règles concernant le régime électoral des assemblées parlementaires et des assemblées locales.

Estimant que le temps lui était compté, le gouvernement a choisi la procédure de l'article 38 de la Constitution qui lui permet, sur habilitation parlementaire, de prendre par ordonnances des mesures qui sont normalement du domaine de la loi : la loi d'habilitation du 11 juillet 1986 rétablit le scrutin majoritaire et autorise le gouvernement à procéder par ordonnances au découpage électoral. Le Conseil constitutionnel est saisi de cette loi par soixante députés. La décision I qui fait suite à cette saisine définit les règles que devra respecter le découpage électoral.

La rédaction du projet d'ordonnances sera entourée de précautions : au terme de la loi d'habilitation une commission des « Sages », formée de deux conseillers d'État, deux conseillers à la Cour de Cassation et deux conseillers maîtres à la Cour des Comptes est appelée à donner un avis, rendu public. Mais les ordonnances sont restées lettre morte en raison du refus de signature opposé par le Président de la République.

C'est pourquoi leur texte a été repris sans modification sous la forme d'un projet de loi, qui aboutit à la loi du 24 novembre 1986, et donna lieu à une nouvelle saisine du Conseil constitutionnel : la décision II se prononce sur le découpage réalisé et vérifie que les principes antérieurement établis ont bien été respectés.

Ce n'était pas la première fois que le Conseil constitutionnel avait à connaître de ce type de question. Il l'avait déjà fait dans ses décisions du 8 août 1985 et 23 août 1985 concernant la représentation des quatre régions de Nouvelle Calédonie au congrès du territoire. Mais les décisions de 1986 étaient appelées à un plus grand retentissement puisqu'elles concernaient les élections à l'Assemblée nationale et s'inscrivaient dans le contexte du conflit entre majorité et opposition qui a caractérisé la première cohabitation. Aussi les parlementaires de l'opposition se sont-ils efforcés de montrer que non seulement le découpage n'était pas conforme aux principes posés par la Haute Juridiction mais également qu'il était entaché d'arbitraire.

Les deux décisions, dont les visas, identiques, sont très brefs (ils font exclusivement référence à la Constitution et à la loi organique du 7 novembre 1958 sur le Conseil constitutionnel) apportent des précisions sur les règles en matière de découpage électoral (I) et sur l'étendue du contrôle exercé par le Conseil constitutionnel (II).

I. LES RÈGLES PRÉSIDANT AU DÉCOUPAGE ÉLECTORAL

Deux règles complémentaires se dégagent des décisions de la Haute Juridiction. Suivant la première, le découpage doit être effectué sur des bases essentiellement démocraphiques. Suivant la seconde, le découpage doit être soumis à révision périodique (A). Ces règles réalisent un approfondissement du principe d'égalité en matière électorale (B).

A. Dans les deux décisions le Conseil constitutionnel établit un nouveau principe de valeur constitutionnelle au terme duquel le découpage des circonscriptions doit être effectué sur des « bases essentiellement démographiques ». Cette règle ne revêt pas toutefois un caractère absolu, en ce sens que, dans une mesure limitée, des « impératifs d'intérêt général » peuvent être pris en considération par les artisans du découpage et justifier qu'il soit porté atteinte à l'égalité démographique. Parmi ces impératifs, le Conseil range la nécessité de tenir compte des réalités naturelles que constituent certains ensembles géographiques et des solidarités qui les unissent.

Reste à savoir jusqu'où il est possible d'aller ? La décision II apporte d'utiles précisions à cet égard.

L'article 5 de la loi d'habilitation prescrivait au gouvernement, en vue de l'élaboration des ordonnances, que les différences de population entre circonscriptions ne puissent s'écarter de plus de 20 % de la population moyenne des circonscriptions du département. Il indiquait aussi que toute circonscription devait correspondre à un territoire continu, sauf pour les départements ayant des parties insulaires ou enclavées, et que les limites cantonales devaient être respectées, sauf dans des cas particuliers : pour Paris, Lyon et Marseille, lorsque les cantons ne sont pas constitués d'un territoire continu, et dans les départements comprenant un ou des cantons de plus de 40 000 habitants. En outre la loi d'habilitation entérinait la règle suivant laquelle aucun département ne peut avoir moins de deux représentants.

Le Conseil constitutionnel a estimé que ces dispositions ne sortaient pas du cadre des dérogations acceptables. Mais ce satisfecit est assorti d'une réserve : le cumul d'exceptions ne peut aboutir à des situations où ces limites seraient méconnues. Il faut en outre que chaque exception puisse être justifiée par des impératifs précis d'intérêt général.

La règle de la révision périodique apparaît comme le complément de celle des bases démographiques, dans la mesure où elle tend à garantir que le rapport d'égalité établi au départ ne sera pas rendu obsolète du fait des mouvements de population (décision I, considérant 29).

La Haute Juridiction était invitée à examiner cette question par l'insertion dans l'article 125 du code électoral d'un second alinéa ainsi libellé : « Il est procédé à la révision des limites des circonscriptions, en fonction de l'évolution démographique, après le deuxième recensement général de la population suivant la dernière délimitation ».

Devant apprécier la conformité de cette disposition, le Conseil y verra un texte inopérant – mais non contraire à la Constitution – en ce sens que le législateur ne peut se lier pour l'avenir et s'obliger par avance à respecter telle ou telle modalité pour les modifications envisagées. Mais il reprend la règle, en la dépouillant de ses accessoires, pour l'élever au rang de principe constitutionnel.

B. C'est dans le principe d'égalité que le Conseil constitutionnel trouve le fondement de cette jurisprudence. En matière de suffrage, il est mentionné à l'article 3 al. 3 de la Constitution : « Le suffrage ... est toujours universel, égal et secret ».

L'égalité du suffrage était jusqu'ici considérée comme satisfaite par le principe : un électeur = une voix. Le Conseil lui donne ici une portée beaucoup plus vaste. C'est sans doute pourquoi il fait appel simultanément à des textes d'un caractère plus général (décision I, considérant 20 et décision II considérant 6). Ainsi il mentionne l'article 2 de la Constitution (la République « assure l'égalité devant la loi de tous les citoyens sans distinction d'origine, de race ou de religion » ainsi que l'article 6 de la Déclaration des Droits de l'Homme et du Citoyen (la loi « doit être la même pour tous, soit qu'elle protège, soit qu'elle punisse. Tous les citoyens étant égaux à ses yeux sont également admissibles à toutes dignités, places et emplois publics, selon leur capacité, et sans autre distinction que celle de leurs vertus et de leurs talents ».).

On rappellera que le principe représentatif n'exige pas l'égalité des circonscriptions, puisque chaque député représente non une circonscription mais l'ensemble du pays. Des inégalités, même importantes sont donc acceptables au regard du principe représentatif. Mais elles ne le sont pas au regard du principe d'égalité, parce qu'elles peuvent altérer la signification du vote en privant certains citoyens de l'influence qui leur revient dans la formation de la décision collective. Il convient aussi d'observer que, si le principe représentatif ne s'oppose pas à l'inégalité des circonscriptions, il ne l'impose pas pour autant. Il est neutre à l'égard de cette question. La recherche d'une égalité dans le poids démographique ne peut donc être analysée comme une négation de la démocratie représentative. Mais elle constitue sans nul doute un approfondissement du principe d'égalité en matière électorale. Et cet approfondissement est conforme aux exigences contemporaines du sentiment démocratique.

II. L'ÉTENDUE DU CONTRÔLE EXERCÉ PAR LE CONSEIL CONSTITUTIONNEL

L'étendue du contrôle exercé par le Conseil constitutionnel sur les textes procédant au découpage électoral peut être appréciée à travers les directives qu'il délivre (A), la notion d'erreur manifeste (B), enfin l'absence d'un pouvoir général d'appréciation (C).

A. Le jeu des saisines, préalable, puis postérieure, au découpage, fait apparaître nettement l'influence du Conseil constitutionnel sur le travail parlementaire et gouvernemental. La décision des 1er et 2 juillet 1986 comporte des directives précises destinées à guider le gouvernement dans l'élaboration des ordonnances. La crainte d'un contrôle ultérieur, provoqué sur la loi de ratification des ordonnances, confère à ces directives une puissance particulière. Quant au législateur qui, finalement, devra reprendre le texte, il ne peut ignorer la sanction à laquelle il s'exposerait s'il s'écartait des règles fixées. Certains ont vu dans cette pratique un véritable pouvoir d'injonction : la décision du Conseil constitutionnel n'est pas déclarative, mais prescriptive. Ici la prescription va très loin puisqu'il ne s'agit pas d'indiquer au juge ou à l'administrateur la manière dont ils doivent comprendre et appliquer la loi, mais d'indiquer au législateur comment il doit la faire. De fait les directives contenues dans la décision ont bien été intégrées dans la loi. Comme elles n'étaient pas contraignantes pour le législateur, il faut y voir une forme d'autolimitation.

B. En usant de la notion d'erreur manifeste, le Conseil montre qu'il entend exercer un contrôle minimum sur la décision du législateur.

La décision du 18 novembre 1986 illustre cette réserve : l'élément essentiel de la loi du 24 novembre 1986 est constitué par le tableau qui indique la composition de chaque circonscription de chaque département en désignant les cantons qui y figurent, ou, à défaut, les communes ou arrondissements municipaux lorsque le législateur a jugé nécessaire de s'écarter des limites cantonales. Ce serait prêter trop de vertu au gouvernement et à sa majorité que de croire qu'ils ont été insensibles à toute considération politique dans les découpages intradépartementaux. L'égalité démographique des circonscriptions n'est pas suffisante pour faire disparaître toutes les anomalies qui peuvent résulter du tracé des frontières des circonscriptions, quand bien même celles-ci respecteraient les limites des cantons. C'est la raison pour laquelle l'opposition a pu taxer d'arbitraire le découpage réalisé. Elle pouvait s'appuyer sur la décision des 1er et 2 juillet 1986 dans laquelle le Conseil déclare que « la délimitation des circonscriptions ne devra procéder d'aucun arbitraire » (considérant 24). En examinant l'argument dans la décision du 18 novembre 1986, le Conseil se borne à constater que la loi respecte les principes qu'il a fixés et les directives particulières énoncées dans sa décision précédente pour conclure qu'on ne saurait y déceler d'erreur manifeste : « il n'apparaît pas ... que les choix effectués par le législateur aient manifestement méconnu les exigences constitutionnelles » (considérant 12). On peut en déduire qu'il n'accepterait de censurer la loi qu'en cas d'erreur manifeste du législateur.

La notion d'erreur manifeste fait ainsi son entrée dans le contentieux constitutionnel. Appliquée aux actes de l'exécutif, elle n'a pas soulevé de question de principe. En revanche, on est surpris de la voir appliquée au législateur, qui est l'organe issu de la souveraineté nationale.

C. Enfin le Conseil constitutionnel rappelle que la Constitution ne lui confère pas un pouvoir général d'appréciation et de décision identique à celui du parlement et que, par conséquent, il n'a pas à rechercher si les circonscriptions ont fait l'objet de la délimitation la plus équitable possible, de même qu'il rappelle qu'il n'a pas à formuler de propositions en ce sens.

Le Conseil marque ainsi nettement, conformément à une jurisprudence bien établie, les limites de son intervention.

Avec les décisions de juillet et novembre 1986 on observe l'émergence d'un ensemble de règles qui tendent à soumettre le découpage électoral au respect de normes précises. La portée de cette jurisprudence est considérable. Ses principes seront étendus aux élections locales (décision du 7 juillet 1987 relative au régime électoral de Marseille). Il y a tout lieu de penser qu'ils sont applicables à toutes les élections nationales où l'électorat est réparti en circonscriptions ou secteurs, comme les élections sénatoriales. Enfin ils sont susceptibles d'influencer le Conseil d'État qui est juge des décrets concernant le découpage cantonal.

J. C. M.

QUINZIÈME SÉANCE

LA RÉVISION DE LA CONSTITUTION

La révision des constitutions met en œuvre le pouvoir constituant dérivé (ou institué), celui qu'organise la constitution elle-même, par opposition au pouvoir constituant originaire qui a procédé à l'élaboration de la constitution. On dit qu'une constitution est rigide lorsque sa révision obéit à des règles de procédure particulières et plus complexes que celles que connaît la loi ordinaire.

La manière dont le pouvoir de révision est réparti entre les pouvoirs publics (président, parlement, gouvernement, peuple) constitue un excellent révélateur des équilibres institutionnels et politiques voulus par le constituant. Elle limite quelquefois le champ du possible. Cette observation se vérifie parfaitement pour le Ve République : c'est bien parce que le président de la République et le gouvernement ne peuvent réviser la Constitution sans l'accord du parlement, au terme de l'article 89 de la Constitution, qu'ils ont préféré en 1962 et en 1969 faire appel directement au peuple par la voie de l'article 11, dans des conditions que la majorité de la doctrine a estimées irrégulières.

L'étude de la révision de la Constitution de 1958 comporte deux aspects :

– les procédures de révision constitutionnelle (les moyens de la révision),
– les révisions qui ont été effectivement réalisées ou proposées (la pratique).

Le sujet de dissertation retenu fait appel à ces deux aspects.

Dissertation

En tenant compte des textes et de la pratique à laquelle ils ont donné lieu, indiquer et commenter la manière dont peut être menée à bien une révision constitutionnelle sous la Ve République.

INDICATIONS DE CORRECTION

Le sujet ne présentait pas de difficulté particulière de définition ou de délimitation. Il convenait néanmoins de s'interroger sur son libellé. Une première remarque s'imposait en relisant le sujet : il aurait été possible de recourir à un intitulé plus bref, par exemple : la révision constitutionnelle sous le Ve République. Pourquoi ne l'a-t-on pas fait ? Pourquoi a-t-on préféré préciser la question d'une manière aussi minutieuse ? En relisant attentivement la question, on voit que celle-ci fait référence à la fois aux textes et à la pratique. Il s'agissait donc pour l'étudiant de prendre en considération ces deux éléments. *Il ne devait en négliger aucun.*

Au contraire, si le sujet avait été « la révision constitutionnelle sous la Ve République » un choix était ouvert quant à l'importance respective à leur donner. On aurait pu comprendre le sujet comme portant sur la manière de réviser (la procédure de révision), les révisions ayant eu lieu effectivement n'étant qu'un auxiliaire du sujet. On aurait pu le comprendre, en sens inverse, comme portant principalement sur le contenu matériel des révisions constitutionnelles, la procédure utilisée n'étant évoquée qu'à leur appui. On pouvait enfin le comprendre comme portant à la fois sur l'un et l'autre de ces aspects. On rappellera que devant un sujet qui se prête à diverses interprétations, il convient d'indiquer et de justifier celle que l'on retient dès l'introduction.

Une seconde remarque s'imposait en relisant le sujet d'une manière encore plus attentive : l'auteur a utilisé une formulation qui lie étroitement textes et pratique (« en tenant compte des textes et de la pratique à laquelle ils ont donné lieu ... »). Les deux aspects devaient donc être examinés simultanément et non pas dissociés. En d'autres termes un plan bâti sur le modèle :

1re partie : les textes
2e partie : la pratique

n'eût pas été satisfaisant.

Enfin il convenait de se demander si la référence à la pratique devait inclure les révisions qui ont été proposées et ont échoué au même titre que celles qui ont réussi. Une réponse positive s'imposait puisque les échecs sont aussi instructifs que les succès pour juger de « la manière dont peut être menée à bien une révision constitutionnelle sous la Ve République ». Mais compte tenu du nombre des projets et du très grand nombre des propositions parlementaires de révision constitutionnelle, il convenait d'être sélectif et de ne retenir que ceux dont on pouvait tirer des éléments utiles, essentiellement ceux pour lesquels la procédure de révision a été engagée mais n'a pu aboutir.

On retirera de ces observations liminaires une leçon : même si l'intitulé du sujet se comprend dès la première lecture, même s'il n'est pas sybillin ou complexe, même s'il ne comporte pas de termes nécessitant d'être élucidés, il doit être relu plusieurs fois et soigneusement médité : ce n'est pas du temps perdu. De cette réflexion de départ va dépendre l'orientation donnée au devoir.

CORRIGÉ

La révision constitutionnelle est à l'ordre du jour : trois révisions sont intervenues en 1992 et 1993. Un comité consultatif constitutionnel, réuni par le président de la République et présidé par le Doyen Vedel, suggère dans un rapport remis le 15 février 1993 des modifications nombreuses tirant la leçon de 35 ans de pratique de la Constitution.

L'attention est donc portée sur les modalités de la révision constitutionnelle sous la Ve République.

Le principe de la révision constitutionnelle est admis d'une manière générale par les constitutions. Mais, compte tenu de l'importance politique et juridique du texte constitutionnel, la révision est le plus souvent entourée de conditions particulières. On qualifie de constitution souple celle qui peut être modifiée par un texte adopté dans la forme de la loi ordinaire et de constitution rigide celle qui recourt à une procédure plus complexe. La Constitution de 1958, qui a été adoptée par référendum, appartient à cette seconde catégorie. Il peut arriver aussi que les constituants aient placé certains éléments du régime politique à l'abri d'une révision : ainsi l'article 89 de la Constitution de 1958 proscrit toute révision qui porterait atteinte à la forme républicaine du gouvernement. En outre, il interdit qu'une procédure de révision soit engagée ou poursuivie lorsqu'il est porté atteinte à l'intégrité du territoire – cette disposition fait écho aux événements de 1940 – ou encore pendant la durée de l'intérim présidentiel (article 7). On doit aussi comprendre qu'il n'est pas possible de réviser la Constitution en période d'application de l'article 16 puisque l'usage de celui-ci tend à rétablir l'ordre constitutionnel.

Le pouvoir de révision est désigné sous l'expression de pouvoir constituant dérivé ou institué (dérivé de la Constitution, institué par elle), par opposition au pouvoir constituant originaire qui procède à l'élaboration initiale du texte. Le pouvoir constituant dérivé est généralement, dans les constitutions démocratiques, distribué entre plusieurs organes : parlement, gouvernement, peuple. Cette répartition reflète l'équilibre voulu par le Constituant. Elle constitue un indicateur privilégié de la nature du régime politique. Pour cette distribution, on distingue souvent entre les diverses phases de la révision : initiative, rédaction du texte, adoption définitive.

Ces règles se vérifient parfaitement pour la Constitution française de 1958.

Celle-ci comporte un titre XVI intitulé « De la révision » (titre XIV dans le texte initial), dans lequel figure un article unique, l'article 89. C'est la procédure ordinaire de révision. Mais l'article 85 comporte une procédure spéciale applicable exclusivement aux dispositions du titre XII (du texte initial) consacré au statut de la Communauté formée en 1958 entre la France et les territoires placés sous sa dépendance. Cette Communauté a disparu depuis. Enfin, la pratique a montré que l'article 11 de la Constitution, qui prévoit l'usage du référendum pour l'adoption de projets de loi « portant sur l'organisation des pouvoirs publics », a été utilisé pour réviser la Constitution. Il a été un moment question d'utiliser cette procédure pour mettre la Constitution en conformité avec le traité de Maastricht. Mais finalement celle de l'article 89 a été préférée.

Six révisions ont eu lieu par la voie de l'article 89, une par la voie de l'article 85, une par celle de l'article 11. La procédure de l'article 89 a été engagée trois fois sans succès et celle de l'article 11 une fois.

L'idée d'une révision constitutionnelle plus large, en vue notamment de restaurer le rôle du parlement, a été développée par un comité consultatif constitutionnel, réuni par le président de la République, dans un rapport remis le 15 février 1993.

L'examen de cet ensemble de dispositions et de leur utilisation nous place en présence de deux cas de figure :

– la révision consensuelle : bénéficiant d'un accord entre l'exécutif et le législatif, elle est réalisée sans intervention du peuple (I),
– la révision conflictuelle : le président de la République en appelle au vote populaire faute d'un soutien parlementaire suffisant ou en raison de l'hostilité irréductible des assemblées (II).

La dynamique de la révision et les rapports de force sont à l'origine des choix de procédure.

I. LA RÉVISION CONSENSUELLE

Deux procédures permettent la révision sans intervention du peuple (A). Elles supposent qu'un accord existe sur le contenu de la révision entre l'exécutif et le législatif (B). La première est celle de l'article 85. La seconde peut emprunter la voie de l'article 89.

A. Les procédures

La procédure spéciale de l'article 85

Cet article n'a plus qu'un intérêt rétrospectif du fait de la disparition de la Communauté entre la France et les territoires qui lui étaient liés. Il a été utilisé en 1960 : la loi constitutionnelle du 4 juin 1960 a permis d'adapter la Communauté à la situation créée par l'accès à l'indépendance des territoires concernés. Elle a permis de passer de la Communauté *institutionnelle* à la Communauté *contractuelle*. L'accession à l'indépendance pouvait s'accommoder d'un maintien dans la Communauté si le nouvel État le souhaitait.

La procédure prévue, dérogeant à celle de l'article 89, permettait de modifier le titre XII de la Constitution par des lois votées dans les mêmes termes par le parlement de la République et le Sénat de la Communauté à la majorité relative. Le texte devait être adopté en termes identiques par le Sénat, l'Assemblée nationale et le Sénat de la Communauté.

La procédure générale de l'article 89

L'article 89 représente le droit commun de la révision constitutionnelle. Il occupe à lui seul le titre XVI de la Constitution (titre XIV jusqu'aux révisions intervenues en 1992 et 1993). Il comprend en réalité deux procédures. L'une d'entre elles ne comporte pas de ratification populaire. Son usage suppose un accord entre l'exécutif et le législatif sur le contenu de la révision.

L'initiative de la révision est partagée. Elle peut être prise soit par le président de la République sur proposition du premier ministre, soit par les membres du parlement. Le texte est ensuite discuté et voté par l'Assemblée nationale et le Sénat, qui doivent l'adopter en termes identiques, à la majorité simple.

C'est dans l'hypothèse d'une initiative présidentielle que l'on peut éviter le recours au référendum. Le constituant a estimé que, dans un tel cas, si l'exécutif et le législatif étaient d'accord, la révision ne pouvait porter atteinte à l'équilibre entre les pouvoirs publics. Alors les deux assemblées sont réunies en Congrès à Versailles et doivent adopter le texte à la majorité renforcée des trois cinquièmes des suffrages exprimés sans pouvoir y apporter de modification.

C'est le président de la République qui dispose du choix entre le recours au référendum et la réunion du Congrès. Sa décision doit être contresignée par le premier ministre et les ministres responsables. A quel moment doit-il se prononcer sur ce point ? La doctrine est divisée : certains estiment qu'il peut retarder ce choix jusqu'après le vote des deux assemblées. D'autres pensent qu'il doit se prononcer avant parce que ce choix peut précisément avoir une influence sur le vote des parlementaires. Lorsque cette procédure a été utilisée, le président a fait connaître son choix dès le début du processus.

B. Les conditions politiques de leur utilisation

L'utilisation de l'article 89 dépend largement de la nature et du contenu des textes : cette procédure ne peut jouer que s'ils ne mettent pas en cause l'équilibre entre l'exécutif et le législatif, attachés l'un et l'autre à leurs prérogatives et désireux de les préserver. Répondent à cette condition les textes à caractère purement technique ou qui ne concernent directement ni l'exécutif ni le législatif. La pratique confirme cette observation. La première révision opérée par cette voie tendait à modifier les dates d'ouverture des sessions ordinaires du parlement (loi constitutionnelle du 6 novembre 1962 modifiant l'article 28 de la Constitution). Elle ne soulevait à l'évidence aucun problème politique. La seconde concernait les modalités de la saisine du Conseil constitutionnel : elle ouvrait la possibilité de saisir le Conseil constitutionnel à 60 députés ou 60 sénateurs alors que jusqu'ici cette possibilité était réservée au président de la République, au premier ministre et aux présidents de l'Assemblée nationale et du Sénat. On n'avait pas imaginé, au moment où elle a été adoptée, l'influence qu'elle allait exercer sur le développement du contrôle de constitutionnalité (loi constitutionnelle du 29 octobre 1974 modifiant l'article 61 de la Constitution). Une troisième application de cette procédure a permis de régler les problèmes qui peuvent survenir à l'occasion d'une élection présidentielle du fait de l'empêchement ou du décès d'un candidat (loi constitutionnelle du 18 juin 1976 modifiant l'article 7 de la Constitution).

Ont également emprunté cette voie la révision du 25 juin 1992 destinée à mettre la Constitution en conformité avec le traité de Maastricht, celle du 19 juillet 1993 (composition du conseil supérieur de la magistrature et responsabilité pénale des ministres), enfin celle du 19 novembre 1993 sur le droit d'asile. Dans aucun de ces cas la révision ne mettait en cause l'équilibre entre le législatif et l'exécutif.

La réunion d'une majorité des trois cinquièmes au Congrès constitue une des difficultés de la procédure. Ainsi le président de la République a-t-il renoncé à réunir les deux chambres en Congrès sur le projet de réduction du mandat présidentiel à cinq ans présenté le 6 septembre 1973 parce qu'il n'était pas assuré du succès. La régularité de cette pratique est sujette à caution. A supposer qu'elle puisse être admise pour les projets, qui émanent de l'exécutif, elle ne saurait l'être pour les propositions parlementaires : le président ne pourrait refuser de soumettre à référendum une proposition votée par les assemblées sans porter gravement atteinte à leurs attributions dans le cadre de la révision constitutionnelle. La doctrine est divisée sur le point de savoir si une procédure de révision suspendue peut être ensuite reprise au stade de l'examen où elle était arrivée.

Une autre difficulté tient à l'attitude du Sénat. On a observé que le texte de la révision devait être voté en termes identiques par les deux chambres, ce qui confère au Sénat un droit de veto. Son opposition ne peut être surmontée. C'est la raison pour laquelle le projet de révision du 24 juillet 1984 qui tendait à élargir le domaine de l'article 11 pour permettre au président de soumettre à référendum des questions touchant aux garanties fondamentales en matière de libertés publiques a été abandonné. De même, la tiédeur du Sénat a obligé le président à renoncer au projet du 2 avril 1990 qui visait à instaurer un système de renvoi préjudiciel permettant de saisir le Conseil constitutionnel d'une loi dont l'inconstitutionnalité apparaîtrait lors de son application.

Une seconde difficulté tient à ce que l'initiative présidentielle est précédée d'une proposition du premier ministre. Cette condition est aisée à remplir lorsque le premier ministre appartient au même camp politique que le chef de l'État et qu'il dépend de ce dernier. Elle est plus difficile à remplir en période de « cohabitation », lorsque président et premier ministre appartiennent à des camps opposés. Alors la révision est paralysée à moins qu'il ne s'agisse de textes consensuels ...

Ainsi les deux projets de révision constitutionnelle déposés le 11 mars 1993 sur le bureau du Sénat par le président de la République (élargissement de la saisine du Conseil constitutionnel, réforme du conseil supérieur de la magistrature, responsabilité pénale des ministres, suppression de l'article 16) ne survivront pas à l'élection quelques jours plus tard d'une nouvelle majorité et à la constitution d'un nouveau gouvernement. Toutefois l'accord se réalisera ultérieurement sur deux points : conseil supérieur de la magistrature et responsabilité pénale des ministres.

L'accord entre l'exécutif et le législatif doit donc être complété par un double accord à l'intérieur de l'exécutif et à l'intérieur du législatif.

L'article 89 a toujours été utilisé en suivant la procédure « allégée » qui vient d'être décrite, à la suite d'une initiative du président de la République.

II. LA RÉVISION CONFLICTUELLE

La révision conflictuelle recouvre une hypothèse douce et une hypothèse dure. Dans les deux cas, l'adoption du texte révisé est effectuée par référendum : le peuple décide. Le texte ne pourra être promulgué par le président de la Réublique qu'en cas de réponse positive.

A. L'hypothèse douce

Elle est prévue par l'article 89 de la Constitution dont elle constitue la seconde branche.

Les projets de révision qui correspondent à une initiative du président de la République peuvent être soumis à référendum plutôt que transmis au Congrès. Le choix appartient au président.

Cela n'a jamais été le cas. Ceci tend à montrer que lorsque le président choisit d'user de l'article 89, il souhaite obtenir l'accord du parlement. Lorsque l'accord n'est pas assuré, il préfère renoncer à la révision (projet du 6 septembre 1973 sur le quinquennat, projet de 1974 tendant à permettre aux parlementaires devenus ministres de retrouver leur siège à l'expiration de leurs fonctions, projet du 24 juillet 1984 sur l'élargissement du domaine du référendum, projet du 2 avril 1990 sur l'exception d'inconstitutionnalité). On estime généralement que lorsque le président a indiqué en début de procédure qu'il choisissait la voie du Congrès, il ne peut plus ensuite revenir sur ce choix au vu de l'insuffisance des majorités obtenues, et soumettre le projet à référendum.

En revanche, les propositions de révision qui résultent d'une initiative parlementaire, doivent toujours, au terme de l'article 89, être soumises à référendum. En somme le parlement qui a l'initiative de la révision et qui rédige le texte de révision ne peut rendre celle-ci définitive. Le constituant a voulu éviter que le parlement ne puisse réviser seul la Constitution, craignant sans doute qu'il n'utilise un tel pouvoir pour accroître son influence et pour retrouver le statut qui avait été le sien sous les IIIe et IVe Républiques. A l'occasion de la campagne référendaire, le président de la République et le premier ministre pourraient en effet faire connaître leur opposition, à charge pour le peuple de trancher entre les thèses en présence.

De nombreuses propositions de révision constitutionnelle ont été formulées. Si aucune n'est parvenue au seuil du référendum, c'est que le gouvernement, fort de sa majorité parlementaire, a toujours pu s'opposer à l'examen par les assemblées des propositions qui ne lui convenaient pas.

B. L'hypothèse dure

C'est bien parce que le président de la République était convaincu que les assemblées ne voteraient pas certains textes de révision constitutionnelle qu'il a décidé de recourir à l'article 11 de la Constitution.

La première révision opérée par cette voie – qui est aussi la plus importante de celles qui ont affecté le texte de 1958 – concernait l'élection du président de la République au suffrage universel direct (loi constitutionnelle du 6 novembre 1962). Les modalités antérieures de cette élection faisaient intervenir un collège de quelque 80 000 notables. La modification envisagée des articles 6 et 7 de la Constitution renforçait le caractère présidentiel du régime et soulignait la prédominance de l'exécutif. Elle se heurtait à une opposition résolue : le gouvernement de M. Georges Pompidou sera renversé le 5 octobre 1962 sur cette question. Il était illusoire de compter sur un appui parlementaire. La révision fut adoptée par le peuple à une large majorité (13 150 516 oui contre 7 974 538 non et 6 490 915 abstentions).

La seconde tentative fut un échec. Le projet du 2 avril 1969, fort complexe, modifiait de nombreux articles de la Constitution : il remaniait la composition du Sénat et le réduisait au rang d'une assemblée consultative ; il modifiait l'organisation administrative avec l'institution de régions. Il était évidemment exclu que le Sénat puisse voter un tel texte qui portait gravement atteinte à son statut de chambre législative. Mais le peuple se prononça contre le texte, le 27 avril 1969 (12 007 102 non, 10 901 753 oui et 5 839 779 abstentions). Le président de la République démissionna le soir même.

On observera que, depuis 1969, ce procédé n'a plus été utilisé.

On comprend pourquoi le comité consultatif constitutionnel a proposé d'assouplir la procédure de révision : pour éviter qu'une assemblée – on songe au Sénat – ne puisse bloquer la révision il a suggéré qu'en cas de désaccord entre les assemblées, il puisse être fait appel au référendum (dans le cadre d'un article 89 modifié).

L'usage de l'article 11 en matière de révision constitutionnelle soulève toutefois de nombreuses questions d'ordre juridique.

Saisi par le président du Sénat, à l'occasion du référendum de 1962, le Conseil constitutionnel déclina sa compétence à l'égard de lois qui sont « l'expression directe de la souveraineté nationale ».

La majorité de la doctrine considère que l'emploi de l'article 11 est contraire à la Constitution. Son argumentation s'appuie sur des arguments de texte : l'existence d'un titre XVI « De la révision » laisse entendre que tout ce qui concerne la révision se trouve dans ce titre. Sans doute, l'article 85 peut aussi être utilisé dans un domaine limité, mais il se présente explicitement comme une dérogation à l'article 89 (« par dérogation à la procédure prévue à l'article 89 ... »). L'article 11 ne se présente pas comme une clause dérogatoire. D'autre part, l'article 11 indique expressément qu'il n'est pas possible de soumettre à référendum un « traité qui, sans être contraire à la Constitution, aurait des incidences sur le fonctionnement des institutions ». Ne doit-on pas en déduire que les textes contraires à la Constitution ne doivent pas être soumis à référendum ? Pourquoi l'intention du constituant aurait-elle été différente pour les traités et pour les projets de loi ?

Mais il est des auteurs d'opinion contraire. L'article 11 permet de soumettre à référendum « tout projet de loi portant sur l'organisation des pouvoirs publics ». On peut comprendre que l'expression « tout projet de loi » s'entend aussi bien des lois constitutionnelles que des lois ordinaires ou des lois organiques.

La réponse dépend donc de l'interprétation donnée à l'article 11. Il est certain que l'on ne peut faire appel à la coutume constitutionnelle qui se serait formée du fait de l'approbation populaire de la révision de 1962 et de l'élection présidentielle qui a suivi en 1965, puisqu'en

1969 l'opération référendaire a donné un résultat contraire. Les conditions de clarté et de continuité ne sont pas réunies. En outre, il est difficile d'admettre qu'une coutume puisse aller à l'encontre du texte constitutionnel.

J. C. M.

TABLE DES MATIÈRES

Transcodage et impression par

PARA
GRAPHIC

31240 L'UNION (Toulouse)
Tél. (16) 61.74.27.67
Dépôt légal : Septembre 1994